NELSON RODRIGUES

TEATRO COMPLETO

PEÇAS PSICOLÓGICAS

NELSON RODRIGUES

A MULHER SEM PECADO • VESTIDO DE NOIVA • VALSA Nº 6 • VIÚVA, PORÉM HONESTA • ANTI-NELSON RODRIGUES

TEATRO COMPLETO

VOLUME 1 • APRESENTAÇÃO: LUIZ ARTHUR NUNES • 2ª EDIÇÃO

PEÇAS PSICOLÓGICAS

EDITORA NOVA FRONTEIRA

As fotos usadas neste livro foram gentilmente cedidas pelo Acervo Cedoc / Funarte e pelos fotógrafos Guga Melgar e Helmut Batista.

Editora Nova Fronteira S.A.
Rua Bambina, 25 – Botafogo – 22251-050
Rio de Janeiro – RJ – Brasil
Tel.: (21) 2131-1111 – Fax: (21) 2537-2659
http://www.novafronteira.com.br
e-mail: sac@novafronteira.com.br

CIP-Brasil. Catalogação-na-fonte
Sindicato Nacional dos Editores de Livros, RJ.

R614t Rodrigues, Nelson, 1912-1980
2. ed. Teatro completo de Nelson Rodrigues, v. 1. – 2. ed. –
v. 1 Rio de Janeiro : Nova Fronteira, 2004

Apêndice
ISBN 85-209-1656-2

1. Teatro brasileiro (Literatura). I. Título.

CDD 869.92
CDU 821.134.3(81)-2

SUMÁRIO

SUMÁRIO

NOTA DO EDITOR

Aplausos, críticas, vaias, elogios, indiferença, censura. Nelson Rodrigues conheceu um pouco de tudo ao longo de sua carreira. Apesar de acreditar que sua vocação era o romance, gênero que lia compulsivamente desde menino, resolveu escrever uma comédia para arranjar algum dinheiro, diante das dificuldades encontradas no início de sua carreira de jornalista. As marcas da infância e juventude acabaram por determinar sua produção teatral. O que seria cômico se transformou em drama terrível, e provavelmente poderia ser explicado por suas trágicas perdas familiares na juventude. Mas o que se evidenciava acima de tudo era sua verdadeira vocação: a elaboração de uma dramaturgia que revolucionaria o teatro brasileiro.

O texto polêmico e inovador do dramaturgo balançou os alicerces da sociedade brasileira da década de 1940, da crítica, da platéia, da intelectualidade, do governo. Dividindo opiniões e provocando debate, Nelson Rodrigues mudou o teatro que era feito no Brasil. A sátira à boa e velha moral e aos ditos bons costumes constituía a essência do texto rodriguiano. O público, acostumado a comédias, dramalhões e peças musicadas, escandalizava-se com tantos incestos, ódios, obsessões, taras, traições e conflitos. Ao levar o oculto, o inconsciente, a "imoralidade" da mente humana para o palco, Nelson foi chamado de tarado, incestuoso, pervertido. Críticos e amigos lhe apelidaram de "flor de obsessão", por conta das idéias fixas que lhe povoavam o espírito. Muitas vezes incompreendido, outras vezes louvado, Nelson foi construindo sua obra teatral. Mudou de estilo, fez duras críticas à realidade social, derrubou dogmas, provocou, fez graça, descortinou o subúrbio carioca e consolidou o teatro brasileiro, tornando-o conhecido mundialmente.

E não foi apenas pela temática tabu que a obra de Nelson foi decisiva na consolidação de um novo paradigma para o teatro. Sua compreensão e utilização dos recursos teatrais bem como as inovações que introduzia na tradição clássica da tragédia indicavam que ali estava um autor genial, logo reconhecido pelos mais importantes atores e diretores da época como Ziembinski, Fernando Torres, Kleber dos Santos, Vanda Lacerda, Itália Fausta, Nathalia Timberg, Fernanda Montenegro e Ítalo Rossi.

Nelson Rodrigues escreveu 17 peças ao longo de quase quarenta anos. A primeira reunião de sua obra teatral foi publicada pelas Edições Tempo Brasileiro, na década de 1960, e se intitulava *Teatro quase completo de Nelson Rodrigues*. Dividida em quatro volumes, a publicação seguia a ordem cronológica das 15 peças então escritas pelo autor. Suas duas últimas peças, *Anti-Nelson Rodrigues* (1973) e *A serpente* (1978), criadas posteriormente, foram publicadas em reunião com as outras 15 na edição do *Teatro completo de Nelson Rodrigues* lançada pela Nova Fronteira nas décadas de 1980/1990.

Esta nova edição do *Teatro completo de Nelson Rodrigues* segue a mesma organização estabelecida pelo crítico Sábato Magaldi, em meados de 1980, sob a supervisão de Nelson Rodrigues. O critério adotado foi submetido ao autor e aprovado por ele, e os textos foram fixados sob a sua orientação. Também dividido em quatro volumes, o *Teatro completo* obedeceu a uma ordem temática e, apenas em parte, cronológica. As peças foram agrupadas em três núcleos: "Peças psicológicas", "Peças míticas" e "Tragédias cariocas", sendo as "Tragédias cariocas" separadas em dois tomos, dado o número de peças reunido nesse núcleo. Dessa forma, manteve-se a estrutura de quatro volumes da edição da Tempo Brasileiro, com a ressalva do agrupamento diferenciado.

De acordo com este critério, estabeleceu-se o plano geral do *Teatro completo de Nelson Rodrigues*. O primeiro volume reúne as "Peças psicológicas", a saber: *A mulher sem pecado* (1941), *Vestido de noiva* (1943), *Valsa nº 6* (1951), *Viúva, porém honesta* (1957) e *Anti-Nelson Rodrigues* (1973). No segundo volume, temos as "Peças míticas": *Álbum de família* (1945), *Anjo negro* (1946), *Dorotéia* (1949) e *Senhora dos afogados* (1947). As "Tragédias cariocas" constituem os volumes 3 e 4. Sendo o terceiro composto por: *A falecida* (1953), *Perdoa-me por me traíres* (1957), *Os sete gatinhos* (1958) e *Boca de Ouro* (1959). E o quarto, por: *A serpente* (1978), *O beijo no asfalto* (1961), *Toda nudez será castigada* (1965) e *Otto Lara Resende ou Bonitinha, mas ordinária* (1962).

Essa divisão temática privilegia o mais característico e peculiar de cada peça e, segundo o crítico, "tem ainda um intuito didático, porque as características nunca se mostram isoladas, sob pena de empobrecer o universo do ficcionista. As peças psicológicas absorvem elementos míticos e da tragédia carioca. As peças míticas não esquecem o psicológico e afloram a tragédia carioca. Essa tragédia carioca assimilou o mundo psicológico e o mítico das obras anteriores. Poucos dramaturgos revelam, como Nelson Rodrigues, um imaginário tão coeso e original, e com um espectro tão amplo de preocupações psicológicas, existenciais, sociais e estilísticas".

O surpreendente em Nelson Rodrigues está na apresentação de temas cotidianos, mas polêmicos. Sexo, adultério, morte, ciúme, incesto, família são vistos sob o olhar sarcástico de um autor que classificou seu teatro como "desagradável". E por que "desagradável"? "Desagradável" porque, nas suas palavras, "são obras pestilentas, fétidas, capazes, por si sós, de produzir o tifo e a malária na platéia". "Desagradável" porque levam ao choque, à censura, à crítica, às vaias, ao repúdio social, principalmente quando exibem seu olhar irônico e satírico sobre uma sociedade em transformação.

Foi com esse texto da ruptura, da obsessão que Nelson Rodrigues inaugurou e consolidou o modernismo no teatro brasileiro. Embora escandalizando a todos, sociedade, crítica e censores do governo, Nelson se tornou um sucesso de público e bilheteria. Apesar das críticas e das polêmicas que suas peças causavam, já na sua estréia na dramaturgia, com *A mulher sem pecado* em 1941, a crítica foi unânime quanto à qualidade literária e ao ineditismo do espetáculo. A grande aclamação do autor veio com *Vestido de noiva*, em 1943, considerada um marco do início de uma nova fase do teatro brasileiro.

No primeiro número da revista *Dionysos*, publicado pelo Serviço Nacional de Teatro em 1949, o autor tece alguns comentários sobre a repercussão de sua dramaturgia: "Com *Vestido de noiva*, conheci o sucesso; com as peças seguintes, perdi-o, e para sempre. Não há nesta observação nenhum amargor, nenhuma dramaticidade.

Há, simplesmente, o reconhecimento de um fato e sua aceitação. Pois a partir de *Álbum de família* — drama que se seguiu a *Vestido de noiva* — enveredei por um caminho que pode me levar a qualquer destino, menos ao êxito." A visão fatídica do autor não correspondeu ao sucesso de suas peças e à consolidação de sua arte e de seu nome na construção do modernismo teatral brasileiro. Sobre o autor, escreveu Menotti Del Picchia: "Nelson Rodrigues coloca-se na galeria dos Strindberg, dos Pirandello, dos O'Neill. O Brasil pode orgulhar-se de dar ao mundo contemporâneo um dos seus maiores dramaturgos." E também Gilberto Freyre: "Nelson Rodrigues avulta, na literatura atual do Brasil, como o nosso maior teatrólogo. O maior de hoje e o maior de todos os tempos. Pode ser considerado um equivalente, nesse setor, do Eugene O'Neill: do que foi O'Neill na literatura dos EUA."

Para este relançamento da obra de Nelson Rodrigues, a Editora Nova Fronteira preparou uma edição criteriosa, desenvolvida de acordo com um projeto editorial e gráfico apurado e coeso, sendo precedida por pesquisas de textos sobre as peças e fotos de montagens nos acervos da Fundação Nacional de Artes (Funarte) no Rio de Janeiro. Esses textos e outros reunidos na edição do *Teatro quase completo* e do *Teatro completo*, escritos por diretores, atores, intelectuais, escritores e críticos sobre a obra e sobre as peças de Nelson Rodrigues, foram reunidos em um apêndice no final de cada volume.

Algumas dessas análises sobre as peças foram escritas a partir da leitura dos originais. Quando Nelson terminava de escrever uma peça, sua mulher, Elza, distribuía várias cópias datilografadas a jornalistas, críticos e amigos. O primeiro a receber uma cópia de *Vestido de noiva*, em 1943, foi Manuel Bandeira, que gostou muito e escreveu um elogioso artigo sobre a peça, em que diz: "A criação de Nelson Rodrigues é admirável. (...) Nelson Rodrigues é poeta. Talvez não faça nem possa fazer versos. Eu sei fazê-los. O que me dana é não ter como ele esse dom divino de dar vida às criaturas da minha imaginação. *Vestido de noiva* em outro meio consagraria um autor. Que será aqui? Se for bem aceita, consagrará... o público."

Os textos de escritores e jornalistas publicados na imprensa à ocasião da morte do dramaturgo em dezembro de 1980 encontram-se no apêndice do quarto volume, fechando o livro. Nele temos ainda um texto inédito do grande homem do teatro, Gianni Ratto. Nascido na Itália, Gianni Ratto fundou ao lado de Paolo Grassi e Giorgio Strehler o Piccolo Teatro de Milão. Depois, transferiu-se para o Brasil, onde ajudou a consolidar, como encenador e diretor, o teatro moderno brasileiro. Em seu texto, encontramos o depoimento, emocionante e técnico, de alguém que ajudou a construir a história de nossa dramaturgia. Gianni Ratto nos conta seu primeiro contato com Nelson Rodrigues e nos fala de seu trabalho na primeira montagem de *O beijo no asfalto* com o diretor Fernando Torres, em 1961.

Cada volume da nova edição do *Teatro completo de Nelson Rodrigues* contém um caderno de fotos das montagens das peças que o compõem. Essas imagens foram obtidas por meio de pesquisa iconográfica feita no acervo da Funarte e nos arquivos pessoais dos profissionais de teatro que colaboraram com este projeto.

Para esta nova edição do *Teatro completo*, convidamos quatro grandes diretores de teatro para escreverem a apresentação dos volumes. Para o volume 1, "Peças psicológicas", solicitamos a participação de Luiz Arthur Nunes, professor do

Departamento de Direção Teatral e do Programa de Pós-Graduação em Teatro da UniRio e diretor de teatro desde 1968. De e sobre Nelson Rodrigues, Luiz Arthur Nunes encenou *A vida como ela é*, em 1991, *Vestido de noiva*, em 1993, *O correio sentimental de Nelson Rodrigues*, em 1999, e, em 2000, *A prosa de Nelson*, *A serpente*, *Um menino de paixões de ópera* e *A mulher sem pecado*. Sobre Nelson Rodrigues é também a tese de doutorado do diretor — "O conflito entre o real e o ideal: um estudo dos elementos do naturalismo e do melodrama na obra dramática de Nelson Rodrigues" — apresentada a City University of New York.

O segundo volume, "Peças míticas", é apresentado por Aderbal Freire-Filho, que dirigiu uma montagem de *Senhora dos afogados*, em 1994, realizada no Teatro Carlos Gomes, com o elenco do Centro de Demolição e Construção do Espetáculo, de que é fundador, e atores convidados. Aderbal é diretor de teatro desde 1972. Seu primeiro grande sucesso profissional foi com a direção de *Apareceu a Margarida*, monólogo de Roberto Athayde interpretado por Marília Pêra em 1973. Por suas produções, já recebeu os prêmios Golfinho de Ouro, Mambembe, Shell e Molière. Dirigiu espetáculos também fora do Brasil, em Montevidéu, Buenos Aires, Amsterdã e Madri, além de ter coordenado a comissão que projetou o curso de direção teatral, da Escola de Comunicação da UFRJ, e de ter lecionado na Faculdade de Letras da mesma instituição, no Departamento de Ciência da Literatura.

No terceiro volume, "Tragédias cariocas I", contamos com a colaboração do diretor Marco Antônio Braz. Formado em artes cênicas pela UniRio, Marco Antônio colaborou em diversas escolas, Indac, Casa das Artes de Laranjeiras e Escola de Arte Dramática, e atualmente faz parte da equipe docente do Teatro-Escola Célia Helena. Fundou profissionalmente com Maurício Marques, em 1994, o Círculo dos Comediantes, primeira companhia teatral brasileira voltada para o estudo e encenações do teatro de Nelson Rodrigues. Marco Antônio Braz se especializou na montagem dos textos de Nelson e já dirigiu várias peças do autor: *O beijo no asfalto*, em 1992 e 2002; *Perdoa-me por me traíres*, em 1996, 1997 e 1999; *Viúva, porém honesta* e *Boca de Ouro*, em 1997; *Otto Lara Resende ou Bonitinha, mas ordinária*, em 1999 e 2000; *Valsa nº 6*, *Dorotéia* e *Senhora dos afogados*, em 2002, ano em que recebeu o prêmio de melhor direção da Associação Paulista de Críticos de Arte (APCA) por sua segunda montagem de *O beijo no asfalto*.

O volume 4, "Tragédias cariocas II", é introduzido por um texto de Antonio Guedes, diretor de teatro, fundador e coordenador do Teatro do Pequeno Gesto e membro do conselho editorial da revista *Folhetim*. Antonio Guedes dirigiu *Valsa nº 6*, em 1987, 1989, 1993 e 1994, e *A serpente*, em 1998. Por esta última, recebeu duas indicações para o Prêmio Shell: direção e trilha sonora.

Os textos desses diretores agregam à nova edição do *Teatro completo* uma visão contemporânea da dramaturgia de Nelson, a partir da sua experiência na montagem das peças do autor. Pela análise da renovação fundamental trazida pelo autor ao teatro brasileiro, que mesmo, e cada vez mais, as montagens contemporâneas exibem, sessenta anos depois da estréia de *Vestido de noiva*, temos a dimensão exata de que Nelson Rodrigues se tornou um clássico da literatura dramática brasileira. Nelson, o "tarado, pervertido, incestuoso", o destruidor da família, da sociedade e dos bons costumes, revela-se hoje um autor cuja obra é "digna de imitação", "foi consagrada pelo tempo", "é da mais alta qualidade", tais as definições que se podem encontrar para esse adjetivo. Mas, acima de tudo, Nelson Rodrigues é hoje um clássico porque seu olhar crítico e seu estilo transbordaram a época na qual se inscreviam e chegaram até nós com a mesma contundência e genialidade. Esse amálgama de perenidade e transformação expande os limites do teatro de Nelson Rodrigues e o renova sempre como um espaço de reconhecimento do Brasil e do humano.

Julho de 2004

APRESENTAÇÃO

Luiz Arthur Nunes

1. *A MULHER SEM PECADO* (1941): O SURGIMENTO DE UMA NOVA DRAMATURGIA

É bem conhecida a história de como ocorreu a Nelson Rodrigues a idéia de escrever para o teatro. Segundo ele próprio, foram as dificuldades financeiras que o estimularam a produzir uma chanchada para ganhar dinheiro. O que daí resultou, sua primeira peça, *A mulher sem pecado*, não era absolutamente uma chanchada e muito menos trouxe fortuna a seu autor. Sequer trouxe-lhe reconhecimento: a montagem, em 1942, pela Comédia Brasileira, companhia subsidiada pelo Serviço Nacional de Teatro, passou quase despercebida. Transcorrido hoje mais de meio século, no entanto, é indiscutível que a peça assinala o surgimento de um novo e extraordinário talento dramatúrgico. Com efeito, *A mulher sem pecado* contém — concretamente, não apenas em potencial — valores dramáticos, temáticos e poéticos que seriam desenvolvidos nas peças seguintes e consagrariam o novo autor como o grande renovador do teatro brasileiro.

O protagonista, Olegário, inaugura a galeria rodriguiana de personalidades radicais, dominadas por uma imaginação delirante, que as faz perder o pé na realidade e afundar num inferno de obsessões com conseqüências fatais para si próprias e para os que gravitam ao seu redor. Olegário é incapaz de perceber — muito menos de controlar — seus impulsos irracionais. O ciúme sem motivo (e que de tão violento termina produzindo o motivo) não se explica a não ser como uma força irreprimível surgida dos desvãos mais obscuros da alma da personagem. Como tantos de seus pares no universo dramático do autor, Olegário é governado por uma paixão, é fantoche de seu inconsciente, que opera com a força de uma fatalidade, destituindo-o da liberdade de escolha e arrastando-o a uma queda trágica. Vivendo uma vida tão extrema, a personagem está permanentemente imersa num estado de paroxismo. Suas reações emocionais são potencializadas num nível de exacerbação que freqüentemente transcende os limites da psicologia realista tradicional. Ele se torna, por vezes, grotesco, monstruoso, quase surreal.

A loucura que emana de Olegário parece também contaminar Lídia, "a mulher sem pecado". Lídia é a primeira da série rodriguiana de mulheres oprimidas. O mórbido ciúme do marido, suas idéias extravagantes sobre o sexo e a vida conjugal submetem-na a uma pressão intolerável. A constante humilhação e a frustração sexual junto ao cônjuge autocastrado gradualmente preparam a transformação moral da personagem. Mesmo que inocente no início, Lídia é conduzida ao adultério pelo próprio marido. Sua rendição à sedução de Umberto, o motorista cafajeste, pode ser interpretada como uma atitude de revolta contra a opressão de Olegário. Contudo, essa rebelião não é um gesto libertador. Na verdade, Lídia deixa-se impregnar pela satanização da carnalidade, oficiada pelo marido. Umberto é caracterizado como um homem sexualmente violento, que gosta de insultar e maltratar suas mulheres. A rendição de Lídia expressa, por conseguinte, um desejo masoquista de autodegradação. No universo de *A mulher sem pecado*, ceder ao impulso sexual é um ato de corrupção moral. A personagem precisa se ver rebaixada, como expiação à culpa daí advinda. Porém, concomitantemente a esses sentimentos doloridos e destrutivos, as figuras do feitio de Lídia experimentam um prazer masoquista ao mergulhar nas profundezas da abjeção física e espiritual.

Na verdade, Lídia é uma heroína sem saída. Ela intui que, na base do pavor de Olegário pelo adultério, subjaz um desejo inconsciente de ser traído, como se ele procurasse justamente o que mais teme. Marido e mulher estão aprisionados neste dilema insolúvel. A traição deve acontecer necessariamente. Todo esforço de parte de Lídia para permanecer honesta será inútil. As fantasias de Olegário suplantam completamente a realidade: na sua cabeça. Lídia é inescapavelmente culpada. Faça o que fizer, ela já está condenada.

Há uma ironia trágica no desenlace de *A mulher sem pecado*. No momento mesmo em que, convencendo-se finalmente da fidelidade da esposa, Olegário decide pôr um fim à simulação da paralisia, é informado de que ela finalmente cometera o adultério. Com essa súbita guinada, que vai resultar no suicídio do protagonista, o autor está querendo nos mostrar que a vida é um logro inevitável. Porém, esse desfecho está longe de ser gratuito. Ele é a conseqüência natural de um dos componentes dramáticos fundamentais da obra: o paroxismo de Olegário, que o torna um predestinado ao aniquilamento. Suas exigências perante a realidade são insustentáveis. Ele é incapaz de concessão. Como outros heróis rodriguianos, sofre de um impulso irresistível à autodestruição. Seu destino não poderia ter sido diferente. Ele é o único responsável por sua queda trágica.

A mulher sem pecado anuncia uma virada nos caminhos da dramaturgia brasileira ao portar uma série de inovações desconhecidas para o teatro da época. Um dos aspectos que mais chamaram atenção, por exemplo, foi o distanciamento do tom lusitano e literário usado pelos dramaturgos de então e a busca de um diálogo que captasse a linguagem coloquial brasileira.

Em termos de estrutura dramática, a primeira peça de Nelson Rodrigues igualmente introduz uma série de procedimentos inovadores. Sua trama não é amarrada pela exigência da lógica causal. Ainda assim, a ação evolui num andamento apressado. O dramaturgo não perde tempo com longas cenas de exposição. A cada novo episódio, a situação é prontamente levantada e a informação necessária é suprida pela própria ação em diálogo. A concentração dramática é um outro traço digno de nota. A peça segue a tradicional divisão em três atos, pois outra forma seria impensável para as convenções da época. Apesar disso, a intriga desenrola-se num *continuum* temporal: cada novo ato retoma a ação no exato momento em que fora interrompida no ato anterior.

No que diz respeito à composição de personagens, Nelson Rodrigues aqui também rompe com as restrições do teatro do seu tempo. As platéias da burguesia brasileira não estavam habituadas a essa perscrutação dos recessos de almas tão fora de esquadro. A intensidade do conflito psicológico, traduzida nesta qualidade de "excesso", que marca o comportamento das personagens, nunca fora antes vista em nossos palcos. No desejo de ir fundo no dimensionamento dos caracteres,

Nelson não podia se ater às limitações da verossimilhança realista. As criações da imaginação de Olegário são materialmente projetadas na cena na forma das "vozes interiores" e nas aparições da Menina e da Mulher (respectivamente, as lembranças de Lídia criança e da primeira esposa do protagonista).

A projeção cênica da subjetividade, tal como aparece em *A mulher sem pecado* (e logo depois com maior amplitude em *Vestido de noiva*), é apenas um dos muitos expedientes anti-realistas utilizados por Nelson ao longo de toda sua obra dramática. A quebra da convenção verista, porém, não significa absolutamente uma rejeição da realidade por parte do autor. O que Nelson recusa é a mera reprodução superficial do mundo exterior. Por isso ele estará continuamente transgredindo os cânones do realismo, mas precisamente no intuito de desvelar camadas mais profundas do real, ocultas sob as aparências de fachada.

A mistura de elementos naturalistas e melodramáticos, que haveria de se tornar um traço típico do drama rodriguiano, já aparece com nitidez nesta sua primeira criação. A substância da intriga — ciúme-adultério-suicídio — é emprestada dos *faits divers* com que ele lidava em sua atividade jornalística. E não só no diálogo e na trama podemos surpreender a captação do cotidiano. Percebe-se a preocupação do dramaturgo em fornecer uma cuidadosa reprodução do meio social através dos retratos das figuras que circundam o protagonista, típicos exemplares de certas porções da pequena e média burguesia carioca e do *lumpen* que a serve: a criada submissa, o motorista malandro, o funcionário corrupto, a sogra maledicente etc. No entanto, na manipulação ficcional desses elementos retirados da atualidade, Nelson utiliza uma variedade de procedimentos furtados do repertório do melodrama, tais como a exacerbação emocional, o exagero de gestos e tons de fala, a técnica da pista falsa (a suposta castração de Umberto), os *coups de théâtre*, as súbitas reviravoltas e assim por diante. Essa combinação de naturalismo e melodrama haveria de tornar-se uma das marcas registradas do seu teatro. Ela está profundamente ligada à visão de mundo revelada em seu universo dramático, onde se vive o dilaceramento entre uma aspiração à idealização romântica e um afundamento na materialidade degradada do mundo.

A afinidade do autor com a estética do naturalismo dá-se ainda através de sua manipulação dos ingredientes de choque e sensacionalismo. Sua investigação do lado escuro e mórbido da psique, especialmente no que concerne ao domínio da sexualidade, deve ter parecido bastante ofensiva ao puritanismo de boa parte das platéias e da crítica de seu tempo. Além disso, as tiradas absurdas de Olegário com respeito ao sexo, ao casamento, à castidade e ao adultério revelam o gosto do autor pelo paradoxo e pela frase de efeito, traço esse a ser extensivamente explorado nas obras seguintes.

Por todas essas razões, embora a repercussão de *A mulher sem pecado* estivesse longe de ser comparável ao terremoto causado por *Vestido de noiva*, não há dúvida de que, mesmo de forma ainda incipiente, mas nem por isso menos afirmativa, um novo teatro estava se anunciando.

2. *VESTIDO DE NOIVA* (1943) — UMA REVOLUÇÃO NO TEATRO BRASILEIRO

Os méritos do novo dramaturgo não foram imediatamente reconhecidos nem pelo público nem pela crítica. Mas sua segunda peça, *Vestido de noiva*, desferiu um golpe formidável no *establishment* acomodado do teatro brasileiro, tornando seu autor uma celebridade instantânea.

Uma análise da peça mostra que a maior parte da ação se passa na mente de Alaíde, a protagonista. Os esforços do eu agonizante para restaurar sua identidade a partir daquele emaranhado de recordações constituem o plano da memória. No entanto, a mente traumatizada continuamente se desvia da trilha da reminiscência, produzindo fantasias delirantes, que são projetadas no plano da alucinação. As curtas interferências do plano da realidade têm a função de situar a esfera da subjetividade no contexto do mundo exterior. No final da peça, o plano da realidade passa a dominar a cena e proporciona uma conclusão para a intriga. A alternância dos planos é muito fluida. As luzes se diluem em uma dimensão, e a ação já está começando na outra. As personagens têm apenas que dar alguns passos, subir alguns degraus ou uma rampa, galgar ou descer uma plataforma. Esta facilidade é garantida pelo cenário simultâneo. Adereços e mobília são reduzidos a um mínimo essencial. Muitas vezes eles são imaginários, como no caso do gramofone e do disco de madame Clessi. Quando são reais, podem ser simplesmente içados para o urdimento no momento em que deixam de ser necessários (as mesas e cadeiras do bordel). Desta forma, o fio da narrativa se desenrola rápida e livremente nas dimensões do tempo e do espaço, da realidade interior e exterior. Um tal grau de fluidez nunca tinha sido visto nos palcos brasileiros até então. A platéia estava acostumada a seguir, ao menos pela duração de um ato, uma única ação, evoluindo linearmente no tempo e ocorrendo numa localização também única e específica.

Embora claramente inter-relacionados, os três planos são inicialmente mantidos separados um do outro. A partir de um certo momento, porém, as imagens da memória e da alucinação parecem fundir-se. É o caso da cena do casamento, originalmente no plano da alucinação, mas que comporta o episódio da briga das irmãs em torno do suor da Mãe, claramente uma recordação de infância. Da mesma forma, o plano da realidade, mantido ao longo de quase toda a peça bem distinto dos outros, no final é contaminado pela esfera da subjetividade, quando nele penetram os fantasmas de Alaíde e Clessi.

A projeção dos conteúdos da vida psíquica em termos de ação cênica já aparecia em *A mulher sem pecado*. *Vestido de noiva*, entretanto, leva bem mais longe esse procedimento. Na verdade, é este um dos fundamentos da concepção ficcional que dá forma — em seu contraponto com os eventos da realidade — à estrutura dramática. Tal expediente, em termos de dramaturgia, era totalmente desconhecido para as platéias brasileiras e, por isso, foi uma das principais razões do sucesso e do impacto extraordinários obtidos pela peça.

Complicando ainda mais a narrativa, a história de Alaíde não apenas fica saltando para frente e para trás no tempo, como também aparece de formas distorcidas, como se a mente da protagonista estivesse lhe pregando peças. Todo o estratagema da Mulher de Véu, com a reencenação a cada vez mais esclarecedora de fatos passados, ou as sucessivas versões da subtrama de madame Clessi, refletem os desvios do psiquismo perturbado de Alaíde. Entretanto, auxiliada pela caftina, ela freqüentemente se dá conta de que está indo na direção errada e se corrige. A função desses lapsos não é apenas transmitir as flutuações de uma mente agonizante ou introduzir complicações que retardem o desenvolvimento dramático com o propósito de criar suspense. Os passos em falso de Alaíde também nos fornecem valiosos *insights* sobre as motivações da heroína e suas idiossincrasias psicológicas. As cenas da alucinação podem não contribuir para a progressão da trama, mas são extremamente relevantes para a configuração dos elementos dramáticos da peça. A ação, nessas cenas, contribui para revelar muitas das motivações internas das personagens e, deste modo, a natureza dos conflitos em que estão envolvidas é fortemente iluminada.

Tais procedimentos anti-ilusionistas, utilizados em *Vestido de noiva*, ao invés de situarem a peça num plano de irrealidade, são, paradoxalmente, os instrumentos através dos quais o dramaturgo investiga algumas das complexidades e contradições da existência humana — da realidade tal qual ele a vê. De fato, não obstante todo um arsenal de técnicas não-realistas — ou precisamente por meio delas —, a peça produz uma história que é, ao mesmo tempo, trivial, violenta e surpreendentemente verossímil. Como vimos, as distorções da narrativa criadas pelas elucubrações subconscientes de Alaíde são, na realidade, um artifício dramático, que vai sendo gradualmente desmascarado, até que finalmente a realidade impõe-se por completo. Se Nelson Rodrigues tivesse se servido dos métodos do naturalismo superficial, a sua fábula sobre a mesquinharia e o egoísmo humano pareceria banal e barata. Depois de passar por esse processo de *decantação*, essa mesma banalidade torna-se assustadora. O que permanece no espírito do espectador depois da cortina final é o diagnóstico de uma realidade terrível.

Nesta sua segunda peça, Nelson Rodrigues insiste — e com resultados ainda melhores do que na primeira — numa reprodução cuidadosa da linguagem cotidiana. O diálogo aqui é extremamente fluente. As falas, em sua maioria, são breves e incisivas, ao ponto de se tornarem "telegráficas" nos episódios do plano da realidade.

Além dos aspectos lingüísticos, a peça é também "realista" na sua descrição do ambiente social. Como em *A mulher sem pecado*, os personagens secundários introduzem a "cor local", enquanto compete a Alaíde e a seus pares, com seus conflitos sexuais e fantasias românticas, traduzir os preconceitos e desvios da moral burguesa. Neste particular, o dramaturgo não teme fazer um comentário social agressivo, seu alvo principal sendo a instituição da família. Com efeito, as deformações expostas em *Vestido de noiva* têm suas raízes na natureza repressiva da vida familiar.

Da mesma forma que em *A mulher sem pecado*, as atitudes das personagens, nesta segunda peça de Nelson Rodrigues, a todo momento adquirem uma qualidade melodramática. A utilização que o dramaturgo faz dos cacoetes do melodrama, contudo, não pode ser vista apenas como uma questão de gosto estilístico pessoal. Reflete também a sua observação do temperamento carioca, dado a extravasamentos emocionais e exibições exageradas de sentimentos. Melodrama, nesse caso, confunde-se com naturalismo.

Em *Vestido de noiva*, ficamos imediatamente impressionados com a baixeza moral das personagens principais, que se manifesta por sob os estreitos princípios morais da integridade burguesa. Os protagonistas deste triângulo, Alaíde, Lúcia e Pedro, são totalmente desprovidos de nobreza espiritual. Suas motivações são egoístas e perversas; seus objetivos, mesquinhos e malévolos. A personalidade neurótica da heroína é a que recebe um tratamento descritivo mais completo, embora as deformidades morais do marido e da irmã sejam também pintadas com cores fortes pelo dramaturgo. O remorso de Lúcia tem pouca duração, enquanto que Pedro nunca demonstra qualquer sinal de arrependimento ao longo da peça inteira. As fantasias desse trio são todas relacionadas à violência e à morte — a morte sendo um dos grandes temas da peça —, e as contínuas traições que fazem uns aos outros traduzem a natureza altamente predatória de seus relacionamentos. Nenhum traço de amor ou de afeição é encontrado neles. O que os une (seus "laços afetivos") são sentimentos como o ciúme, o desejo sexual e uma necessidade sádica de dominação psicológica.

Essas formas rebaixadas de amor, que fazem com que os laços familiares apareçam como totalmente desprovidos de sentido, vão aparecer várias vezes nas peças seguintes. O casamento de Pedro e Lúcia não significa, de forma alguma, que se tenha atingido algum tipo de resolução harmoniosa. O conflito triangular é resolvido, mas o vínculo doentio vai continuar com o casal remanescente. A intriga da peça tem uma solução final, mas um impasse maior, enraizado no próprio padrão nuclear das relações humanas, é prolongado para além do desenlace. Como em *A mulher sem pecado*, onde a decisão final de Lídia não implica qualquer tipo de autoliberação, não há nenhum gesto redentor, nenhuma evolução espiritual nas personagens de *Vestido de noiva*. Elas são inescapavelmente destinadas à auto e mútua destruição.

Mesquinharia, frivolidade, ausência de valores mais elevados são aspectos básicos da vida humana tal como a vemos apresentada em *Vestido de noiva*. Alaíde tenta escapar à frustração que é viver num mundo como este, através de suas fantasias mórbidas e românticas. Precipita-se num redemoinho de complicações que vão, ao final, conduzi-la à aniquilação. Sente-se arrebatada pelo desconhecido, pelo perigoso, pelo proibido. A sua carreira é vertiginosa. Na sua revolta contra a "pobreza" da existência, tal como muitos outros personagens rodriguianos, essa Bovary carioca é incapaz de transigir, de controlar-se. Criaturas como ela não conseguem agir de outra maneira. De um certo modo, são seres predestinados. As suas compulsões inexoráveis os tornam fadados ao caos e à destruição.

Esta conotação de "inevitabilidade" — foi provavelmente o que fez o dramaturgo definir *Vestido de noiva* como "tragédia". Como muito bem explica Sábato Magaldi:

Talvez proceda falar numa tragédia anônima do cotidiano — fixação da vida contemporânea, na qual o homem é peça de uma engrenagem maior, que pode a qualquer momento, fortuitamente, esmagá-lo. De um ponto de vista acadêmico, o acidente poderia definir-se como o fato teatral menos trágico. Alaíde é apenas vítima de um automóvel que a colheu. Nelson cercou o acontecimento, porém, de tamanha inevitabilidade, que ele se assemelha à catástrofe trágica. Depois do violento atrito com a irmã em conseqüência dos problemas conjugais, Alaíde vai para a rua como um local de sacrifício e aí, pequena e amesquinhada, um automóvel, poderosa força obscura do mundo de hoje, a fulmina de forma inapelável. Para o aniquilamento de sua personalidade, representado pelo atrito com Lúcia, o acidente equivale a um tiro de misericórdia e de libertação.[1]

Trágica ou não, a visão de mundo rodriguiana, tal como aparece em *Vestido de noiva*, é, sem sombra de dúvida, extremamente pessimista. Se interpretamos o acidente de automóvel como um ato suicida inconsciente, Alaíde estava com certeza fugindo da pesada carga da existência. O desenlace da peça, aparentemente um *happy end*, é, de fato, um comentário irônico, da parte do dramaturgo, sobre a miserabilidade da condição humana.

Em *Vestido de noiva*, Nelson Rodrigues pinta um retrato extremamente sombrio da existência. Ele se pergunta como as criaturas podem ser tão vis e responde à própria pergunta, denunciando a sua baixeza moral da maneira mais crua. O materialismo grosseiro do mundo posto no palco pode ser lido como uma amarga queixa contra a falta de transcendência no percurso existencial e contra o caráter predatório das relações humanas. Esta é a natureza do realismo dramático de Nelson Rodrigues. A sua descrição da sociedade brasileira é a fachada externa de uma visão muito mais profunda da realidade. Por maior que seja a sua crítica ao meio social, ele não está tentando fazer uma denúncia política. Não acusa a sociedade de haver criado figuras tão desprezíveis. Sem dúvida os homens são influenciados pelo ambiente social. Entretanto, o dramaturgo não está pregando para que esse ambiente seja transformado, nem afirmando que, num mundo transformado, os seres humanos seriam melhores. Ele se repugna com a degeneração da vida social e quer expressar sua repugnância fazendo um retrato repugnante da mesma. E a melhor maneira que encontrou para isso foi através de um realismo radical: o seu tipo de realismo.

Em *Vestido de noiva*, Nelson Rodrigues também continua a exploração dos ingredientes naturalistas de choque e sensacionalismo. As referências a detalhes desagradáveis (odores corporais, varizes etc.), a vulgaridade e a estupidez dos comportamentos das suas personagens somam-se para agredir o "bom gosto" burguês. Tudo e todos são degradados. O mundo mítico do melodrama com suas grandes paixões e valores idealizados permanece como um alvo inatingível. Apesar das fantasias românticas e da intensidade emocional da heroína, a realidade — o mundo naturalista — rebaixa tudo. As personagens principais são, com certeza, pintadas com tintas fortes. Sua energia é imensa, quase extraordinária. Suas motivações e objetivos, no entanto, são baixos e ignóbeis, tornando essa exacerbação totalmente sem sentido. A cada vez que algum tipo de grandeza emocional ou beleza poética parece que vai prevalecer, é imediatamente desinflada pela intromissão da realidade, com a sua banalidade e a sua abjeção. Assim, não seria inapropriado afirmar que, na segunda peça de Nelson Rodrigues, a baixeza do mundo naturalista predomina sobre a esfera idealizada do melodrama. A essência dramática de *Vestido de noiva* reside nessa batalha entre as dimensões naturalista e melodramática. A tensão dessa oposição é um aspecto fundamental da natureza da peça.

1. *Prefácio ao volume 1 do* Teatro completo de Nelson Rodrigues: Peças psicológicas. *Rio de Janeiro: Editora Nova Fronteira, 1981, p. 20.*

3. *VALSA Nº 6* (1951): O ÚNICO MONÓLOGO

A estrutura dramática de *Valsa nº 6* difere totalmente das peças escritas até então por Nelson Rodrigues. Aqui temos a questão do monólogo. O dramaturgo que elege este formato confronta-se com a dificuldade de instalar conflito dramático, dispondo de uma única personagem. Nos monólogos, a ação tende à estaticidade devido à sobrecarga de elementos descritivos e narrativos. Nelson Rodrigues encontra uma solução bastante engenhosa para contornar o problema: inventa uma série de expedientes de grande teatralidade para criar a impressão de interlocução. A protagonista, Sônia, não apenas fala consigo mesma e para a platéia, mas também a todo momento se divide em várias outras personagens que praticamente chegam a dialogar entre elas. A heroína solitária torna-se uma figura múltipla, na qual é sintetizada uma quantidade de *dramatis personae*.

Mesmo sendo, enquanto monólogo, uma novidade no percurso criativo do dramaturgo, *Valsa nº 6* recupera uma série de técnicas dramáticas usadas anteriormente em *Vestido de noiva*. Em ambas as peças, a protagonista tenta reconstituir a sua vida passada. As lembranças, porém, emergem não numa seqüência linear, mas desordenadamente, aos arrancos. Como no caso de Alaíde, Sônia, em sua rememoração, vagueia para adiante e para trás. A conexão dos episódios não se dá nunca pelas vias da cronologia ou da causalidade. A ação dramática, em *Vestido de noiva* e *Valsa nº 6*, resulta da projeção da mente da heroína. A diferença entre as duas peças é que Alaíde se vê diante da materialização das suas fantasias no mundo imaginário do palco, fora de si mesma, enquanto que os fantasmas do mundo de Sônia são exteriorizados através do seu corpo e da sua voz.

Mas há outras similaridades. Em ambos os casos, o destino da protagonista é conhecido de antemão. A morte de Alaíde é mostrada desde o início como irreversível, e Sônia já está morta quando a peça começa. A ação não progride em direção a um futuro desconhecido. Não há nenhum obstáculo a ser vencido, nenhum conflito a ser resolvido no desenlace. O ponto de partida é o mesmo de chegada: a morte. A matéria narrada — a vida das personagens — é apenas reconstituída, recuperada. A narrativa, nas duas peças, consiste na gradual iluminação das experiências pessoais, já vividas, e, por isso mesmo, cristalizadas numa forma fixa, que não permite modificação nem evolução.

Valsa nº 6 apresenta um forte componente anti-realista. A protagonista está morta e o dramaturgo não se preocupa em prover nenhuma explicação lógica para o fenômeno. Sônia não é um espírito, muito menos a projeção da mente de alguém. Está biologicamente morta, mas dramaticamente viva. Com efeito, neste monólogo, Nelson Rodrigues está muito mais interessado em um tipo de poesia dramática onde a reprodução verista das exterioridades da vida não encontra muito espaço. Evocação poética no lugar da reportagem do real.

Contudo, aqui também, a despeito dos expedientes anti-naturalistas e do lirismo dialógico, o que emerge do todo da peça é uma visão sobre a realidade. Assistimos à construção de um perfil psicológico com desenho cuidadosamente delineado. Reconstrói-se o percurso de uma vida. Narra-se a história de um crime com implicações incestuosas: a obsessão de um idoso por uma menina e o amor desta por um homem mais velho e casado — dr. Junqueira. Sônia e Paulo. Novamente nos deparamos com a instauração de uma realidade sombria. A transição de Sônia da infância à adolescência implica a perda da pureza e o enredamento numa teia de sentimentos obscuros e doentios. O mundo externo é ainda mais ameaçador. A figura sinistra do velho sátiro espreita sua jovem presa. A juventude já está doente por dentro. Do lado de fora só lhe aguardam a degradação e o aniquilamento. Mais uma vez, o pessimismo tinge completamente a *weltanshauung* rodriguiana.

4. *VIÚVA, PORÉM HONESTA* (1957): UMA FARSA NEM TÃO IRRESPONSÁVEL

Em 1957, Nelson Rodrigues compôs uma peça que não se encaixa nem no formato do ciclo mítico nem no do drama realista. Chamou-a de "farsa irresponsável", assim como *Dorotéia*, escrita dez anos antes. As duas obras, no entanto, são de estilo muito diverso. Na verdade, *Viúva, porém honesta* é um caso peculiar na trajetória do autor. Como de hábito, ele inventa novas formas para a dramaturgia brasileira. Desta vez, cria uma espécie de farsa absurda. *Dorotéia*, apesar do subtítulo dado por Nelson, não se encaixa muito confortavelmente no gênero, pois combina elementos cômicos e satíricos com material sério, de coloração patética e grotesca. Em *Viúva, porém honesta*, por outro lado, a comicidade e o absurdo predominam a tal ponto, que podemos, sem medo de errar, utilizar a classificação de farsa, embora de um tipo deveras anticonvencional.

Este é o único experimento rodriguiano no gênero. Depois dele, o autor retorna ao modo realista, caminho do qual não se afastaria mais. Por este motivo, o texto tem sido freqüentemente incompreendido pelos críticos, que o consideram obra menor, visando tão-somente o entretenimento e uma sátira zombeteira a tópicos do momento. Acreditamos que a peça não é tão inconseqüente assim. Ela constitui, realmente, um afastamento do dramaturgo de seus processos criativos habituais. Todavia, seus tipos humanos, situações e temática relacionam-se de perto com as outras peças, míticas ou realistas. Recebem tratamento diferenciado, mas a visão de mundo permanece irremediavelmente rodriguiana e, de forma alguma, inconsistente.

Como freqüentemente acontece no teatro de Nelson, pouca coisa se dá no plano do presente. Temos a assembléia de especialistas no começo e a ressurreição de Dorothy Dalton, com o conseqüente desenlace, no final. A maior parte da ação se desenrola numa série de *flashbacks*, mostrando o aparecimento de Dorothy Dalton, a visita de Ivonete ao ginecologista, o casamento, a noite de núpcias e a manhã seguinte. As transições são indicadas por meio de recursos teatrais simples e imaginativos. Pardal sopra um apito e aparecem os noivos, vestidos para a cerimônia, enquanto J.B. vai distribuindo chapéus entre os convidados. O pai então dispara um revólver para dar a partida à noite de núpcias. Alguns momentos depois, ele anuncia, sem preâmbulos, que vai produzir uma transição temporal apagando as luzes. Ao acendê-las de novo, já será o dia seguinte.

Um olhar mais atento percebe que *Viúva, porém honesta* não é uma farsa tão "irresponsável" quanto quer fazer parecer o próprio autor. Na verdade, a peça pode ser vista como um ataque contundente, não só contra os críticos de teatro, mas contra todo o sistema sociocultural brasileiro. Encontramos aqui uma comprovação da afirmação de Flora Sussekind, de que Nelson Rodrigues desmistifica os mecanismos de prestígio intelectual e social, expondo, sob esse "fundo falso", a incompetência, a corrupção e o colapso total do *establishment*.[2] Os nomes dos personagens médicos — dr. Sanatório, dr. Lambreta — já denunciam a intenção satírica do dramaturgo. Uma outra forma de depreciação é o fato de eles serem definidos como especialistas em sexualidade no mesmo nível que a caftina madame Cri-cri. Os médicos são todos incompetentes, como se vê pelos tratamentos que prescrevem. Dr. Sanatório usa uma barriga postiça, porque barriga impõe respeito e impressiona os maridos.

A imprensa também é atingida através do personagem J.B. O próprio nome já é uma alusão óbvia. A transformação do jovem delinqüente afeminado em crítico teatral acerta — mais do que um tiro na crítica especializada — uma denúncia à inescrupulosa manipulação da opinião pública. J.B., sendo o protótipo do capitalista todo-poderoso, cuja onipotência não se vê abalada por nenhum tipo de prurido moral, antecipa uma série de personagens da mesma estirpe, que viriam a aparecer nas próximas peças, dos quais o exemplo mais espetacular é o dr. Werneck de *Bonitinha, mas ordinária* (1961).

Dentre todas as instituições visadas pela metralhadora giratória de Nelson Rodrigues, entretanto, é a família o alvo principal. Nela, todos os valores acham-se invertidos. O adultério é uma conseqüência necessária do casamento. Fidelidade conjugal só é possível na viuvez. O tema da hipocrisia moral aparece expresso nas figuras das duas tias. As tias são normalmente as guardiãs da moral familiar nas peças de Nelson, agentes mantenedoras de um estrito código comportamental. No entanto, a integridade de tia Assembléia e tia Solteirona, em *Viúva, porém honesta*, é continuamente sabotada ao longo da peça. Tia Assembléia tem sonhos eróticos, fuma às escondidas no quarto da empregada e grita palavrões para o espelho. Tia Solteirona, por sua vez, na delirante cena do casamento, enquanto Ivonete clama por um amante, sonha em ter 3.500 amantes.

A peça se conclui num clima de caos total. As personagens mergulham na mais completa degradação, na mais desvairada loucura. Não há redenção possível. O demônio ("Diabo da Fonseca") triunfa sobre tudo e sobre todos. Contudo, talvez o triunfo dos poderes do mal seja justamente a epifania do drama. *Viúva, porém honesta* é a única peça de Nelson Rodrigues onde a transgressão moral não acarreta culpa, autopunição e aniquilamento. Há uma qualidade dionisíaca no seu desenlace, que, nessa medida, não deixa de ser, assim, um final feliz.

5. *ANTI-NELSON RODRIGUES* (1973): UM JOGO DE AUTO-REFERÊNCIA

Nelson Rodrigues costumava dizer, em tom de blague, que escreveu *Anti-Nelson Rodrigues* para ver-se livre do cerco montado pela atriz Neila Tavares, que lhe pedia um original.

2. Sussekind, Maria Flora e Bacarelli, Milton João. I Concurso Nacional de Monografias — 1976. Brasília: MEC/Funarte/SNT, 1977

O próprio título da peça é também uma blague. Através da auto-referência negativa, o autor brinca de contrariar as expectativas a que havia habituado seu público. De fato, o enredo, ao propor-se como uma história de amor e regeneração moral com um *happy end*, por um lado, afasta-se do costumeiro material ficcional e parece anunciar uma visão de mundo mais complacente e esperançosa. Um olhar mais atento, porém, perceberá que, ao mesmo tempo, o dramaturgo retoma motivos, temas, personagens e situações recorrentes em sua obra. No fundo, a peça é um jogo de despistes, de aproximações e afastamentos. Sábato Magaldi enumera algumas das recorrências:

Pertencem à matéria comum de Nelson: a oposição pai-filho, a inclinação mãe-filho, a solidão do velho casal, a desagregação dos valores convencionais, a força corruptora do dinheiro, os erros e os vexames íntimos em certo momento confessados, a existência numa corda esticada e nunca o mole e o frouxo, e — acima de tudo — a crença numa ética última e irredutível da criatura humana, marcando-lhe a transcendência.[3]

Outros elementos rodriguianos típicos, encontráveis na peça, são a exacerbação emocional, as atitudes e gestos melodramáticos, a extrema fluidez da narrativa e as frases de impacto, notadamente as de Salim Simão, pai da heroína. A própria utilização de uma figura real como personagem da ficção — Salim Simão era um conhecido jornalista da época — retoma o expediente de Amado Ribeiro em *Beijo no asfalto*.

No que diz respeito à fluência da narrativa, o dramaturgo introduz uma nova técnica: a "cena dentro da cena". Num determinado momento, Teresa, a mãe do protagonista Oswaldinho, está conversando com o filho sobre as cartas anônimas que este enviara ao pai. A ação então salta para um diálogo entre ela e o marido, Gastão, a respeito do mesmo assunto. Teresa não menciona a Oswaldinho a conversa com seu pai. O episódio é um *flashback*: arma-se espontaneamente com o objetivo de iluminar a cena onde se insere. Quando termina, a ação retorna ao ponto exato em que fora interrompida, a primeira fala sendo uma resposta à última da cena anterior. Em termos de encenação, o dramaturgo sugere uma solução bastante simples: a luz se acende sobre uma outra área do palco e Teresa caminha naturalmente até lá. Quando o foco volta para Oswaldinho, ela volta para prosseguir o diálogo, como se o mesmo não tivesse sofrido nenhuma interferência.

Joice, a "mocinha", é, de fato, uma heroína absolutamente anti-rodriguiana. Pela primeira vez, o dramaturgo delineia uma personagem totalmente positiva e incorruptível. Joice é moralmente impecável. Seus princípios não têm nada a ver com o moralismo hipócrita e repressor tantas vezes retratado no universo rodriguiano. Ela não se deixa guiar pelas convenções sociais. O amor é seu valor maior. A sua decisão de aceitar Oswaldinho no final depende menos do convencional pedido de casamento do que de sua certeza quanto à sinceridade dos sentimentos do galã. O fato de ela ser uma testemunha de Jeová soa um tanto ridículo, mas serve para reforçar a plausibilidade da preservação da virgindade. Contudo, a vir-

3. *Prefácio ao volume 1 do* Teatro completo de Nelson Rodrigues: Peças psicológicas. *Rio de Janeiro: Editora Nova Fronteira, 1981, p. 34.*

gindade de Joice é, na verdade, menos uma questão de princípios religiosos do que a conseqüência de sua idealização do amor: ela só pertencerá ao homem por quem se apaixonar. Quando se dá conta de seu amor por Oswaldinho e se convence da honestidade das intenções dele, não hesita em entregar-se.

O processo de Oswaldinho é o de uma conversão do estado de degradação moral para a nobreza espiritual. Com efeito, o poder redentor do amor é o tema fundamental de *Anti-Nelson Rodrigues.*

A peça também explora o motivo da predestinação no amor. Quando Oswaldinho é apresentado a Joice, sente como se a tivesse conhecido de "vidas passadas". Tal percepção, tão deslavadamente romântica, conflita com a visão tradicional do dramaturgo sobre o fracasso das relações humanas. Certamente, *Anti-Nelson Rodrigues* é uma peça ambivalente, no sentido em que justapõe o tema do amor vitorioso (Joice e Oswaldinho) à irremediável solidão do ser humano (Gastão e Teresa). Nelson mistura aqui o seu habitual pessimismo com um otimismo romântico. Não fora por *Bonitinha, mas ordinária*, seria esta a única peça sua com final feliz (*Viúva, porém honesta* não conta, por se tratar de uma comédia, onde o *happy end* é obrigatório). É importante observar, contudo, que o desenlace de *Bonitinha* se dá num clima idealizado, dentro de uma realidade rarefeita, ao passo que em *Anti-Nelson Rodrigues* ele se passa no mundo bem concreto da atualidade.

A vida, portanto, na peça que sucede a *Toda nudez será castigada* (que termina na escuridão total), não aparece como sinônimo de miséria e logro. Contudo, a despeito dessa profissão de romantismo e otimismo, percebe-se aqui e ali um leve sorriso de ironia. A rubrica final, "Beijo na boca como nos filmes antigos", seria talvez uma sinalização do autor para não levarmos nada disso tão a sério. Não estaria Nelson nos soprando que uma dose tão idealizada de romance é pouco provável na vida real? Ele gostaria, sem dúvida, que fosse possível, e a peça não deixa de ser uma expressão desse *wishful thinking*. Talvez ele a tenha escrito pelo puro prazer de ver suas fantasias materializadas — pelo menos no mundo da ilusão teatral.

De qualquer modo, o dramaturgo, em *Anti-Nelson Rodrigues*, aparece-nos mais sereno, menos agressivo. Mostra-se indulgente com suas personagens, até mesmo com as mais desprezíveis, como Teresa e Gastão. Desistindo do papel de juiz implacável, ele parece lamentar a miséria de suas criaturas. Em todo caso, não há dúvida de que a penúltima peça de Nelson Rodrigues não possui o impacto de escândalo das outras. Não há mortes, aberrações sexuais nem cenas violentas.

Anti-Nelson Rodrigues, sem ser uma autobiografia, apresenta, com certeza, uma escrita auto-referente. É um exercício de metalinguagem, em que o dramaturgo explora, por um lado, seus próprios clichês, e, por outro, ousa subverter as expectativas com mudanças radicais nos seus temas e processos habituais de fabulação. Tudo isso resulta num delicioso jogo de autocomentário e auto-ironia. Numa entrevista a Sábato Magaldi, ele declara:

Agora que vi (a peça) no palco, em ensaios sucessivos, realizada cenicamente, sinto que ela teima em ser Nelson Rodrigues. Há no texto uma pungência, uma amargura, uma crueldade e ao mesmo tempo uma compaixão quase insuportáveis. O grande elemento novo de Anti-Nelson Rodrigues *é, a meu ver, a profunda e dilacerada piedade que nem sempre as outras peças extrovertem. Realmente, nunca tive tanta pena de meus personagens. Há um momento em que Oswaldinho, o possesso, ouve de Joice: "Você ainda vai beijar o chão que seu pai pisou." Aí está toda a chave do personagem e da própria peça. Isso quer dizer que há em cada um dos homens e das mulheres que sofrem no texto uma violenta nostalgia de pureza. É como se eu dissesse: o degradado absoluto não existe, e em cada um de nós há um santo enterrado como sapo de macumba. Esse santo pode explodir a qualquer momento. No fim, o espectador sai certo de que Oswaldinho é um falso canalha. O seu momento final é esse instante de são Francisco de Assis, que todos nós levamos nas entranhas.*[4]

4. *In* Jornal da Tarde, *2 de março de 1974, citado por Sábato Magaldi no prefácio ao volume 1 do* Teatro completo de Nelson Rodrigues: Peças psicológicas. *Rio de Janeiro: Editora Nova Fronteira, 1981, p. 33.*

DRAMA EM TRÊS ATOS • 1941

A MULHER SEM PECADO

Programa de estréia de A MULHER SEM PECADO[1],
apresentada no Teatro Carlos Gomes, Rio de Janeiro,
em 9 de dezembro de 1942.

A MULHER SEM PECADO

Original de Nelson Rodrigues
em três atos e três quadros

Distribuição (por ordem das entradas em cena):

HOMEM MANCO	Gim Mamoré
ANINHA	Isabel Câmara
OLEGÁRIO	Teixeira Pinto
INÉZIA	Leila Lys
UMBERTO	Rodolfo Mayer
LÍDIA	Amélia de Oliveira
JOEL	Brandão Filho
GOMIDE	Arnaldo Coutinho
1ª MULHER	Guiomar Santos
EVARISTO	Elias Celeste

ÉPOCA atualidade

Ensaiada e encenada pelo ator *Rodolfo Mayer*
Cenários de *José Gonçalves dos Santos*

1. A inclusão dos personagens Gomide e Evaristo e a omissão dos personagens Maurício e d. Márcia foram artifícios utilizados pelo diretor Rodolfo Mayer na primeira montagem da peça. (N.E.)

PERSONAGENS

OLEGÁRIO
(paralítico e marido de Lídia)

INÉZIA
(criada)

D. ANINHA
(doida pacífica, mãe de Olegário)

UMBERTO
(chofer)

VOZ INTERIOR
(Olegário)

LÍDIA
(esposa de Olegário)

JOEL
(empregado de Olegário)

MAURÍCIO
(irmão de criação de Lídia)

D. MÁRCIA
(ex-lavadeira e mãe de Lídia)

MENINA
(Lídia aos dez anos) (O autor, em 1945, excluiu a menina quando da representação dirigida por Turkow. Conforme a conveniência, a menina poderá ser suprimida, já que o autor assim o fez na segunda versão, levada em cena em 1945)

MULHER
(primeira esposa de Olegário, já falecida) (Como a menina, poderá ser suprimida, já que o autor assim o fez na segunda versão)

PRIMEIRO ATO

(Cenário com um fundo de cortinas cinzentas. Uma escada. Mobiliário escasso e sóbrio. O dr. Olegário — um paralítico recente e grisalho — está na sua cadeira de rodas. Impulsiona a cadeira de um extremo a outro do palco, e vice-versa. Excitação contínua. Num canto da cena, d. Aninha, de preto, sentada numa poltrona, está perpetuamente enrolando um paninho. D. Aninha, mãe do dr. Olegário, é uma doida pacífica. Luz em penumbra. Sentada num degrau da escada, está uma menina de dez anos, com um vestido curto, bem acima do joelho, e sempre com as mãos cruzadas sobre o sexo. Luz vertical sobre a criança. Esta é uma figura que só existe na imaginação doentia do paralítico. No decorrer dos três atos, ela aparece nos grandes momentos de crise.)
(A menina atravessa o palco e sai de cena.)

OLEGÁRIO — Inézia! Inézia!

INÉZIA *(a criada, entrando)* — Pronto, doutor.

OLEGÁRIO *(parando a cadeira no meio do palco)* — Então? O que há?

INÉZIA — Nada, doutor, nada de novo. Quer dizer...

OLEGÁRIO *(impaciente)* — Quer dizer o quê? Alguém telefonou para minha mulher?

INÉZIA — Telefonaram, doutor. A manicura, perguntando se podia vir hoje. D. Lídia disse que hoje não. Marcou para amanhã.

OLEGÁRIO *(atento)* — Quem mais?

INÉZIA — A modista. D. Lídia foi lá. Ah, também telefonou uma voz de mulher que eu não conheço.

OLEGÁRIO *(com o maior interesse)* — Hum! Voz de mulher, mesmo? *(aproxima-se)* Tem certeza que não era voz de homem disfarçada?

INÉZIA *(hesitante)* — Não. Pelo menos, não parecia. Não, era voz de mulher, sim.

OLEGÁRIO — Você perguntou quem queria falar com ela?

(Inézia desconcerta-se.)

OLEGÁRIO *(ríspido)* — Eu não lhe disse para perguntar sempre?

INÉZIA *(contrita)* — Disse sim, doutor, mas...

OLEGÁRIO *(interrompendo)* — Mas... quê? Ela recebeu alguma carta?

INÉZIA *(tirando do avental)* — Só um telegrama.

OLEGÁRIO *(curioso)* — Um telegrama. Deixe ver.

INÉZIA *(entregando o telegrama)* — Se d. Lídia souber!...

OLEGÁRIO *(abre o telegrama e o lê com certa ansiedade. Ainda olhos fitos no papel)* — Souber, como? Só se você disser. Você ou Umberto. Mas não caia nessa asneira!

INÉZIA (*com precipitação*) — Deus me livre! Eu não! (*noutro tom*) Mas, às vezes, fico assim...

OLEGÁRIO — Fica assim... (*noutro tom*) Não pago mais a você para fazer essas coisas? Pode ir. Não, espere... Espere um pouco.

(*E abstrai-se, relendo o telegrama.*)

INÉZIA — Está na hora da comida de d. Aninha.

OLEGÁRIO (*distraído com o telegrama, custa a falar*) — Está? (*noutro tom*) Então dê e... Chame Umberto.

INÉZIA — Sim, senhor.

(*Inézia sai.*)

OLEGÁRIO (*pensativo, relendo o telegrama*) — Engraçado...

UMBERTO (*entra. É moço, meio sinistro, com uniforme de chofer*) — Me chamou, doutor? Eu já vinha pra cá...

OLEGÁRIO (*embolsando o telegrama*) — O que é que há? A senhora saiu, aonde foi?

UMBERTO (*mascando qualquer coisa*) — Saiu depois do almoço. Mais ou menos umas duas horas. Voltou às cinco horas.

OLEGÁRIO (*irritado*) — Que diabo é isso que você está mastigando? Que mania!

UMBERTO (*parando de mastigar*) — Nada. Um palito de fósforo.

OLEGÁRIO — E você viu o quê? (*com desconfiança*) Eu acho que você me esconde as coisas! Eu pago para obter informações! (*noutro tom*) Ela foi aonde?

UMBERTO — À modista.

OLEGÁRIO — À modista. Qual?

UMBERTO — Aquela francesa. Aquela!

OLEGÁRIO — Sim, sim, sei. Continue.

UMBERTO — Demorou lá...

OLEGÁRIO (*em movimento*) — Quanto tempo?

UMBERTO — Quase uma hora.

OLEGÁRIO (*parando a cadeira. De costas para Umberto*) — Uma hora?

UMBERTO — Sim, senhor.

OLEGÁRIO — E depois?

UMBERTO — Depois foi à Confeitaria Colombo. Lá demorou mais ou menos uma hora e meia.

OLEGÁRIO (*surpreso*) — Uma hora e meia na Colombo! (*noutro tom*) Sentou-se sozinha?

UMBERTO — Não. Encontrou lá três moças. Duas vêm aqui: d. Bárbara e d. Sandra. A outra não conheço.

(Entra Inézia.)

INÉZIA — Vou dar comida à d. Aninha. Na última vez ela não quis.

OLEGÁRIO — O quê? Não quis? *(impaciente)* Ah, bom, bom! Insista, que diabo!

(Inézia vai dar comida à d. Aninha. Olegário acompanha com os olhos a menina que passa. Umberto olha, displicente, um detalhe qualquer do mobiliário.)

OLEGÁRIO — Então, como foi? Sentou-se com d. Bárbara e d. Sandra.

UMBERTO *(displicente)* — É só?

OLEGÁRIO *(ríspido)* — Que só, o quê? O que é que houve na Colombo? Quero saber tudo!

UMBERTO — Eu fiz como o senhor disse: fiquei vendo se ela olhava para fora.

OLEGÁRIO *(com atenção concentrada)* — E então?

UMBERTO *(com certa intenção)* — Bem, de vez em quando ela olhava para fora.

(A menina sobe a escada e desaparece. Maquinalmente, Olegário impulsiona um pouco a cadeira de rodas. Pára, ficando de costas para Umberto.)

OLEGÁRIO — D. Lídia estava olhando para alguém, para alguém... "particularmente"? Olhar sem querer, por acaso, ela podia olhar. Mas eu quero saber é — se olhava para alguém com insistência.

UMBERTO *(depois de um silêncio, em voz baixa)* — Na calçada estava aquele sujeito coxo.

OLEGÁRIO *(virando a cadeira para Umberto com espanto)* — Que sujeito coxo é esse?

UMBERTO — É um que sempre está na calçada quando d. Lídia vai à Colombo.

OLEGÁRIO *(ainda espantado)* — E é coxo? Você nunca me falou dele! Mas que espécie de sujeito?

UMBERTO — Anda mancando. Tem uma perna mais curta do que a outra.

OLEGÁRIO *(apreensivo)* — D. Lídia olha para ele?

UMBERTO *(sintético)* — Não.

OLEGÁRIO *(noutro tom, com certo alívio)* — Ele olha para d. Lídia?

UMBERTO — Não.

OLEGÁRIO *(espantado)* — Então o que é que tem de notável esse camarada?

UMBERTO *(confidencial)* — Eu acho que ele não regula bem. Fica andando de um lado para outro, o tempo todo, e não sai disso. Mancando.

OLEGÁRIO *(ríspido)* — Que é que eu tenho com isso? Tenho alguma coisa?

UMBERTO — Falei nele por falar. Me lembrei dele.

(Olegário olha Umberto demoradamente. Pausa incômoda. Umberto desvia o olhar.)

OLEGÁRIO *(incisivo)* — Você quer saber de uma coisa? Não, nada. *(noutro tom)* Quer dizer que d. Lídia não olhou para ninguém — particularmente?

UMBERTO — Não, não olhou para ninguém — particularmente. Quer dizer...

OLEGÁRIO *(curioso)* — Quer dizer o quê? Continue! Pode falar!

UMBERTO *(com intenção)* — Ela estava olhando de vez em quando...

OLEGÁRIO — Para quem? Diga!

UMBERTO *(com descaramento)* — Para mim.

OLEGÁRIO *(espantado)* — Para você? *(noutro tom)* Para você, hem?!

UMBERTO *(cínico)* — Para mim.

OLEGÁRIO *(olhando para Umberto)* — Para você... E quando saiu... *(interrompe-se)* Mas espere um pouco... *(em tom especial)* Você disse que d. Lídia olhou para você?

INÉZIA *(nervosa, voltando com o prato)* — Doutor, outra vez ela não quer comer!

OLEGÁRIO *(com irritação)* — Não quer!... Você precisa ter paciência — que diabo!

INÉZIA *(nervosa)* — Eu tenho, doutor, eu tenho! Mas se ela não quer?

OLEGÁRIO *(saturado)* — Então espere um pouco e depois veja se ela come!

INÉZIA *(com resignação)* — Vou esperar, doutor. *(num lamento)* Mais do que eu faço!...

(Inézia volta para junto de d. Aninha.)

OLEGÁRIO *(impaciente)* — Até perdi o fio da história! *(lembrando-se)* Então d. Lídia olhou para o senhor? Você está querendo insinuar alguma coisa, seu...

UMBERTO *(escandalizado)* — Nada, doutor! Que o quê!

OLEGÁRIO — Tome cuidado! Você não me conhece!...

UMBERTO *(ressentido)* — Eu sei-me colocar no meu lugar, doutor. Conheço a minha posição.

OLEGÁRIO — Venha cá. Olhe bem para mim!

(Pausa. Os dois se olham.)

UMBERTO *(com desplante)* — Estou olhando.

OLEGÁRIO *(encarando Umberto)* — Ainda agora você me falou, sem quê nem pra quê, no homem coxo. Você está-me querendo fazer de idiota?

UMBERTO *(firma o olhar)* — Não. Me lembrei porque... *(baixando a voz)* As pessoas coxas me impressionam muito!

OLEGÁRIO *(irritado)* — Você pára ou não pára de mascar essa porcaria? Tire isso da boca!

UMBERTO *(parando e olhando para o teto)* — Eu estava distraído!

OLEGÁRIO *(com suspeita)* — Estou começando a desconfiar que você não é chofer. E quando cismo uma coisa, dificilmente erro!

UMBERTO *(entre misterioso e sardônico)* — O senhor acha então que eu não sou... chofer? *(noutro tom)* Quer ver a minha carteira profissional?

OLEGÁRIO *(insistente)* — Você não tem cara de chofer!...

(Aproxima-se Inézia, nervosa, com o prato.)

INÉZIA — Não adianta, doutor! Ela não quer outra vez!

OLEGÁRIO *(com irritação)* — Se ela não quer, o que é que eu vou fazer? *(saturado)* Não precisa tentar mais. Depois eu falo com minha mulher.

(Inézia sai.)

OLEGÁRIO *(irritado)* — Essa "zinha" não serve nem para dar comida à minha mãe! *(noutro tom, voltando-se para Umberto)* Olhe aqui, Umberto: se você arranjar uma coisa positiva — uma carta, por exemplo — eu dou a você cinco mil cruzeiros. Sem discutir.

UMBERTO — Fique descansado, dr. Olegário. Não era preciso dinheiro... Mesmo sem dinheiro...

OLEGÁRIO *(impaciente)* — Eu sei, eu sei... Mas dou um conto de réis. Está ouvindo?

UMBERTO — Está bem, dr. Olegário. É só?

OLEGÁRIO — É só. Pode ir. Não, espere. Na Colombo, minha mulher não encontrou nenhum conhecido — conhecido homem?

UMBERTO — Não. Não vi cumprimentar nenhum homem.

OLEGÁRIO — Tem reparado se olham muito para minha mulher na rua?

UMBERTO *(hesitante)* — O senhor sabe como é.

OLEGÁRIO (*noutro tom*) — Então o tal coxo é velho?
UMBERTO — É, doutor.
OLEGÁRIO — Está bem, pode ir.

(*Umberto sai.*)

OLEGÁRIO (*sozinho, impulsionando a cadeira*) — Tem descaramento esse malandro...

(*Mudança de luz.*)

VOZ INTERIOR (*microfone*) — E eu falando sozinho! Será isso um sintoma de loucura?
OLEGÁRIO — Homem manco.
VOZ INTERIOR (*microfone*) — Não pode ser! Um louco não pergunta a si mesmo: serei um louco?
OLEGÁRIO — Mas será que esse imbecil pensa que Lídia quer alguma coisa com ele?
VOZ INTERIOR (*microfone*) — Muitas mulheres achariam bonito amar um chofer.
OLEGÁRIO — Ah!
VOZ INTERIOR (*microfone*) — Eu devo estar doente da imaginação, para admitir isso.
VOZ INTERIOR (*microfone*) — Lá vem ela outra vez. Não me larga.

(*Refere-se à menina, que volta debaixo do foco luminoso. Inézia desce a escada. Volta a luz normal.*)

OLEGÁRIO — Inézia! (*Inézia se aproxima*) Não apareceu nenhum homem me procurando?
INÉZIA — Não, doutor.
OLEGÁRIO — Estou esperando um camarada. Quando ele chegar, mande entrar. E veja se arranja alguma informação útil. Você e Umberto são dois fracassos! Pago a vocês e quando acaba não sei de nada, continuo na mesma. Vocês precisam dar um jeito nisso.
INÉZIA (*justificando-se*) — Mas é que não tem havido nada, doutor! Se houvesse, a gente diria!
OLEGÁRIO (*sardônico*) — "Não tem havido nada!" Sei lá se não tem havido nada? (*saturado*) Está bem, está bem!

(*Inézia sai. Entra Lídia. Lindo tipo de mulher. Muito jovem e vestida com gosto.*)

LÍDIA — D. Aninha não quis a comida, meu filho? Inézia me disse!

OLEGÁRIO (*com mau humor*) — É. Não quis. Não quis agora, nem antes. Você precisa dar um jeito nisso.

LÍDIA (*admirada*) — Eu? Mas que jeito você quer que eu dê?

OLEGÁRIO (*de mau humor*) — Que jeito, ora!... Você podia interessar-se mais — que diabo! Mas não. Larga tudo na mão da criada.

LÍDIA (*magoada*) — "Larga tudo na mão da criada", não! Eu não posso fazer mais do que faço.

OLEGÁRIO (*irônico*) — Ah, não pode!... Está bem. (*noutro tom*) O que eu acho é que você, enfim, devia-se lembrar que ela é minha mãe!

LÍDIA (*com veemência*) — Você pensa então que se ela não fosse sua mãe eu estaria sempre em cima? (*noutro tom, suplicante*) Eu já disse a você, não disse, que às vezes não posso, fico nervosa? (*com angústia*) Ah, Olegário! Tratar uma pessoa que não compreende, que passa todo tempo enrolando um paninho... (*exasperação*) Aquele pano que ela enrola, aquele pano!...

OLEGÁRIO (*sardônico*) — Acho engraçado você. "Fico nervosa." (*outro tom*) Está bem. Um dia você vai ver minha mãe morrer, aí, de inanição! Não come!

LÍDIA (*com angústia*) — Pelo menos, Olegário, pelo menos diga o que quer que eu faça. Sua mãe não quer comer: o que eu devo fazer? Diga!

OLEGÁRIO (*depois de uma pausa*) — Está bem. Vamos esperar então. Daqui a pouco você tenta outra vez.

LÍDIA — Bem, meu filho. Vou mudar de roupa.

OLEGÁRIO — Acho graça dessa mania que você tem de me chamar "meu filho"!

LÍDIA (*com um suspiro*) — Há algum mal nisso?!

OLEGÁRIO — Mal, mal, não há. (*outro tom*) Mas eu não gosto. Isso devia bastar!

LÍDIA (*contendo-se*) — Você agora se aborrece com as mínimas coisas! Ah, meu Deus!

OLEGÁRIO (*impaciente*) — Não é se aborrecer! (*sardônico*) Interessante isso. Você não quis ter filhos, e quando acaba cisma de ser maternal comigo!

LÍDIA (*nervosa*) — Parece mentira. Tudo porque eu disse "meu filho". Está bem. Nunca mais chamarei você de meu filho...

OLEGÁRIO — Isso é um vício em você. Outra coisa...

LÍDIA — O quê?

OLEGÁRIO — Você deu para me chamar "meu filho" depois que eu fiquei assim. Foi, sim!

LÍDIA — Que bobagem, Olegário!

OLEGÁRIO — Bobagem, eu sei!

(Silêncio. Os dois se olham. Olegário impulsiona a cadeira para mais perto de Lídia.)

LÍDIA — Ah, uma coisa, Olegário. Por que é que você não chama outro médico? Mamãe disse que tem um tão bom!...

OLEGÁRIO — Não interessa. Para que outro médico? Já não tenho um?

LÍDIA — Mas esse que você tem — esse seu amigo — é tão esquisito! Dizem até que bebe!...

OLEGÁRIO *(impaciente)* — "Bebe!" E o que é que tem isso? Pois olhe. Ele é melhor do que muitos que andam por aí. E, além disso, minha filha, basta que eu tenha confiança nele. Eu é que sou o doente, não é?

LÍDIA — Está certo, Olegário, está certo. Mas você podia chamar outro — só pra ver! Não custa!

OLEGÁRIO *(com exasperação)* — É. Mas não quero! Basta um e eu estou satisfeito com o meu!

LÍDIA *(resignada)* — Está bem.

OLEGÁRIO *(sombrio)* — E, além disso, não adianta. Eu sei que nunca ficarei bom. O médico disse.

LÍDIA — Que não fica bom o quê! Você também é, Olegário!...

OLEGÁRIO *(recordando-se)* — Antes que eu me esqueça: você tem um primo Rodolfo, não tem?

LÍDIA — Tenho sim. Ele até assistiu ao nosso casamento.

OLEGÁRIO — "Assistiu ao nosso casamento." *(entregando o telegrama)* Ele mandou esse telegrama.

LÍDIA *(queixosa)* — Você sempre controlando as minhas coisas! Eu não me incomodo. Só acho que você não tem confiança — nenhuma mesmo — em mim.

OLEGÁRIO *(irônico)* — Sei disso. Mas eu quero que você me explique: por que cargas-d'água ele tem que dar satisfações a você?

LÍDIA *(surpresa)* — Satisfações a mim?!

OLEGÁRIO *(incisivo)* — Satisfações a você, sim! "Parto amanhã." O que é que você tem com isso?

LÍDIA *(nervosa)* — Ora, Olegário, ora! *(outro tom)* Sou a única parente que ele tem no Rio! Eu, mamãe, Maurício e você.

OLEGÁRIO *(desabrido)* — Eu, não! Tenha paciência! Não sou parente dos primos de minha mulher.

LÍDIA — Está bem, Olegário, está bem.

OLEGÁRIO *(com irritação)* — E no mínimo esse cavalheiro vai-se instalar aqui!

LÍDIA — Já começou você outra vez!

OLEGÁRIO (*incisivo*) — Outra vez, sim! (*patético*) Que posso fazer senão começar sempre?

LÍDIA — Mas que foi que eu fiz, meu Deus? Aponte uma coisa qualquer, ao menos isso. (*enérgica*) Você não tem nada, nada, contra mim. Você não vê que isso até fica feio para você — feio?

OLEGÁRIO (*irritado*) — "Feio"! O que é que é "feio"? Como é imbecil a gente dizer "fica feio"!

LÍDIA (*desafiante*) — Então acuse. Pronto! Acuse! Acuse, mas não me faça sofrer à toa! Você não me acusa porque não pode. Minha vida não tem mistérios. Todo mundo sabe o que eu faço.

OLEGÁRIO — Você me desafia, hem?

LÍDIA (*enérgica*) — Desafio, sim!

OLEGÁRIO (*sardônico*) — Me desafia! Diz "minha vida não tem mistérios"! E eu ando atrás de você o tempo todo? Sei lá pra quem você olha na rua? Estou dentro de você para saber o que você sente, o que você sonha?

LÍDIA (*suspirando, dolorosa*) — Ah, Olegário!

OLEGÁRIO — Você olha para mim com um olhar de mártir! Pois bem. Agora mesmo, neste minuto, você pode estar-se lembrando de um amigo, de um conhecido ou desconhecido. Até de um transeunte. Pode estar desejando uma aventura na vida. A vida da mulher honesta é tão vazia! E eu sei disso! Sei!

LÍDIA (*nervosa e revoltada*) — Você está louco, Olegário, doido! Então, até isso!

OLEGÁRIO (*repetindo*) — "Minha vida não tem mistérios"! Que é então o seu passado, senão um mistério?

LÍDIA (*dolorosa*) — Mas que é que tem meu passado, meu Deus?

OLEGÁRIO (*sombrio*) — Eu sei lá o que você andou fazendo antes de mim?

LÍDIA — Antes não importa! Só vale o que eu fiz depois de você!

OLEGÁRIO (*veemente*) — Está enganada! Afinal de contas, eu me casei também com o passado de minha mulher.

LÍDIA (*irônica*) — Ah, casou-se? Pois olhe, meu filho...

OLEGÁRIO (*interrompendo*) — Parou?

LÍDIA — Você fala no meu passado. Alguma vez já lhe perguntei pelo seu? Já lhe falei na sua primeira mulher!?

OLEGÁRIO — E nem fale! Nunca, ouviu? Eu não quero, não admito!

LÍDIA — Já sei, Olegário, nunca mais falarei.

OLEGÁRIO — Agora vou-lhe fazer uma pergunta à queima-roupa. Você me responde — terá coragem?

LÍDIA — Conforme. Sei lá se essa pergunta... Enfim...

OLEGÁRIO *(enigmático)* — Você...

LÍDIA *(desafiante)* — Ande. Está com medo?

OLEGÁRIO — O que quero dizer é simples até demais. Eu admito que você não fez nada. Que não pecou... ainda.

LÍDIA *(irônica)* — Ainda? Que mais?

OLEGÁRIO *(noutro tom)* — Admitamos que não houve nada — até agora. Mas... e a sua imaginação?

LÍDIA *(espantada)* — O que é que você quer dizer com isso?

OLEGÁRIO — Quero dizer o seguinte: seus atos podem ser puríssimos. Mas seu pensamento nem sempre — seu pensamento, seu sonho. Quem é que vai moralizar o pensamento? O sonho? Você, talvez!

LÍDIA *(irônica)* — Bonito, bonito. Continue.

OLEGÁRIO — Está bem, vou continuar. Quando um homem vê uma mulher no meio da rua, beija essa mulher em pensamento, põe nua, viola. Isso tudo num segundo, numa fração de segundo — sei lá! Mas seja como for — a imaginação do homem faz o diabo!

LÍDIA *(revoltada)* — Que é que tem!...

OLEGÁRIO — Se um homem é assim — qualquer homem — por que será diferente a mulher? Se eu posso vibrar com uma bela mulher, por que não vibrará você com um belo homem? Mesmo que esse homem seja um transeunte?

LÍDIA — Quer dizer que eu devo... "vibrar"?!

OLEGÁRIO *(impaciente)* — Exclamações não adiantam. Não provam nada. Posso continuar?

LÍDIA *(contendo-se)* — Ah, meu Deus, pode.

OLEGÁRIO — Esses rapazes de praia que as mulheres vêem na rua. Você vai-me convencer que nunca viu um que a impressionasse? Vai? Um rapaz moreno, forte, de costas grandes, assim. *(faz respectivamente o gesto)* Você nunca beijou em pensamento um homem desses? Hem? Beijou, claro! Não tem ninguém — ninguém — tomando conta de sua imaginação!

LÍDIA — Será possível? *(com ironia)* Estou gostando de ver você, tão descritivo, tão minucioso... Um rapaz forte, moreno... *(explodindo)* Você não vê que isso é infame? Não desconfia? Indecente!

OLEGÁRIO *(sardônico)* — Infame. Isso é um adjetivo, um reles adjetivo. Infame, é boa...

LÍDIA — Parece incrível!

OLEGÁRIO *(encarando-a com raiva)* — Eu queria encostar você na parede — ouviu?

LÍDIA *(contendo-se)* — Estou ouvindo...

OLEGÁRIO (*continuando*) — Mas de maneira que você não pudesse fugir. Depois, então, eu faria uma série de perguntas, uma atrás da outra.

LÍDIA (*amarga*) — Faço idéia que perguntas!

OLEGÁRIO (*continuando*) — Perguntas concretas, exigindo respostas também concretas. Por exemplo, eu perguntaria... "Você sempre me foi fiel em pensamento?" Você me responderia...

LÍDIA (*dolorosa*) — Paciência, meu Deus, paciência!...

OLEGÁRIO (*cruel*) — Responderia: "Não. Já fui infiel em pensamento." Então eu perguntaria: "Mas com quem?" E você: "Com um rapaz", ou então... Ah, é mesmo! "Com Maurício." Está aí: Maurício!...

LÍDIA — Você não achou exemplo melhor? Logo meu irmão!...

OLEGÁRIO — Irmão o quê? Irmão de criação não é nada, não é coisa nenhuma! E eu ainda ponho ele aqui dentro, mora aqui, passa o dia todo em casa, não sai! Qualquer dia acabo com isso, você vai ver!

LÍDIA (*sardônica*) — Um marido dizendo essas coisas! Sugerindo! Metendo coisas na cabeça da mulher. Eu acabo, nem sei!

(Inézia entra. Sobe a escada. Olegário acompanha-a com a vista, demonstrando uma irritação doentia.)

OLEGÁRIO — Mas essa mulher não pára de descer e subir essa escada! Será possível?

LÍDIA — Ora, Olegário! Ela está fazendo o serviço dela!

OLEGÁRIO — Está bem. (*outro tom*) Você é mulher de um paralítico.

LÍDIA (*numa explosão*) — Você não devia falar tanto na sua paralisia! Isso é quase — quase uma chantagem! Você me lança no rosto, todos os dias, essa paralisia! E eu não posso reagir!

OLEGÁRIO (*admirado*) — Como não pode reagir? Reaja, ora essa!

LÍDIA (*exaltada*) — Não posso! Seria o cúmulo que eu quisesse ficar em igualdade de condições com você — eu sã, você doente. Não me faça dizer coisas que eu não quero! Não me obrigue a ser cruel! Pelo amor que você tem...

(Umberto entra. Vê dr. Olegário com d. Lídia e pára, indeciso. Desce a menina, sob a luz vertical. Olegário olha-a. Depois, olha para Umberto.)

OLEGÁRIO — Que há, Umberto?

UMBERTO — Coisa sem importância. Eu volto depois.

OLEGÁRIO — Não, espere. *(para Lídia)* Depois eu falo com você.

LÍDIA — Então eu vou dar comida à d. Aninha.

OLEGÁRIO *(impaciente)* — Já, não. Depois, depois.

(Lídia sobe a escada.)

OLEGÁRIO *(para Umberto)* — Que é que houve, Umberto?

UMBERTO *(aproximando-se cheio de mistério)* — O homem está aí.

OLEGÁRIO *(admirado)* — O homem quem?

UMBERTO — O coxo da Colombo. O tal que manca.

OLEGÁRIO *(espantado)* — Mas está aqui, onde?

UMBERTO — Quer dizer, está na esquina. Está lá há uns dez minutos.

OLEGÁRIO — Mas você não disse que ele não olha para d. Lídia, nem d. Lídia para ele?

UMBERTO — Disse.

OLEGÁRIO — Então o que é que eu tenho com ele? Que importa que ele esteja na esquina ou deixe de estar? Nós temos alguma coisa com isso?

UMBERTO — Não. Mas...

OLEGÁRIO — Mas o quê? Você tem cada uma!

UMBERTO — Achei que devia dizer ao senhor! Um manco que a gente encontra sempre, na Colombo, aparecendo agora, aqui, na esquina!

OLEGÁRIO *(pensativo)* — Ele é velho? Muito velho?

UMBERTO — Não. É moço.

OLEGÁRIO *(espantado)* — Moço o quê! Você não me disse que era velho?

UMBERTO — Eu disse? Então me enganei! É moço! Só tem aquele defeito na perna. No mais, é muito bem-parecido.

OLEGÁRIO *(contendo a irritação)* — Está bom. Então fique controlando esse camarada. Veja se ele se aproxima aqui de casa. Outra coisa. Talvez você pudesse dar um jeito de falar com ele — quem sabe?

UMBERTO — É. Talvez. Vou ver, doutor. Falo com ele, sim.

INÉZIA *(de passagem)* — Estão batendo aí.

(Sai Inézia.)

OLEGÁRIO *(aproxima a cadeira de Umberto)* — Bem, Umberto. Fique vendo esse camarada e depois venha-me contar o que houve.

UMBERTO — Está bem, doutor.

OLEGÁRIO — Pode ir.

(Umberto sai. Entram Inézia e Joel. Joel, rapaz pobre; terno sebento; servilismo abjeto; mesuras. Inézia sai.)

OLEGÁRIO *(com certa impaciência)* — E então?

JOEL — Fiz o que o senhor mandou. Falei com o Sampaio.

OLEGÁRIO *(profundamente interessado)* — E o que é que ele disse? Senta!

JOEL — Várias coisas, doutor.

OLEGÁRIO — Conte tudo, tudo, direitinho. Senão, já sabe. Deixo de me interessar por você. *(advertindo)* Você quer subir no escritório, não quer?

JOEL — Quero sim, doutor.

OLEGÁRIO — E que é que o Sampaio disse? *(com rancor)* Ordinário como é, esse sujeito! Uma alma de pântano! Ele se abriu?

JOEL — Se abriu! O Sampaio falava de vez em quando.

OLEGÁRIO *(severo)* — E como é que da outra vez você disse que nunca tinha ouvido nada sobre a minha esposa no escritório?

JOEL *(atrapalhado)* — Fiquei sem jeito, doutor. Foi por isso que não contei logo. *(pausa)* O Sampaio disse que sim.

OLEGÁRIO *(ríspido)* — Que sim, o quê? Fale claramente.

JOEL *(ainda atrapalhado)* — Ele disse que d. Lídia devia ter um... amante.

OLEGÁRIO *(desabrido)* — Devia ter ou tem?

(Passos na escada. Lídia desce.)

LÍDIA — Boa noite!

JOEL — Boa noite!

(Lídia sai.)

OLEGÁRIO *(tendo acompanhado Lídia com o olhar)* — Olha, Joel, ou você deixa de reticências ou... Bem. Quero saber o que ele disse. Pode repetir até os termos. Eu não me incomodo.

JOEL *(mais resoluto)* — Bom. Ele disse que ela tem. Foi o que ele disse. Tem!

OLEGÁRIO *(sombrio)* — Disse que tem! E não disse quem era? Ele deve saber nomes, endereços, o diabo.

JOEL — Eu perguntei para ver se ele me dizia quem.

OLEGÁRIO *(sombrio)* — E então?

JOEL — Não quis dizer. Fiz força, mas não adiantou. O senhor sabe que ele fez um poema e datilografou?

OLEGÁRIO (*sem compreender imediatamente*) — Que história é essa?
JOEL — Uns versos mexendo com sua senhora. Bobagem, doutor!
OLEGÁRIO (*exasperado, contendo-se*) — Pode contar. Vá contando!
JOEL — Também falou...

(*Pausa.*)

OLEGÁRIO (*saturado*) — Vá contando.
JOEL — ...do Grajaú. O Sampaio foi vizinho de sua mulher, de sua senhora, no Grajaú.
OLEGÁRIO (*impaciente*) — Eu sei. E foi por isso que mandei você conversar com ele.
JOEL (*um pouco relutante*) — Ele me contou o apelido de sua senhora no bairro.
OLEGÁRIO (*concentrando-se*) — Apelido? E que apelido era esse?
JOEL (*depois de uma pausa, baixo*) — V-8.
OLEGÁRIO (*surpreso*) — V-8, por quê? Que negócio é esse de V-8?
JOEL — Foi o que Sampaio disse. Que todo mundo chamava d. Lídia assim, no Grajaú.
OLEGÁRIO (*abalado*) — V-8? (*pausa*) Mas por que V-8, ora essa?
JOEL — Chamavam d. Lídia de V-8 porque — diz o Sampaio — namorava. Era muito namoradeira.
OLEGÁRIO (*como que em monólogo*) — Marido de V-8... (*noutro tom*) Naturalmente, todo o escritório sabe disso. Ou não sabe?
JOEL (*sem jeito*) — Sabe. É um pessoal incrível. Quando ela vai à caixa buscar dinheiro, ficam comentando: "A V-8 veio aí." E coisas parecidas. Comenta-se, também, que a sogra do senhor era lavadeira...

(*Umberto entra. Detém-se a uma certa distância do dr. Olegário.*)

OLEGÁRIO (*com irritação*) — O que é que você quer, Umberto?
UMBERTO (*aproximando-se*) — Aquele negócio.
OLEGÁRIO (*sem compreender*) — Que negócio?
UMBERTO — Do homem manco. Ele foi embora.
OLEGÁRIO (*lembrando-se*) — E você falou com ele?
UMBERTO — Pois é. Não pude. Quando voltei, depois de falar com o senhor, ele já tinha ido embora.
OLEGÁRIO (*encerrando o assunto*) — Então está bem. Pode ir.
VOZ INTERIOR (*microfone*) — V-8. V-8.

(*Umberto sai. Entra Lídia e sobe a escada. Joel e Olegário acompanham-na com o olhar.*)

OLEGÁRIO (*sombrio, voltando-se para Joel*) — Agora uma coisa, Joel. Eu quero avisar a você o seguinte: tudo o que dizem de minha mulher é uma infâmia. Minha mulher é honestíssima — está ouvindo?

JOEL — Estou. Eu sei, doutor.

OLEGÁRIO (*categórico*) — Portanto, não se lembre de dizer que eu mandei você saber isso ou aquilo. Se você andar comentando, não será negócio para você, compreende?

JOEL — Eu sei, doutor Olegário.

OLEGÁRIO (*aproximando-se*) — O que é que você tinha pedido? Passar para o lugar do Sampaio, não é?

JOEL (*vacilante*) — Eu estava querendo. Ou a caixa? O senhor é quem sabe. Isso é com o senhor.

OLEGÁRIO (*pensativo*) — Vai para o lugar do Sampaio.

JOEL (*animado*) — Obrigado, muito obrigado!

OLEGÁRIO (*ameaçador*) — Esse negócio do poema não é invenção sua para tirar o lugar do homem mais depressa?

JOEL (*atarantado*) — Juro, doutor! Ele recitou pra mim. (*levantando-se*) Então, muito obrigado, doutor Olegário. (*noutro tom*) Ah, outra coisa que o Sampaio disse: que o senhor é um... predestinado.

OLEGÁRIO — Predestinado! Como?

JOEL — Quer dizer, predestinado porque a sua primeira mulher não lhe foi fiel. E agora a segunda também não é fiel... Disse também que d. Lídia...

OLEGÁRIO (*explodindo, agressivo*) — E d. Lídia o quê?... (*impulsiona a cadeira para junto de Joel, que recua alarmado*) Lídia o quê?... (*silêncio*) Você chegou cheio de dedos — com mil e uma reticências — e agora diz as coisas espontaneamente! Quem mandou você dizer isso? Falar na minha primeira mulher?

JOEL (*alarmado*) — Mas o que é isso, doutor Olegário, que é isso?

OLEGÁRIO (*com asco*) — Você é um canalhazinho. Fazer um papel desses!

JOEL (*justificando-se*) — Mas foi o senhor que mandou! Só fiz o que o senhor mandou.

OLEGÁRIO (*gritando*) — Não fizesse! (*olha para a escada e baixa a voz*) Você era obrigado a fazer, era? (*rancoroso*) Bom, formidável, chamar — na minha cara — a minha mulher de V-8, hem?

JOEL (*atarantado*) — Eu só estava repetindo o que os outros...

OLEGÁRIO (*com voz surda*) — Os outros!... (*ameaçador*) Eu devia te arrebentar a cara! (*com desprezo*) Mas não farei isso.

Você sairia daqui dizendo o diabo! Pode ir. Eu vou botar você no lugar do Sampaio. Mas suma!

JOEL — Boa noite, doutor! Boa noite!

(Joel sai, apressado. Inézia passa e desaparece pela direita. Olegário acompanha-a com o olhar.)

LÍDIA *(descendo a escada)* — O homem já saiu, Olegário? Vou buscar a comida de sua mãe. Tomara que ela coma agora.

OLEGÁRIO *(com ar de fadiga)* — Come, sim. A questão é ter paciência.

VOZ INTERIOR *(microfone)* — Canalha! Canalha!

(Lídia faz menção de sair.)

OLEGÁRIO — Lídia!

(Lídia volta-se. Olegário impulsiona a cadeira na direção de Lídia.)

OLEGÁRIO *(parando junto de Lídia)* — Venha me fazer um pouco de companhia.

LÍDIA — Venho, sim. Vou só buscar a comida de d. Aninha.

OLEGÁRIO — Então ande. *(faz manobra com a cadeira, para virá-la)*

(Lídia observa o movimento.)

LÍDIA *(com nervos trepidantes)* — Você sabe o que me deixa nervosa? É quando você vira a cadeira.

OLEGÁRIO *(admirado)* — Deixa nervosa, por quê?

LÍDIA *(com certa angústia)* — Não sei. Bobagem!

OLEGÁRIO *(irritado)* — Ah, bom!

VOZ INTERIOR *(microfone)* — Eu devia ter quebrado a cara daquele...

(Impulsiona a cadeira, afastando-se de Lídia. Esta, por um momento, acompanha, com o olhar, o marido com uma expressão de ódio. Sai em seguida. Entra Inézia com um telegrama na mão.)

INÉZIA *(interrompendo o pensamento de Olegário)* — Telegrama para o senhor, doutor!

OLEGÁRIO — Para mim?

(Inézia entrega o telegrama e sai. Olegário abre o telegrama e o lê com profunda atenção. Lídia entra com a comida de d. Aninha.)

LÍDIA — Vamos ver se ela come, Olegário.

(Lídia fica dando comida a dona Aninha, de costas para a platéia. Olegário aproxima a cadeira de Lídia e d. Aninha.)

OLEGÁRIO *(com amargura)* — Logo que eu fiquei doente, você não saía de junto de mim o dia todo. Andava triste, não usava batom. Agora... *(amargo)* Pinta-se. Vai à Colombo. Todos os dias sai. Você me visita apenas. Só vem quando chamo.

LÍDIA *(nervosa)* — Ora, Olegário, que é isso?

OLEGÁRIO *(com irritação crescente)* — Eu sei! Você está sempre arranjando pretextos para não ficar aqui! "Vou mudar de roupa!", "Preciso ver a comida", "Tenho que ir lá dentro". Passa comigo cinco minutos — assim mesmo por obrigação.

LÍDIA *(sempre dando comida a d. Aninha)* — Eu até tenho medo de vir aqui! Você se aborrece e eu me martirizo. Você não sabe como isso é horrível!

OLEGÁRIO *(com angústia)* — Você diz: "Isso é horrível!" E pensa que eu não sofro, talvez? Tenho um inferno aqui dentro.

LÍDIA *(sempre de costas)* — Mas eu tenho culpa, Olegário? Tenho? Você tem raiva de mim, como se eu fosse culpada! Meu Deus! *(com doçura e tristeza)* Fui eu que fiz sua doença?

(Olegário vira a cadeira e a impulsiona até a outra extremidade do palco. Lídia tem um olhar intraduzível para a cadeira. Olegário volta para junto de Lídia e dona Aninha.)

OLEGÁRIO *(cruel)* — V-8!

LÍDIA *(virando-se, rápida)* — O quê?!

OLEGÁRIO *(com rancor e com voz surda)* — V-8! V-8, sim! Não adianta olhar para mim dessa maneira. *(com escárnio)* V-8! No Grajaú era assim que todo o mundo chamava você. Ou vai dizer que não?

LÍDIA *(desesperada)* — Você está vendo? É por isso que eu evito vir aqui! Para não ouvir o que você me diz! Para não agüentar seus ciúmes!

OLEGÁRIO *(com insistência cruel)* — Mas chamavam ou não chamavam você de V-8?

LÍDIA *(sem lhe dar atenção às palavras)* — Engraçado, você não era assim!

OLEGÁRIO *(obcecado)* — V-8!

(Lídia vira-se para olhá-lo com absoluto desprezo. Olegário está de costas para a platéia.)

LÍDIA *(com voz surda)* — Continue dizendo V-8! Continue!

OLEGÁRIO (*cínico*) — Você quer saber de uma coisa? Eu acho que a fidelidade devia ser uma virtude facultativa.

LÍDIA (*com desprezo*) — Desistiu de me chamar de V-8?

OLEGÁRIO (*continuando, cínico*) — Você não acha que seria negócio para você e para todas as mulheres? Que a fidelidade fosse uma virtude facultativa? A mulher seria fiel ou não, segundo as suas disposições de cada dia. (*sardônico*) Você com o direito — de ser infiel. Que beleza!

(Lídia volta-se para d. Aninha, ficando de costas para a platéia.)

OLEGÁRIO (*perverso*) — Não diz nada?

(Lídia em silêncio. Olegário mete a mão no bolso. Tira o telegrama. Lê para si.)

OLEGÁRIO (*com intenção*) — Eu tenho aqui um telegrama que você daria tudo para ler!

LÍDIA (*cortante*) — Não me interessa!

OLEGÁRIO (*positivo*) — Isso é o que você pensa! (*provocador*) Se você soubesse o que diz esse telegrama! Faça uma idéia!

LÍDIA (*desabrida*) — Não faço idéia nenhuma!

OLEGÁRIO (*enigmático*) — Sabe quem sofreu um acidente? Imagine!?

LÍDIA (*vira-se para Olegário. Olha-o*) — Quem?

OLEGÁRIO (*com afetação*) — Coitado! Um desastre de automóvel — veja você! Ficou com as duas pernas esmagadas!

LÍDIA (*contendo-se*) — Mas quem foi?

OLEGÁRIO (*sardônico*) — Então não desconfiou ainda?

LÍDIA (*nervosa*) — Desconfiar de quê, Olegário? Diga!

OLEGÁRIO (*cruel*) — Quem ficou com as pernas esmagadas!...

(O pano começa a descer lentamente.)

OLEGÁRIO (*gritando*) — Foi ele! Ele, o seu amante! Ficou com as duas pernas esmagadas!...

LÍDIA (*num sopro de voz*) — Não! Não!...

OLEGÁRIO — Seu amante! Seu amante! (*riso de louco*)

(Lídia cai de joelhos, aos pés de Olegário, chorando como uma alucinada.)

FIM DO PRIMEIRO ATO

SEGUNDO ATO

(Abre-se o pano para o segundo ato. Olegário, na cadeira de rodas, de costas para a platéia, aponta o dedo para Lídia. Esta, voltada para Olegário, olha-o com uma expressão de assombro. O pano vai-se levantando e Olegário falando. D. Aninha continua enrolando o paninho.)

OLEGÁRIO *(berrando)* — Foi! Foi seu amante! Ficou com as duas pernas esmagadas!

(Lídia recua, de frente para Olegário, em direção da escada.)

LÍDIA — Não! Não! Eu não tenho amante! Nunca tive amante!

(Olegário a acompanha, na cadeira de rodas.)

OLEGÁRIO *(num grito estrangulado)* — Me enganando... Me traindo...

LÍDIA *(com expressão de terror)* — Eu vou-me embora. Não fico mais aqui!

OLEGÁRIO *(impulsionando a cadeira, enquanto Lídia recua)* — Vai embora, para onde? *(como que caindo em si)* Lídia! Venha cá, Lídia!

LÍDIA *(no segundo degrau, de frente para Olegário, obstinada)* — Eu vou-me embora!

OLEGÁRIO *(encostando a cadeira na escada, em pânico)* — Não, Lídia! Desça! Eu menti! Desça!

LÍDIA *(subindo mais um degrau, implacável)* — Não!

OLEGÁRIO *(em pânico)* — Foi brincadeira, Lídia! Venha cá!

LÍDIA *(com rancor)* — Brincadeira, isso?

OLEGÁRIO *(suplicante)* — Eu quis fazer uma experiência com você, Lídia! Inventei a história das pernas esmagadas. Desça, Lídia! Desça! O telegrama não tem nada! É outra coisa!

(Lídia desce lentamente e senta-se no primeiro degrau.)

LÍDIA *(patética)* — E eu ter que aturar isso!

(Olegário observa Lídia a distância, depois aproxima a sua cadeira de rodas. Lídia olha para o marido.)

LÍDIA *(com os nervos trepidantes)* — Se ao menos você parasse com essa cadeira! Ficasse quieto!

OLEGÁRIO *(sem lhe dar atenção)* — Eu quis ver se você caía. *(sardônico)* Uma notícia dada à queima-roupa às vezes produz reações surpreendentes. *(para Lídia, com excitação)* Se você desmaiasse, dissesse um nome...

LÍDIA *(dolorosa)* — Você é doido? Que idéia foi essa das pernas esmagadas?

OLEGÁRIO *(vago)* — Foi uma coisa de momento. Nem sei como foi.

LÍDIA *(amargurada)* — E agora, está satisfeito?

(Olegário impulsiona a cadeira, ficando de costas para Lídia.)

OLEGÁRIO *(veemente)* — Não, nunca! Por que satisfeito? *(aproxima-se da mulher)* Esse teu amante não existe. *(feroz)* Ainda assim, esmaguei-lhe as pernas! *(ri, ignobilmente)* Exista ou não, está sem as pernas!

LÍDIA *(dolorosa)* — Ah, meu Deus! Dia e noite, a mesma coisa! *(espremendo a cabeça entre as mãos)* Antigamente, você não era assim!

OLEGÁRIO *(virando a cadeira)* — Não era assim, como?

LÍDIA *(amarga)* — Não era assim, não! Está assim depois que ficou doente. Antes, preferia o escritório a mim. *(excitada)* E só conversava sobre negócios. *(vem sentar-se numa cadeira)*

OLEGÁRIO *(admirado)* — Você queria que eu conversasse sobre o quê?

LÍDIA — Ora, meu filho! Tem tantos assuntos!

OLEGÁRIO *(irônico)* — Tantos assuntos! No mínimo você queria — ah, queria — que eu conversasse sobre artistas de cinema? *(noutro tom)* Você gostava bem da minha conversa!

LÍDIA *(com amargura)* — Gostava, sim! Como não havia de gostar? *(com raiva)* Quando me lembro que você — quantas vezes — depois de um beijo, de uma carícia... *(Olegário afasta-se com a cadeira)* vinha me falar dos seus negócios! Essa mania de ganhar dinheiro!

OLEGÁRIO *(aproximando-se com a cadeira)* — Agora sou eu que digo: você é que está diferente! Nunca se queixou antes! *(amargo)* Mas agora!

LÍDIA — Porque eu não me queixava, você estava certinho de que eu era muito feliz!

OLEGÁRIO — E não era?

LÍDIA *(excitada)* — Feliz, eu! *(afirmativa)* Nunca fui, meu filho! *(com ironia e noutro tom)* Como eu poderia ser feliz abandonada? Abandonada, sim, por um marido que chegava em casa às duas, três horas da manhã!

OLEGÁRIO *(sem olhar para a mulher)* — Diga só uma coisa. Você não teve sempre "tudo" de mim, tudo?

LÍDIA *(amarga)* — O que é que você chama "tudo"? *(noutro tom)* Já sei. "Tudo" para você são móveis, casa, automóvel, uma vitrola de 25 contos, cinema, dinheiro!

OLEGÁRIO *(sombrio)* — Muitas mulheres com muito menos seriam felicíssimas!

LÍDIA *(amargurada, repetindo)* — "Tudo"! Você se esquece que eu tive "tudo" — como você diz — tudo, menos marido. É o que muitas não têm — muitas — marido!

OLEGÁRIO *(irônico)* — Então você nunca teve marido?

LÍDIA *(veemente)* — Não tive, não senhor! Quer dizer, "quase" não tive! Só no princípio... Depois, os seus negócios!... *(acusadora)* Lá, um dia, você se lembrava que tinha mulher.

OLEGÁRIO — Tirei você da Aldeia Campista.

LÍDIA *(veemente)* — Você não me provocou? Agora, meu filho, vá ouvindo!

OLEGÁRIO *(sem ouvir a mulher)* — Trouxe sua mãe para cá, seu irmão...

LÍDIA — E eu?

OLEGÁRIO *(taciturno)* — Dei dinheiro à sua família!

LÍDIA *(nervosa)* — Quero saber de mim! Você não soube ser marido! Ainda hoje, eu quase não sei nada de amor. O que é que eu sei de amor?

OLEGÁRIO *(sardônico)* — Você quer dizer que não sabe nada?

LÍDIA *(com veemência)* — Sei tão pouco! Era melhor que não soubesse nada!

OLEGÁRIO *(mordaz)* — Afinal, você queria o quê?

LÍDIA — As minhas amigas me contam coisas... E eu fico espantada, espantadíssima... Nem abro a minha boca, porque não convém... Eu sou uma esposa que não sabe nada, ou quase... No colégio interno, aprendi muito mais que no casamento. Parece incrível!

OLEGÁRIO *(cortante)* — Porque eu respeitava você!

LÍDIA — Ora!

OLEGÁRIO — Você era esposa, e não amante! E eu não podia, compreendeu? Para a esposa, existe um limite!

LÍDIA — Ah, eu não compreendi, nunca, esse escrúpulo, esse limite! Eu pensando que o casamento era outra coisa — tão diferente — e quando acaba você foi sempre tão escrupuloso! Até me proibia de ler livros imorais. Tinha um cuidado comigo, meu Deus do céu! *(agressiva)* Tinha alguma coisa, eu — uma mulher casada — ler certos livros?

OLEGÁRIO *(sombrio)* — Você nunca falou tanto.

LÍDIA *(desabafando)* — Tenho direito! Depois do que você me fez — da farsa — tenho, não é?

OLEGÁRIO *(sombrio)* — Nunca teve marido!

LÍDIA *(levantando-se, nervosa)* — Então, quando você deu para escrever sobre economia, me dava tudo para ler. Que é que me interessa carvão, manganês, minério não sei de quê?

OLEGÁRIO *(cortante)* — Basta!

LÍDIA — Também acho.

OLEGÁRIO — Mas eu quero te dizer, ainda, uma coisa. E vou dizer. *(num transporte)* Sabes que eu acharia bonito, lindo, num casamento? Sabes? Que o marido e a mulher, ambos, se conservassem castos — castos um para o outro — sempre, de dia e de noite. Já imaginaste? Sob o mesmo teto, no mesmo leito, lado a lado, sem uma carícia? Conhecer o amor, mesmo do próprio marido, é uma maldição. E aquela que tem a experiência do amor devia ser arrastada pelos cabelos...

LÍDIA — Não! Não!

OLEGÁRIO *(novo tom)* — Você falou, mas... Essa mágoa retrospectiva é apenas uma conseqüência — sabe de quê?

LÍDIA *(com desprezo)* — Não respondo!

OLEGÁRIO *(categórico)* — De minha paralisia! *(ri, arquejante)* Foi esta a minha grande gafe — ficar paralítico!

LÍDIA *(saturada)* — Lá vem outra vez a paralisia, meu Deus! *(tapando os ouvidos)* Acabe com isso!

OLEGÁRIO *(cruel)* — Tudo você perdoaria, tudo. Menos as duas pernas assim. *(faz o gesto demonstrativo)* Esse é o único direito que nenhum marido tem: ficar paralítico!

LÍDIA *(num lamento)* — Por que você insiste?

OLEGÁRIO — Eu?

LÍDIA *(dolorosa)* — Por que você me provoca? Você me diz coisas e eu falo o que não devia!

OLEGÁRIO — Mas não faz mal. Eu não me queixo. Até gosto, acho tudo ótimo, magnífico. E se me queixei foi antes. Agora, não. No momento, eu estou com uma disposição fantástica. Porque o fato é o seguinte: eu estou assim — imprestável. Muito bem. E, então, como conseqüência do meu estado, nós dois, e sobretudo você, mocíssima, somos o casal — veja você — que, ao contrário dos outros, se mantém ferozmente casto... Que tal, hem?

LÍDIA *(saturada)* — Já vou, Olegário.

OLEGÁRIO — Um momento.

LÍDIA — Que mais?

OLEGÁRIO — Bem. Em primeiro lugar, eu queria saber por que os maridos irritam as esposas e vice-versa. Você falou num tom de evidente irritação.

LÍDIA — Desculpe.

OLEGÁRIO *(impulsionando a cadeira para perto de Lídia)* — Por despedida, eu vou-lhe dizer uma coisa. Dois pontos: você se pinta, freqüenta cabeleireiro, manicura, modista, massagista, o diabo. Permite uma pergunta?

LÍDIA — Sim.

OLEGÁRIO — É por minha causa que você vai à massagista? Ao cabeleireiro? À modista? É? Alguma mulher se enfeita para ser casta? E se não é para mim, para quem é? *(berra)* Vamos, responda!

LÍDIA *(fechando-se)* — Não respondo coisa nenhuma. *(desesperada)* Isso é uma indignidade!

OLEGÁRIO *(sardônico)* — Indignidade! *(com sombria exasperação)* Você está mais bonita do que nunca. Você não podia ser tão bonita. Chega a ser... indecente. Agora é que você é, de fato, mulher.

(Inézia entra e desaparece pela outra porta.)

LÍDIA *(com ironia dolorosa)* — Isso é... galanteio?

OLEGÁRIO *(impulsionando a cadeira para longe de Lídia e com amargura)* — Ah, desculpe. Esqueci que o galanteio de um paralítico é uma coisa tremenda!

LÍDIA *(exasperada)* — Pelo amor de Deus, não fale assim — pelo amor de Deus!

(Maurício entra. Os dois olham para ele. Maurício apanha um livro numa pequena estante e sai.)

OLEGÁRIO — Esse seu irmão fica andando pela casa. Não diz uma palavra. E nem olha. Não olha para ninguém.

LÍDIA *(cansada)* — Eu vou ver uma coisa lá em cima, Olegário.

OLEGÁRIO *(baixo)* — V-8!

LÍDIA — O quê?

OLEGÁRIO — V-8!

(Desesperada, Lídia sobe a escada correndo. O olhar de Olegário acompanha Lídia. Luz em penumbra. Luz vertical sobre Olegário.)

HOMEM *(microfone)* — V-8!... V-8!...

HOMEM *(microfone)* — V-8!... V-8!...

MULHER *(microfone)* — V-8!... V-8!...

DIFERENTES VOZES *(microfone)* — V-8! V-8!

(Luz volta a ser normal. Aparece Maurício. Vai recolocar o livro na prateleira. Olegário o chama.)

OLEGÁRIO — Maurício! Maurício!

MAURÍCIO — Eu.

OLEGÁRIO — Vem cá, um instante. Você parece que tem medo de mim. Ou ódio. Tanto faz, não é, Maurício?

(Maurício senta.)

MAURÍCIO — Eu, medo? Mas por quê, se, afinal... *(muda de tom)* Apanhei o segundo volume, em vez do primeiro. Aliás, já conhecia esse livro e vou reler. Até que esse sujeito escreve direitinho... Aqui tem uma parte sobre a fidelidade...

OLEGÁRIO — Fidelidade, é? Ah, me interessa muito... E que diz, aí, o cretino?

MAURÍCIO — Diz uma coisa muito interessante...

OLEGÁRIO *(sardônico)* — Vamos ver.

MAURÍCIO — Diz que há mulheres que não têm o direito de se conservarem fiéis.

OLEGÁRIO — Ah, sim?... Quer dizer que existem essas mulheres? Mulheres que têm obrigação de trair, o dever da infidelidade? Vê se não é isso. Figuremos uma mulher que deixou de gostar do marido. O simples fato de não gostar implica um direito ou, mesmo, o dever — veja bem! — dever de adultério. Estou certo?

MAURÍCIO — Mais ou menos.

OLEGÁRIO — Perfeito. Outro exemplo: a mulher de um inválido, digamos de um paralítico... Sim, de um paralítico. A mesma coisa, não? Evidente! Em certos casos, a fidelidade é uma degradação... Claro como água, não é?

MAURÍCIO — Depende. Varia muito.

OLEGÁRIO *(subitamente feroz)* — Por que varia?! Ou ela é fiel ou não é. Só. Não há uma terceira hipótese, ouviu? Mas escuta. Acompanha meu raciocínio. Uma mulher conhece isso a que nós chamamos "êxtase amoroso". E pronto. Já não pode olhar para outro homem. Compreende? Cada homem é uma promessa do mesmo êxtase, talvez mais intenso ou quem sabe se... *(encarando, subitamente, Maurício)* Você tem amante, Maurício?

MAURÍCIO *(espantado)* — Amante, como?

OLEGÁRIO — Quer dizer, mulher fixa, uma que esteja sempre à sua disposição.

MAURÍCIO *(levanta-se)* — Assim não. Eu vario muito. Não gosto de uma mulher só. Agora, se me casar, pode ser.

VOZ INTERIOR *(microfone)* — Irmão de criação!

MAURÍCIO — Esse negócio de mulher é complicado. Às vezes...

OLEGÁRIO *(interrompendo)* — Você brincava muito com Lídia, quando era criança?

MAURÍCIO *(sentando-se)* — Muito. A gente morava nos fundos de uma farmácia; tinha um tanque no quintal.

OLEGÁRIO *(sombrio)* — E que idade vocês tinham?

MAURÍCIO — Foi dos quatro até oito, mais ou menos.

VOZ INTERIOR *(microfone)* — Eles têm a mesma idade. Com quatro anos, um menino e uma menina costumam até tomar banho juntos.

(Sempre que o microfone intervém, os personagens enchem as pausas com algum movimento.)

OLEGÁRIO — Que idade você tem?

MAURÍCIO — Dezessete anos.

OLEGÁRIO — Dezessete. Muito bem. No Brasil, nessa idade, o homem já teve todas as experiências... Somos homens desde os 12 anos... Em todo caso, você, com o seu temperamento... *(toma respiração)* Em suma, Maurício, eu queria saber se você teve uma experiência de amor. Digo amor, no sentido mais físico. Teve?

MAURÍCIO — Não sei.

OLEGÁRIO — Ou eu não mereço a confiança de uma confidência?

MAURÍCIO — Não é isso. Merece, mas... Há certas coisas que... E eu, francamente, gostaria que ninguém soubesse, nunca...

OLEGÁRIO *(melífluo e ignóbil)* — Não entendi bem. Soubesse o quê? O que é que ninguém deve saber, nunca? *(persuasivo)* Fala, Maurício, fala... Hem?... *(muda de tom)* Você é um homem que mora na minha casa. Como não?! E minha mulher é nova, bonita. Preciso saber se você é como certos homens que não podem ver uma mulher, porque, imediatamente, seriam capazes de um crime... *(com a mão, parece estrangular alguma coisa no ar)* E eu preciso proteger minha esposa...

MAURÍCIO *(com angústia)* — Mas é minha irmã!

OLEGÁRIO *(espantado)* — Sua irmã?... Sim, sua irmã... Não há dúvida. *(novo tom)* Irmã de criação não é a mesma coisa que legítima! *(feroz)* Responda! Eu sustento você e tenho direito!

MAURÍCIO *(num sopro)* — Não...
OLEGÁRIO *(sôfrego)* — Não o quê? Fale, pode falar.
MAURÍCIO — Não conheci mulher nenhuma... Nesse sentido, não...
OLEGÁRIO — Compreendo. Perfeitamente. Era justamente isso que eu precisava saber... Mas se você não conhece, ainda não conhece, não quer dizer que não pense... Você há-de pensar em mulheres. Por exemplo, você nota quando a mulher está sem cinta ou de cinta?
MAURÍCIO — Como?
OLEGÁRIO — Preste atenção: você conhece uma mulher. Convive com esta mulher. Ela usa cinta. Um dia, você nota que ela está sem cinta. Ou porque faz calor, a transpiração é horrível e a cinta a incomoda. Ela tira, então. Você sente o corpo da mulher diferente sem a cinta? A gente deseja mais a mulher sem cinta ou é a mesma coisa?
MAURÍCIO — Quem sabe?
OLEGÁRIO *(ri, sórdido)* — Uma mulher com cinta não me inspira desejo nenhum. Percebeu? Nenhum. *(exasperado)* Você tem medo. Medo de mim. Olha. Agora que eu sei que nunca, que não conheceste nenhuma mulher, eu desejaria, juro, que tu tivesses morrido antes do primeiro desejo... *(agarra-se ao outro, em desespero, numa espécie de súplica mortal)* Ninguém é fiel a ninguém. Cada mulher esconde uma infidelidade passada, presente ou futura.
MAURÍCIO — Nem todas!
OLEGÁRIO *(num berro)* — Todas!
MAURÍCIO — Se eu soubesse que não há nem houve, nunca, uma mulher fiel — fiel de qualquer maneira, sempre — eu te juro, eu meteria uma bala na cabeça. No mesmo instante.
OLEGÁRIO *(sorridente)* — Então, mete a bala na cabeça, já! Onde está o meu revólver? Ali! Na gaveta! Apanha! *(muda de tom)* Ou, então, se tu metesses uma bala na cabeça, eu poderia fazer o mesmo se... *(sôfrego)* Acreditas, então, que há uma mulher assim? Já não digo duas. Uma. Basta uma que seja a fiel absoluta...
MAURÍCIO — Acredito.

(Olegário começa a ouvir vozes. Fica atento.)

VOZ *(microfone)* — V-8!...
VOZ *(microfone)* — V-8!...
VOZ *(microfone)* — V-8!...
VOZ *(microfone)* — V-8!...
MAURÍCIO — Que foi?

OLEGÁRIO (*lento*) — Eu tenho um inferno dentro de mim. Um inferno particular. E se tivesse também um céu particular, uma eternidade minha, só minha, com tabuleta na porta proibindo a entrada de pessoas estranhas ao serviço? Não seria negócio? Um alto negócio?

MAURÍCIO — Você está brincando!

OLEGÁRIO (*sôfrego*) — Preciso que me convenças. Há essa mulher? Que não seja fria. A mulher fria é mil vezes pior que as outras. Pois bem. A mulher incapaz de trair, seja em sonho, pensamento, atos ou palavras. Quem é ela?

MAURÍCIO — Lídia.

OLEGÁRIO — Quem?

MAURÍCIO — Sua mulher.

OLEGÁRIO — Minha mulher. Fiel... Tu achas que sim? (*furioso*) E onde ela está? neste momento? e fazendo o quê? Inézia! Inézia! Inézia!

(*Inézia entra.*)

INÉZIA — Pronto, dr. Olegário!

OLEGÁRIO — Onde está d. Lídia?

INÉZIA — No banho.

OLEGÁRIO (*angustiado, para Maurício*) — Viu? (*para Inézia*) Há muito tempo?

INÉZIA — Mais ou menos.

OLEGÁRIO — Responda direito!

INÉZIA — Uns vinte minutos.

OLEGÁRIO (*para Maurício*) — Vinte minutos. (*para Inézia*) Entrou de roupão?

INÉZIA — Foi, de roupão. Aquele verde.

OLEGÁRIO — Pode ir. (*sai Inézia. Exasperado, para Maurício*) Eu já disse que não queria que ela usasse roupão! Foi o mesmo que nada. Acabo tendo que tomar uma providência.

MAURÍCIO (*sem ouvir suas palavras*) — Mas ela é a mulher que nunca... Qualquer outra poderia talvez ceder... Mas Lídia, não. Eu sei, tenho certeza...

OLEGÁRIO (*numa espécie de monólogo*) — O banho de Lídia é agora demorado como nunca... No banheiro, eu sei, tenho certeza de que o próprio corpo a impressiona. O corpo nu, espantosamente nu. Há-de acariciar a própria nudez, e talvez, quem sabe? Gostasse de ser amante de si mesma... (*ri, com sofrimento*) Por que a mulher bonita, linda, não pode ser uma namorada lésbica de si mesma? Seria uma solução... (*noutro tom*) Maurício, eu acabo assim como minha mãe... *(aproxima-se de d. Aninha. Fala na direção da mesma, de costas para o rapaz)* ...enrolando um paninho, sempre, sem falar... Ela não sabe gemer... Seria incapaz de um grito, de um uivo... *(com voz estrangulada)* Acabo assim!

(Entra d. Márcia.)

D. MÁRCIA — Preciso falar com você, Olegário, de um assunto desagradável.

OLEGÁRIO *(saturado)* — Sei.

(Ergue-se Maurício.)

OLEGÁRIO — Depois, vamos continuar a nossa conversa.

MAURÍCIO *(saindo)* — Está certo.

OLEGÁRIO *(acompanha Maurício com o olhar)* — Uma flor, o seu filho. *(ri)* Puro, uma menina. *(grave)* Que é que há?

D. MÁRCIA — Olegário, você precisa tomar uma providência. E logo, porque, senão, já sabe. Assim é que não pode continuar.

OLEGÁRIO — E afinal?

D. MÁRCIA — Imagina você que ontem... É um caso sério... Eu já vinha desconfiando, há muito tempo. Como não tinha provas, deixava passar. E ontem, eu disse comigo mesma: "Há qualquer coisa, aqui, que não está me agradando." Apaguei a luz. Fechei a janela e fiquei espiando pelas venezianas. Tiro e queda!

OLEGÁRIO — Tiro e queda o quê?

D. MÁRCIA *(enfática)* — Vi Inézia entrando no quarto de Umberto.

OLEGÁRIO — Inézia.

D. MÁRCIA — Francamente! Afinal, onde é que nós estamos? Estão pensando que isso aqui é a casa da mãe Joana?

OLEGÁRIO — Que miserável!

D. MÁRCIA — E ela? Ela também, porque quando a mulher não quer, o homem não arranja nada! Isso é um desaforo!

OLEGÁRIO — Vou despedir esse cachorro. Botá-lo para fora daqui a pontapé.

D. MÁRCIA — Ora veja!

(Entra Umberto, mais petulante do que nunca.)

UMBERTO — Dr. Olegário!

(Ergue-se d. Márcia.)

D. MÁRCIA — Com licença, Olegário!

UMBERTO *(inclina-se, numa mesura caricatural)* — Madame! *(pigarreia)* Pelo que vejo, entrei, aqui, na horinha H.

OLEGÁRIO — Estive sabendo de umas coisas a seu respeito...

UMBERTO — De mim?...

OLEGÁRIO — E não quero conversa. De maneira que você vai sair desta casa, imediatamente. Antes que eu chame a polícia!

UMBERTO — Sairei. Perfeitamente. Mas...

OLEGÁRIO — Canalha!

UMBERTO *(cínico)* — Posso falar?

OLEGÁRIO — Rua! Rua!

UMBERTO — Primeiro, dr. Olegário, o senhor ainda me deve... Uns dias, creio... E, além disso...

OLEGÁRIO — Nem uma palavra!

UMBERTO — Eu tenho direito de saber. Sou expulso. Está certo. Mas por quê? Há um motivo. Fiz alguma coisa?

OLEGÁRIO — Você e Inézia... Na minha casa. Estão pensando o quê?... Viram quando ela entrava...

UMBERTO — Eu e Inézia? *(ri)* Quer dizer que o senhor pensa que...?

OLEGÁRIO — Vou fazer suas contas e não me apareça nunca mais...

UMBERTO — E se eu lhe provar...

OLEGÁRIO — Cínico!

UMBERTO — ... Mas se eu lhe provar que, entre mim e Inézia, não há, não houve absolutamente nada, hem?

OLEGÁRIO *(gritando)* — Viram!

UMBERTO — Eu posso provar, dr. Olegário. Provo e convenço o senhor!

OLEGÁRIO — Mas Inézia entrou ou não entrou?

UMBERTO — Bem. O senhor disse que viram... Então, entrou... É claro! Se viram, entrou...

OLEGÁRIO — Basta!

UMBERTO *(cínico)* — Mas não houve nada! Juro! Dou minha palavra de honra... Não houve e... *(pausa. Encara Olegário)* ...nem podia haver.

OLEGÁRIO *(arquejante, espantado)* — Como?... E por que não podia haver?

UMBERTO *(ri, com selvagem alegria)* — O senhor já imaginou?... Uma mulher entra no quarto de um jovem. Muito bem. É criada, mas não faz mal... Estão sós. Encerrados num quarto. A moça vem como uma esfomeada. Ela se oferece. Não fala, mas é como se dissesse: "Toma! Tudo é teu!"

OLEGÁRIO — Imagino! Imagino! *(impulsiona a cadeira de um lado para outro)*

UMBERTO — E, no entanto, não pode acontecer nada, absolutamente nada. E, de fato, não aconteceu. Nada. *(ri)* Se o senhor visse o rosto assombrado de Inézia. Correu para fora do quarto, como uma doida.

OLEGÁRIO *(quase sem voz)* — Mas por quê? *(com progressiva exaltação)* Quero saber por quê!

UMBERTO *(baixo)* — Quer?

OLEGÁRIO — Quero!

UMBERTO — Muito simples. Simplíssimo. Um acidente de meninice, apenas.

OLEGÁRIO — E o menino eras tu?

UMBERTO — Eu. Mas não foi acidente. Foi... uma vingança. Alguém quis se vingar de meu pai na pessoa do filho único, que era eu... *(ri, ferozmente)* Eu tomava banho no rio, garoto ainda... E o inimigo de meu pai. Uma mutilação tão rápida que eu nem senti... Corri, gritando... Atrás de mim, ficava o rastro de sangue...

OLEGÁRIO *(rindo, também)* — Engordaste, então, não foi? E passaste a olhar os outros, de baixo para cima? Tinhas vergonha de tudo, não tinhas?

UMBERTO — Não sou como os outros... E Inézia ou outra qualquer...

OLEGÁRIO — Qualquer uma?

UMBERTO — Sim. Qualquer uma podia entrar mil vezes no meu quarto.

OLEGÁRIO — Continua.

UMBERTO — Entra, digamos, de combinação. *(muda de tom)* O senhor já reparou, dr. Olegário?

OLEGÁRIO — Em quê?

UMBERTO *(pigarreia)* — Que uma mulher de combinação não parece séria? Mas isso não é bem o que eu queria dizer. Eu queria dizer outra coisa.

OLEGÁRIO *(furioso)* — Basta!

UMBERTO — Perfeitamente.

OLEGÁRIO *(caindo em si)* — Desculpe, Umberto, mas é que eu... Estou esgotado. Esgotadíssimo. Às vezes, não me controlo. De qualquer maneira, você me deu uma grande notícia. Porque, imagine você, eu cheguei a pensar, quando me disseram que você e Inézia... Pois eu tive medo. *(olha para os lados; voz baixa)* Olha, eu queria perguntar-te uma coisa, só uma coisa, por despedida. É o seguinte: se uma mulher... Não digo qualquer uma. Mas uma certa mulher...

UMBERTO — Já sei quem é.

OLEGÁRIO — Como?

UMBERTO — Sei quem é essa mulher... Essa senhora...

OLEGÁRIO *(atônito)* — Sabe? *(numa irritação progressiva)* Mas vem cá. Eu disse algum nome, disse?

UMBERTO — Não, não disse, mas eu, claro, imaginei logo!

OLEGÁRIO — Seu cachorro! Você está pensando que... Olha que eu... *(interrompe-se, arquejante) (baixo)* Admitamos que seja mesmo essa mulher que você pensa... Faz de conta que é... Imaginemos que, um dia, por casualidade, você visse...

UMBERTO — Já vi.

OLEGÁRIO *(aterrado)* — Viu? O quê? Viu o quê?

UMBERTO — Vi. Compreendeu? Vi. Foi um acidente. Fui lá em cima para ver um fio, que estava dando curto. Ia consertar o fio. Quando passei pelo quarto do senhor, bom... bom...

OLEGÁRIO *(berrando)* — Não diga o nome, ouviu? Não quero que diga o nome! Nunca!

UMBERTO — Perfeitamente. "Ela" saía em direção do banheiro... Ia, se não me engano, tomar banho. Presumo. Vestia um quimono rosa e... Bem. O quimono estava entreaberto. O senhor já entendeu, com certeza... *(Umberto começa a rir. Em pouco, Olegário ri também, mas com desespero)* O senhor já teve ciúmes de mim, hem? Teve medo! *(corta o riso. Com certa dignidade)* Ela ou outra qualquer... Eu podia espiar o banho de todas as esposas... Para mim é como se não existisse a mulher nua...

OLEGÁRIO — Não há dúvida, não há dúvida... Quer dizer que essa pessoa não te impressionou, nem... Umberto, ainda agora eu quis te despedir, mas...

UMBERTO — Compreendo.

OLEGÁRIO *(começa a rir)* — Porque, realmente, é um privilégio ter, em casa, um homem que poderia assistir, tranqüilamente, ao banho de nossa mulher...

UMBERTO *(também ri)* — Também acho! Também acho!

OLEGÁRIO — ...sem maiores conseqüências...

(Entra Maurício.)

UMBERTO — Com licença.

(Sai Umberto.)

MAURÍCIO — Quer que chame Lídia, agora?

OLEGÁRIO — Não. *(baixando a voz)* Ontem eu a ouvi.

MAURÍCIO *(admirado)* — Ouviu quem?

OLEGÁRIO (*misterioso*) — Ela.

MAURÍCIO (*espantadíssimo*) — Ela? Mas ela, quem, Olegário?

OLEGÁRIO (*vago*) — Minha mulher. Minha primeira mulher.

MAURÍCIO (*assombrado*) — Sua primeira mulher? Mas ela morreu! Que negócio é esse?

OLEGÁRIO (*misterioso, aproximando-se de Maurício*) — Pois é, a minha primeira mulher. Não aparece — corporalmente —, mas a voz é dela.

(*Olegário vai e volta com a cadeira. Maurício olha Olegário com espanto.*)

OLEGÁRIO — Enquanto for só a voz — bem. (*com excitação*) Mas quando for uma aparição — física — como viria ela?

VOZ INTERIOR (*microfone*) (*espantado*) — Estou enlouquecendo!

OLEGÁRIO (*sem lhe dar atenção*) — Morreu há tanto tempo, que viria cheia de bichinhos — bichinhos saindo de todos os lugares.

MAURÍCIO (*sentando-se*) — Mas você está doente! Isso é esgotamento! Aposto como você tem febre!

OLEGÁRIO (*aproximando-se*) — Maurício, eu sei o que você está pensando.

(*Olham-se.*)

MAURÍCIO (*aliviado*) — Não é que eu pensei mesmo?

OLEGÁRIO (*irritado*) — Eu sei que estou doente. Tenho consciência da minha doença.

(*Lídia aparece na escada. Os dois olham.*)

LÍDIA (*para Olegário*) — Eu vim ver se você quer comer agora.

OLEGÁRIO (*triste*) — Não. Estou sem vontade.

LÍDIA (*persuasiva*) — Então, daqui a pouco. Você precisa se alimentar, Olegário! (*noutro tom*) Estou tão atrapalhada. Cozinheira nova. Tenho de estar na cozinha.

VOZ INTERIOR (*microfone*) — E se eu enlouquecesse agora?

MAURÍCIO — Mas você não pensa que é mesmo a sua primeira esposa que fala com você?

OLEGÁRIO (*grave*) — Não. (*com exasperação*) Sei que é uma voz interior. Uma voz que sai das profundezas do meu inferno. Também não estou tão ruim assim.

MAURÍCIO — Quer dizer que não é espiritismo?

OLEGÁRIO (*impaciente*) — Que espiritismo! (*noutro tom*) Às vezes, estou com outra pessoa, e começo a ouvi-la. Ouço outras coisas. (*com angústia*) Olha aí, está ouvindo?

(Ouve-se um berro tremendo.)

MAURÍCIO *(espantado)* — O quê?

OLEGÁRIO — Um grito. Você não podia ouvir, nem ninguém — só eu. Outro. Um berro de gente assassinada.

(Novo berro de estrangulado. Maurício se mexe inquieto.)

MAURÍCIO — Você ouve mesmo? Sério?

(Olegário agitado. Aparece outra vez a menina.)

OLEGÁRIO — E se eu lhe contar que também tenho visões? Vejo Lídia com dez anos, vestido curtinho, as coxinhas aparecendo, bem-feitas, *(gaguejando)* lindas. Você sabe que eu morei perto de vocês, quando Lídia era criança; e uma vez a vi, assim mesmo, vestidinha assim. E essa imagem que me aparece, que eu vejo... *(surdamente)* Lídia aos dez anos...

MAURÍCIO — Sério?

OLEGÁRIO *(espantado)* — Ali. Está ali agora. *(noutro tom)* Também vejo homens descendo e Lídia, no alto da escada, dando adeus, de combinação. Ouço ela dizer: "*Mon chéri, mon chéri...*"

LÍDIA *(microfone)* — *Mon chéri, mon chéri, mon chéri, mon chéri. (tom variado: doce, apaixonado, sensual)*

MAURÍCIO — Assim você acaba louco, Olegário.

OLEGÁRIO *(com sombria exasperação)* — Você acha? *(excitação progressiva)* Isso é o que você quer, deseja! Vocês não me enganam. *(arqueja, e mudando de tom)* Espera.

VOZ DE MULHER — V-8... V-8... V-8...

OLEGÁRIO *(perturbado)* — É ela outra vez.

(Entra sob a luz vertical uma mulher vestida de grená.)

MULHER *(sardônica)* — Larga essa cadeira.

OLEGÁRIO *(sem olhar para ela)* — Estou bem assim... *(repete, surdamente)* V-8... V-8... *(aperta a cabeça entre as mãos)*

MULHER — Ficou zangado porque falei na cadeira? Só por isso? Que é que tem?

OLEGÁRIO *(irritado)* — Não faz mal. Pensei em dizer um desaforo, mas desisti. Para quê? Não interessa! Você não existe. Viu como eu tenho consciência do meu delírio? E isso prova apenas...

(Sai Maurício, espantado. Olegário nem nota.)

MULHER — Prova o quê?

OLEGÁRIO *(triunfante)* — ...prova que, apesar de tudo, não estou louco de todo.

MULHER — Está vaidoso — porque raciocina com lógica.

OLEGÁRIO — Talvez. Só uma coisa me intriga: por que ouço a voz de minha primeira mulher e não outra voz qualquer?

MULHER — Você queria talvez ouvir a voz de um jogador de futebol — por exemplo. Enquanto você não acreditar na minha eternidade...

OLEGÁRIO *(cruel)* — A sua eternidade não impediu que outra viesse para seu lugar, ocupasse o seu quarto... dormisse na sua cama!... *(sem transição, saturado)* E a cinta, meu Deus? Ela tirou a cinta! *(baixo)* Sem cinta, está mais próxima do pecado.

MULHER — A mulher de um doente irremediável é assediada a todo momento e em toda a parte. Olegário, sua doença é um convite, uma sugestão, uma autorização. Esse seu falso cunhado...

OLEGÁRIO — Maurício...

MULHER *(aproximando-se)* — Um homem que passa todo o tempo fechado num quarto, acaba pensando em mulheres, muitas mulheres; ou, então, pensando numa única mulher. Ele está num quarto pegado ao de Lídia, Olegário!

OLEGÁRIO *(sombrio)* — Eu expulso Maurício daqui. Expulso. E se ela se opuser...

MULHER — Os dois brincaram juntos em criança! Acontecem coisas terríveis entre meninos e meninas. Você pode imaginar o quê! As crianças têm curiosidade, instintos incríveis!

MULHER — É impossível que Maurício não tenha visto ainda Lídia entrar no banheiro de roupão. Outro dia, Lídia estava de roupão, o roupão abriu assim... *(faz um gesto na altura do peito)*

(Olegário aperta a cabeça entre as mãos.)
(Entra Inézia.)

INÉZIA — O homem da injeção.

OLEGÁRIO — Manda entrar para a saleta.

(Sai Inézia. Entra Lídia.)

LÍDIA — Meu anjo, o farmacêutico está aí.

OLEGÁRIO — Já sei.

LÍDIA — E outra coisa. Você despediu Umberto?

OLEGÁRIO — Não.

LÍDIA *(surpresa)* — Nem vai despedir?

OLEGÁRIO *(sardônico)* — Por que esta conspiração universal contra o rapaz?

LÍDIA — Mas como? Afinal, mamãe viu!

OLEGÁRIO — O quê?

LÍDIA — Ora, meu filho!

OLEGÁRIO — Bem. Já que vocês insistem, vou dar minha opinião, a respeito. É a seguinte: sua mãe devia cuidar dos próprios pecados e deixar os dos outros.

LÍDIA — Mas você acha justo, Olegário?

OLEGÁRIO *(sórdido)* — Quem sabe?

LÍDIA — É uma situação muito desagradável!

OLEGÁRIO — Quem devia ser despedida era Inézia. E vamos mudar de assunto, porque eu estou satisfeito com Umberto e pronto. No momento, o que me interessa é o seguinte: que você não me saia mais do quarto de roupão ou quimono.

LÍDIA — Qual é o mal?

OLEGÁRIO — Mas evidente! Você com o quimono ou o roupão, em cima da pele!

LÍDIA — Só uso roupão, quando vou tomar banho. E a porta do quarto fica quase em frente ao banheiro.

OLEGÁRIO — Imagine se, um dia, você abre a porta do quarto e — esbarra com Maurício. E mesmo que não esbarre com ninguém. De qualquer maneira, não quero! Por mim, você nunca tiraria a roupa. Nua no banheiro — nunca. *(suplicante)* O fato de você mesma olhar o próprio corpo é imoral. Só as cegas deviam ficar nuas. *(ri)* Ou, então... Sim, há alguém que poderia entrar no quarto de todas as esposas. Compreendeu? Alguém que... Não, Maurício. Maurício, não. Eu pensei que ele fosse um anjo. Mas falta em Maurício não sei como possa dizer. Ele não é mutilado, ouviu? Perfeito. Realmente perfeita é a pessoa que, na meninice...

LÍDIA — Arranjei uma agulha nova, de platina. Vamos?

OLEGÁRIO — Eu vou, mas você fica. Você sabe que eu não gosto que você me veja tomando injeção. *(exalta-se)* Todos, todos os homens deviam ser mutilados! *(ri)*

LÍDIA — Que é isso?

(Olegário vai saindo, lentamente, com Lídia empurrando a cadeira. A mulher e a menina o acompanham.)

OLEGÁRIO — Sabes o que faria, se pudesse? Presta atenção que vale a pena. Arranjaria um quarto, do qual não se pudesse sair, nunca. Um quarto para nós três. Eu, você e "ele". Olhando um para o outro, até o fim da eternidade. *(ri e corta a gargalhada. Fala com sofrimento)* Agora você fica.

LÍDIA — Já sei, já sei.

(Sai Olegário acompanhado pela mulher e a menina. Lídia fica de pé, no meio da cena, amargurada. Umberto aparece. Sem que ela o pressinta, ele se aproxima, sem rumor.)

UMBERTO — D. Lídia!

(Sobressalto de Lídia. Vira-se, assustada. Umberto segura-a e beija-a. Lídia esperneia.)

LÍDIA *(soltando-se)* — Miserável, bandido!

FIM DO SEGUNDO ATO

TERCEIRO ATO

(O mesmo ambiente. Umberto, Lídia e d. Aninha. Esta enrola o eterno paninho.)

LÍDIA — Miserável! Bandido! *(Passa as costas da mão na boca, numa expressão de supremo asco)*

UMBERTO — Bandido, por que beijei a senhora?

LÍDIA — Não fica nem mais um minuto nesta casa. Saia já! *(olha a escada)*

UMBERTO — Não adianta olhar para a escada. A senhora não foge. Se correr irei atrás. *(cobre a passagem para a escada)*

LÍDIA — Cínico!

UMBERTO — Só sai daqui quando eu quiser, quando eu deixar!

LÍDIA — Vou dizer ao meu marido... *(faz menção de correr, mas desiste)*

UMBERTO — Viu? Não adianta. Fique onde está, quietinha!

LÍDIA — Deixa eu passar! Indigno!

UMBERTO — Diz isso e quando acaba — gosta de mim!

LÍDIA — Eu?

UMBERTO — As mulheres são engraçadíssimas!

LÍDIA — Está doido!

UMBERTO — Doido coisa nenhuma... Você...

LÍDIA — Não me chame de você!

UMBERTO — Chamo, sim... Você, ouviu? Você... Você gosta de mim e sabe disso.

LÍDIA — Deixa eu passar ou eu grito agora mesmo!

UMBERTO — Grita? Tem essa coragem? Pois, então, grita. Quero ver e duvido.

LÍDIA *(baixo)* — Grito.

UMBERTO — Grita e está falando baixo. Fale alto!

LÍDIA — Falo sim!

UMBERTO — E o grito?

LÍDIA *(baixo e espantada)* — O grito!

UMBERTO — Isso é para você não andar me provocando!

LÍDIA — Eu provoquei você? Está completamente doido!

UMBERTO — Doido! Diz isso agora, mas antes...

LÍDIA *(revoltada)* — Algum dia já lhe dei confiança?

UMBERTO *(como num sonho)* — Já me beijou.

LÍDIA *(aterrada)* — Quem?

UMBERTO — Você.

LÍDIA — Quando?

UMBERTO — Naquele dia. Beijou... Ou vai dizer que não se lembra?

LÍDIA (*num grito*) — Cínico!

UMBERTO — Juro!

LÍDIA — Olhe bem para mim!

UMBERTO (*na sua euforia*) — Até posso contar como foi. Quer que eu conte?

LÍDIA — Mentira!

UMBERTO — Entrei...

LÍDIA — Nunca entrou no meu quarto!

UMBERTO — Você me chamou... Quero que Deus me cegue se é mentira...

LÍDIA — Seu mentiroso! Vai ser expulso daqui a pontapés!

UMBERTO — Desde que eu cheguei, nesta casa, que pensava no seu quarto, na sua cama, no seu sabonete. (*outro tom*) E eu sair daqui a pontapés. (*ri*) E quem vai-me dar pontapés?

LÍDIA — Meu marido vem já aí!

UMBERTO — Seu marido? Enfim, talvez ele não possa dar... pontapé...

LÍDIA — Deixa ou não deixa eu passar?

UMBERTO — Só se você disser que eu entrei no seu quarto... É verdade ou não é? Entrei ou não entrei — a seu convite?

LÍDIA — Não! Sabe que não! Sabe que está mentindo!

UMBERTO (*grave e lírico*) — Então, tudo o que eu disse é mentira? Quer dizer que eu não a beijei, nunca? (*baixo, com o rosto bem próximo*) Talvez seja a imaginação... Eu misturo muito, misturo sempre, e não sei nunca quando estou apenas sonhando... Então foi sonho!

LÍDIA — Você sabia que era mentira!

UMBERTO (*exaltado*) — Sabia? Eu sabia? Também pode ser. Eu gosto de mentir, sabendo que estou mentindo. Imagine que eu ia dizer que naquele dia, aliás um dia que nunca existiu... Pois bem. Naquele dia você estava de quimono rosa. Com dragões bordados.

LÍDIA — Você está doido.

UMBERTO — Doido? Só por causa do quimono? Ou, então, dos dragões? Só por isso?

LÍDIA — Você será preso!

UMBERTO — Sabe o sonho que tive ontem?

LÍDIA — Eu quero passar!

UMBERTO — Primeiro, ouça. Sonhei que você estava batendo, no seu marido, com um cinto. Um cinto de fivela. Primeiro, dava aqui nos rins, com toda a força. Depois, cismou de bater nos olhos. Com a fivela. Nos olhos do seu marido.

LÍDIA (*parece fascinada*) — Só isso?

UMBERTO — Não tive nunca um sonho que me impressionasse tanto. Você estava hedionda! E, depois, os olhos do seu marido sangraram!

LÍDIA (*dolorosa*) — Esse sonho também é mentira!

UMBERTO — Se gritar, pior para você. Direi a todo mundo que você me chamava para o seu quarto. E que eu roubei o sabonete que você usou no banho. E que cheirei a toalha que enxugou seu corpo. Direi que nós...

LÍDIA — Duvido.

UMBERTO — Então, grite. Imediatamente. Já.

(Umberto avança. Lídia contorna a cadeira de d. Aninha.)

LÍDIA — Fique onde está!

UMBERTO (*aproximando-se*) — Não se mexa. Assim, quieta.

LÍDIA (*num lamento*) — Não quero.

UMBERTO — Quer, sim. Quer agora mais do que nunca. (*grave e triste*) Agora que sabe quem sou eu.

(Estão quase boca com boca.)

LÍDIA — Você é um assassino.

UMBERTO (*com sofrimento*) — Assassino? Acha que eu sou um assassino?

LÍDIA — Sim.

(Os dois continuam quase boca com boca.)

LÍDIA — Às vezes, eu penso que se você me encontrasse sozinha, num lugar deserto, eu talvez não tivesse tempo de gritar. E você...

UMBERTO — Matar você, sem motivo?

LÍDIA — Com motivo ou sem motivo, não sei. Por amor, por ciúmes — para que eu não fosse mais de ninguém.

UMBERTO (*baixo*) — Gosta de mim?

LÍDIA (*baixo e maravilhada*) — Não sei, não sei!

UMBERTO — Agora um beijo, sem resistir.

(Ouve-se um barulho.)

LÍDIA — Vem gente aí!

(Afastam-se. Atitude de uma naturalidade forçada. Entra Inézia.)

INÉZIA — Posso tirar o jantar, d. Lídia?

LÍDIA — Já não. Daqui a pouco. (*para Umberto*) Então o que é que tem o carro?

UMBERTO — Um defeito no carburador. Preciso ir, já, para a oficina.

INÉZIA — Mas já pode ir preparando, não é, d. Lídia?

LÍDIA — Eu aviso, criatura! *(para Umberto)* Que amolação! Eu precisava do carro! E demora muito o conserto?

UMBERTO — Depende.

(Sai Inézia.)

UMBERTO — Ela percebeu tudo!

LÍDIA — Quem?

UMBERTO — Inézia! E aposto que vai dizer ao dr. Olegário! *(ri)* Mas não há perigo. Ele pensa que eu — sabe como é? *(grave, de novo, e insultante)* Por que você não aproveitou agora? Diga? Cínica! *(aperta entre as mãos o rosto de Lídia)* Como é bom te chamar de cínica! *(baixa a voz. Acariciante, trincando as palavras)* Deixa eu te dizer um nome feio, baixinho, no ouvido? Um insulto?

LÍDIA *(com volúpia)* — Não!

UMBERTO — É uma palavra só. Escuta... *(diz a palavra inefável. Lídia crispa-se)*

UMBERTO — Gostou, não gostou?

LÍDIA *(com volúpia e dor)* — Não repita...

UMBERTO — Me ama?

LÍDIA — Tenho medo! Não sei, tenho medo!

(Umberto toma Lídia nos braços. Ela não resiste. A sua cabeça pende.)

UMBERTO *(baixo)* — É toda minha?

LÍDIA *(com angústia)* — Oh, não... não posso! Não contarei a meu marido, mas não posso. Já me beijou... não faça mais nada!

UMBERTO *(baixo e acariciante)* — O que fiz ainda não foi nada. Quase nada. Foi muito pouco. Quero tudo.

LÍDIA *(assustada)* — Tudo o quê? *(outro tom, tapando com a mão a boca de Umberto)* Já sei. Não precisa dizer! E meu marido?

UMBERTO — Que importa? Ele nunca desconfiaria de mim... Nunca... Eu te direi aquela palavra, no teu ouvido...

LÍDIA *(fascinada)* — Sei.

UMBERTO — Quando gosto de uma mulher, preciso insultá-la... Sempre com a mesma palavra... Todas gostam... E não me chame nunca de louco...

(Barulho na porta.)

LÍDIA — Meu marido!

(Entra Olegário. Experimenta cordial surpresa, ante a presença de Umberto.)

OLEGÁRIO — Você, Umberto?

UMBERTO — Dr. Olegário.

LÍDIA *(com relativa perturbação)* — Umberto veio-me pedir para ter folga amanhã.

OLEGÁRIO — Você está ficando um farrista tremendo, hem, Umberto?

UMBERTO — O negócio é o seguinte: tenho uma pessoa da família doente. E queria ver se era possível.

OLEGÁRIO *(rindo)* — Conversa fiada. Na sua idade, com a sua saúde, não escapa nem rato. É ou não é?

UMBERTO — Também não é assim.

OLEGÁRIO — Pode ir, Umberto. Aproveita, rapaz.

UMBERTO — Obrigado e boa noite. Boa noite, d. Lídia.

(Sai Umberto.)

LÍDIA — Achei uma coisa tão desagradável, meu filho, você falar assim com Umberto, na minha presença... Você usou, francamente, um tom de deboche... Afinal...

OLEGÁRIO — E que mais?

LÍDIA — Só.

OLEGÁRIO *(ri, sordidamente)* — Umberto até que é uma figura. Bons dentes, gengivas sadias. Lídia!

LÍDIA *(triste)* — Eu.

OLEGÁRIO — Se eu pedisse um beijo, você daria?

LÍDIA — Um beijo?

OLEGÁRIO *(sôfrego)* — Daria?

LÍDIA — Criança! *(outro tom)* Daria, sim! Natural!

OLEGÁRIO *(anelante)* — Mas na boca?

LÍDIA *(brevíssima hesitação)* — Na boca, sim. *(frívola)* Por que não?

OLEGÁRIO — Ora, por quê! Porque sim! E por que não seria na boca?

LÍDIA — Por nada. Achei interessante.

OLEGÁRIO *(sardônico)* — Realmente. Muito interessante.

LÍDIA *(com irritação)* — Ora, Olegário!

OLEGÁRIO *(veemente)* — Extraordinário um marido querer ser beijado na boca?

LÍDIA — Meu filho!

OLEGÁRIO — Mas se você não quer, paciência, não é obrigada. Não estou pedindo pelo amor de Deus, não senhora! *(outro tom)* Você sabe há quanto tempo não me beija?

LÍDIA *(com ironia)* — Você tomou nota?

OLEGÁRIO — Sim! Tomei! E sei, muito bem, o que isso significa!

LÍDIA — E o beijo, quer?

OLEGÁRIO *(sôfrego)* — Quero, meu amor!

(Lídia inclina-se e beija-o rapidamente na boca.)

OLEGÁRIO *(exasperado)* — É isso? É esse o beijo que você tem para mim?

LÍDIA *(nervosa)* — Você quer que eu faça o quê?

OLEGÁRIO — Incrível! E ainda pergunta: "Quer que eu faça o quê?"

LÍDIA — Eu não entendo você, Olegário!

OLEGÁRIO — Entende, sim. Finge que não entende. *(novo tom, com angústia)* Vem cá.

(Lídia curva-se. Olegário enlaça-a.)

OLEGÁRIO *(anelante)* — Beijo é isso...

(Olegário força a mulher a um beijo longo demais. Lídia se desprende com violência.)

OLEGÁRIO *(chocado)* — Você me empurra?

LÍDIA *(desesperada)* — Você me fez perder a respiração. E ainda me machucou! *(passa os dedos de leve pelos lábios)*

OLEGÁRIO — Machuquei! Fiz você perder a respiração! *(exasperado)* Eu sei desde quando você começou a perder a respiração com os meus beijos! *(rápido e incisivo)* Foi quando eu fiquei assim!

LÍDIA *(com ar de mártir)* — Que inferno!

OLEGÁRIO *(irritado)* — Responda — não é o que eu disse?

LÍDIA — Não!

OLEGÁRIO — É sim, é! Explique, ao menos, uma coisa. Por que você não me beija como antigamente?

LÍDIA *(nervosa)* — Mas como? "Antigamente" como?

OLEGÁRIO — Não se faça de inocente!

LÍDIA *(contendo-se)* — Você não me pediu um beijo? E eu não dei?

OLEGÁRIO — Deu, deu. Mas eu queria um beijo — você sabe como. *(amargurado)* Mas beijar um homem como eu deve ser, quase, uma infâmia. *(começa a rir, abjetamente)* E, ainda por cima, eu sou marido, compreende? E o casamento é assim: nos primeiros dez dias, marido e mulher são dois cações esfomeados... E depois! *(começa a rir, outra vez)* Depois, evapora-se a volúpia... São tranqüilos como dois irmãos... De forma que o desejo da esposa pelo marido parece incestuoso... *(grave, num desafio)* Por que você não diz, de uma vez, o que sente?

LÍDIA *(chorando)* — E por que você não me trata melhor? *(com veemência)* Eu queria que você, ao menos, tivesse pena de mim!

OLEGÁRIO *(espantado)* — Pena?

LÍDIA *(dolorosa)* — Sim. Pena!

OLEGÁRIO *(bate no próprio peito)* — Você tem? De mim? Pena, hem? Pois tenha, porque eu estou liquidado. Completamente liquidado.

LÍDIA — Não fale assim! Me põe nervosa!

OLEGÁRIO *(sardônico)* — Quer dizer que você ainda tem ilusões?

LÍDIA — Tenho fé em Deus!

OLEGÁRIO *(sardônico)* — Ah, minha filha, tire isso da cabeça! Já, imediatamente! E se não fazia nada, se estava à espera de minha cura, então...

LÍDIA — Então, o quê?

OLEGÁRIO *(sardônico)* — Não compreendeu?

LÍDIA — Fale claro!

OLEGÁRIO — Você quer me convencer que vai-se resignar a ser eternamente a esposa de um paralítico? Sem procurar um substituto?

LÍDIA *(atônita)* — Compreendi agora! *(com desesperada ironia)* Você acha que um substituto é indispensável?

OLEGÁRIO *(sombrio)* — Adianta que eu ache ou deixe de achar?

LÍDIA *(com exasperação)* — Você devia ter era mais dignidade!

OLEGÁRIO *(veemente)* — O que eu não sou é idiota!

LÍDIA — É essa a sua — distração? Ficar pensando no dia em que será — "substituído"?

OLEGÁRIO *(ri, ignobilmente)* — Quem sabe se eu já não fui "substituído"? *(incisivo)* Por que é que você tirou a cinta hoje?

LÍDIA — Quis tirar, ora! Tem alguma coisa de mais?

OLEGÁRIO *(exasperado)* — Tem, sim senhora! Porque assim você vai acabar andando de vestido sem combinação! *(tem uma explosão)* Não acredito em mulher que anda de vestido sem combinação, mesmo em casa! E não quero, ouviu? Não quero!

LÍDIA — Eu acho que você não quer é que eu seja fiel!

OLEGÁRIO — Ah, não?

LÍDIA — Pelo menos, está fazendo tudo para que eu seja — infiel. Não está? Quem meteu na minha cabeça a idéia do pecado? É a sua idéia fixa!

OLEGÁRIO *(em desespero)* — Claro! A única coisa que me interessa é ser ou não ser traído!

LÍDIA — Você se lembra do que me disse uma vez. Aquela eu não me esqueço. Lembra-se? Que se eu visse um rapaz, em Copacabana, forte, moreno, com um calção de banho...

OLEGÁRIO *(triunfante)* — Calção de banho, eu não disse! Você é que acrescentou agora o detalhe, completou a figura. *(com desesperada ironia)* Em todo caso, o calção é uma homenagem — significa a folha de parreira masculina. *(com violência)* Viu? A sua imaginação?

LÍDIA — Você me obriga a só pensar em homens, até em meninos de 14, 15 anos!

OLEGÁRIO *(com feroz sarcasmo)* — E o colégio interno?

LÍDIA *(atônita)* — Colégio?

OLEGÁRIO *(com o riso hediondo)* — Você não disse que havia lá uma menina que gostava muito de você? Que escrevia bilhetinhos? Que não comia quando vocês brigavam? *(subitamente, grave)* Aquilo era o quê? *(num grito)* Amizade, talvez!

LÍDIA *(revoltada)* — Você tem coragem?

OLEGÁRIO — Tenho coragem, sim! *(muda de tom e com tristeza mortal)* Não acredito em você. Por que você será sempre fiel? Fiel por seis meses, um ano, dois, pode ser. Mas sempre! *(aperta entre as mãos o rosto e interroga-a, quase boca com boca)* Não é um inferno esta fidelidade sem fim? *(baixa a voz)* A mulher de um paralítico tem todos os direitos, inclusive o direito, quase a obrigação de ser — infiel.

LÍDIA *(patética)* — Você me diz essas coisas. Eu já não me espanto. Nada me assombra. *(espantada)* Às vezes, tenho a impressão que somos dois loucos.

OLEGÁRIO *(exultante)* — Você, hoje, caiu!

LÍDIA *(assombrada)* — Eu?

OLEGÁRIO — Disse quase tudo que eu queria saber!

LÍDIA — Está sonhando!

OLEGÁRIO — Pela primeira vez você falou com — impudor! *(rápido, agarrando-a, olhando o rosto da mulher)* Como é obsceno um rosto! *(um riso soluçante)* Por que permitem o rosto nu?

(Lídia desprende-se. Passa a mão no próprio rosto. Recua.)

LÍDIA — Meu Deus!

OLEGÁRIO *(a meia voz)* — Você, aos dez anos, tinha um corpo lindo, lindo, vestidinho assim *(faz mímica)* muito acima do joelho. Parece que estou vendo.

(Entra a menina e se coloca ao lado de Lídia.)

LÍDIA — Vou lá dentro.

(Sai Lídia. Sobe a escada. Olegário empurra a cadeira na direção da escada.)

OLEGÁRIO *(desesperado)* — Lídia, eu queria ter certeza! Lídia!

(Lídia não atende. Aparece dona Márcia.)

D. MÁRCIA *(melíflua)* — A respeito daquele caso, Olegário.

OLEGÁRIO *(atônito)* — Que caso?

D. MÁRCIA — Do Umberto. Estive pensando... E sabe de uma coisa?

OLEGÁRIO — Não interrompendo, dona Márcia! Lídia não me vai mais a médico nenhum. Tem que arranjar médica, mulher. Eu não quero homem!

D. MÁRCIA — O dr. Borborema é tão velho, Olegário!

OLEGÁRIO *(contido)* — Não interessa!

D. MÁRCIA *(melíflua)* — Mas assim, Olegário, você até ofende!

OLEGÁRIO — Ofendo. E que mais?

D. MÁRCIA — O que é que o médico pode fazer, a mulher não querendo?

OLEGÁRIO — O quê? Ver! O médico pode ver, apenas! Acha pouco? *(excitadíssimo)* A senhora está aqui para quê, dona Márcia? Para discutir comigo?

D. MÁRCIA — Dei minha opinião, Olegário.

OLEGÁRIO — Dispenso os seus pontos de vista. Lídia só irá à médica, mulher, pronto, acabou-se! A senhora está avisada!

D. MÁRCIA — Eu sei, Olegário.

OLEGÁRIO *(explodindo)* — E pare com esse negócio de me chamar Olegário. Antigamente, a senhora só me chamava de "dr. Olegário". Agora, não. Agora é Olegário.

D. MÁRCIA — Mas escuta aqui!

OLEGÁRIO — É isso mesmo!

D. MÁRCIA — Que negócio é esse? Você pensa que faz de mim gato e sapato? Onde é que nós estamos?

OLEGÁRIO — Na minha casa, mando eu! Sua lavadeira!

D. MÁRCIA — Você é que é um cretino muito grande!

OLEGÁRIO — Rua!

D. MÁRCIA — Mas primeiro vai ouvir. Minha filha é porque é uma boba. Senão, já tinha dado o fora. Palhação!

OLEGÁRIO — Umberto fica, sua lavadeira! Você é quem está despedida!

D. MÁRCIA — Lavadeira é a mãe!

OLEGÁRIO — Não me ponha os pés aqui, nunca!

(Sai atrás de dona Márcia. Pausa. Entra Lídia. Traz o prato de comida de d. Aninha.)

LÍDIA — Vamos! Vamos! Tenho mais que fazer! *(a idiota rejeita a comida)* Quer ou não quer? Largo tudo e vou-me embora! Anda, sua velha. *(trincando as palavras, cara a cara)* É a mãe, é o filho! *(grita)* Velha maluca! *(circula em torno da cadeira, depois de pousar o prato em cima do móvel) (baixo e feroz)* Quem devia estar aqui era teu filho... meu marido... Enrolando esse paninho... Estou que não posso ouvir nada no meio da rua... Nem ver um nome feio desenhado no muro... *(recua, num grito, apertando a cabeça entre as mãos)* Foi ele! Foi teu filho que me pôs neste estado! *(rápida, numa alegria selvagem, aproximando-se da velha)* Umberto me beijou! A mim! Tua nora! E me disse um nome, uma palavra que me arrepiou... *(estende as mãos)* E ainda me arrepia! *(crispa-se. Passa a mão no próprio busto)* Maluca! Vou-te deixar morrer de fome e de sede! *(de novo, aperta a cabeça entre as mãos)* Meu marido mete na minha cabeça tudo o que não presta! O dia inteiro em cima de mim: "Olha a cinta... ", "Você não pode andar sem cinta...". E até já perguntou se eu, em criança... *(violenta)* Mas não passa um dia que eu não deseje a morte de teu filho! *(sonhando)* Olegário morto... Sem sapatos e com meias pretas, morto... De *smoking* e morto! *(em desespero, como que justificando-se)* Não sou eu a única mulher que já desejou a morte do marido. *(ri, com sofrimento)* Tantas desejam, mesmo as que são felizes... *(baixa a voz, com espanto)* Há momentos em que qualquer uma sonha com a morte do marido... *(baixo, outra vez)* Escuta aqui, sua cretina! Quando leio no jornal a palavra "seviciada" — eu fecho os olhos... *(com volúpia)* Queria que me seviciassem num lugar deserto... Muitos... *(grita, num remorso atroz)* Não, é mentira... *(noutro tom)* Umberto me chamou de cínica e eu... Eu gostei... *(baixo e aterrorizada)* Quem sabe se eu não sou? Não! Não! Minhas palavras estão loucas, minhas palavras enlouqueceram! *(recua, aterrorizada, e estaca. Súbito, corre para a louca; cai de joelhos, soluça, abraçada às pernas da doida)* Perdão! Perdão! *(súbito, ergue-se. Corre, soluçando)*

(Entra Olegário com Umberto.)

OLEGÁRIO — Mas por quê? Não está satisfeito aqui?

UMBERTO — Estou muito. O senhor e d. Lídia sempre foram bons comigo.

OLEGÁRIO — E então?

UMBERTO — Tenho que ir de vez, dr. Olegário. Minha mãe está passando mal.

OLEGÁRIO — Ora veja!

UMBERTO — Pois é. Caiu da escada. É cega. Foi descer e rolou lá de cima. Caso seríssimo. Fraturou a bacia. E na idade de minha mãe é o diabo. Fez setenta anos.

OLEGÁRIO — Você pode ir, e, depois, voltar.

UMBERTO — Impossível, dr. Olegário. Porque tem mais uma coisa... *(baixa a voz)* Minha irmã, a caçula, deu um mau passo. O fato é que o velho diz que mata, porque mata. E ele me respeita muito e...

OLEGÁRIO — Mas você mesmo não me disse, uma vez, que sua mãe tinha morrido?

UMBERTO — Eu não, dr. Olegário! Pois se ela caiu outro dia da escada, não lhe parece?

OLEGÁRIO — Sei, sei. *(com irritação)* Alguma coisa me diz que tudo isso é mentira. A irmã que deu o mau passo, a queda da escada... Tudo!

UMBERTO *(cínico)* — De forma que eu queria ir hoje mesmo...

OLEGÁRIO *(exaltado)* — E o coxo da Colombo? Hem? Outra invenção sua!

UMBERTO — Nunca mais o vi! Então, dr. Olegário, muito obrigado. Desculpe qualquer coisa.

OLEGÁRIO — Olha. Aquela história de espiar o que d. Lídia fazia — aquilo que eu mandei — foi brincadeira. Mas já sabe. Não conte nada a ninguém. Nunca.

UMBERTO — Claro. De mim, ninguém saberá nada. Deus me livre. E agora vou falar com d. Lídia. Adeus... Eu tinha outra coisa para dizer ao senhor.

OLEGÁRIO — Fala!

UMBERTO — Aquele relógio — que desapareceu. O senhor até deu queixa à polícia. Não foi?

OLEGÁRIO — O que é que tem?

UMBERTO — Fui eu que roubei.

OLEGÁRIO — Que negócio é esse?

UMBERTO — Fui eu, sim, dr. Olegário. Fui eu e botei no prego para comprar um terno.

OLEGÁRIO — E por que vem-me dizer isso agora? Para quê?

UMBERTO *(vira-se. Cínico)* — Quem sabe? Bem... mas vou falar com d. Lídia... *(ri)* Posso, não posso? Sou o único homem no mundo que... Não é mesmo, dr. Olegário?

(Riem os dois sordidamente.)

UMBERTO — Poderia espiar o banho de qualquer mulher...

(Sério Umberto. Ri Olegário. Olegário corta o riso.)

OLEGÁRIO — Vá para o diabo que o carregue!

(Sai Umberto. Prostração de Olegário. Aparece Maurício ressentido.)

MAURÍCIO — Que foi que você fez com mamãe, que ela está chorando?

OLEGÁRIO *(melífluo)* — Nada. Não fiz nada com sua mãe. Não a chamei de lavadeira, nem disse que ela vendeu a filha. Aliás, sou a favor das mães mercenárias que até tratam muito bem as filhas, engordam, põem num colégio etc. e tal. Um alto negócio, certas mães!

MAURÍCIO — Isso é uma indignidade!

OLEGÁRIO — Sua mãe que não se faça de tola comigo. É ela quem anda dando maus conselhos à Lídia... Desencaminhando minha mulher...

MAURÍCIO — Cale essa boca, senão...

OLEGÁRIO — Você faz o quê?

MAURÍCIO — Se você não fosse um paralítico!

(Maurício vira as costas para Olegário. Caminha para a escada.)

OLEGÁRIO *(gritando)* — Olha!

MAURÍCIO *(vira-se assombrado)* — Olegário!

OLEGÁRIO — Não sou paralítico, nunca fui paralítico!

(Segura Maurício e subjuga-o.)

MAURÍCIO — Não pode ser!

OLEGÁRIO — Agora me mate, me estrangule, ande!

MAURÍCIO *(aterrado)* — Nunca foi paralítico... Então esses sete meses na cadeira...

OLEGÁRIO — Farsa, simulação... Um médico, bêbedo, irresponsável, que me devia dinheiro, disse a todo mundo — inclusive à minha mulher — que eu era um caso perdido... Que não ficaria bom nunca... Compreendeu?

MAURÍCIO — Mas por quê? Para quê?

OLEGÁRIO — Foi uma experiência... Uma experiência que eu fiz com Lídia... Precisava saber, ter uma certeza absoluta, mortal... Agora sei, agora tenho a certeza... Há, no mundo, uma mulher fiel... É a minha... E perdão, Maurício... Chama a tua mãe... Ela que me perdoe também... Vou-me ajoelhar diante de Lídia... *(exaltado)* Milhões de homens são traídos... Poucos maridos podem dizer: "Minha mulher..." Eu posso dizer — minha! *(riso soluçante)* Minha mulher *(corta o riso, senta-se na cadeira)* *(grita)* Lídia! Lídia!

(Entra Inézia. Apanha a manta e cobre as pernas de Olegário.)

INÉZIA — Doutor.

OLEGÁRIO — Chame minha mulher. Minha!

INÉZIA — Saiu, dr. Olegário. D. Lídia saiu e mandou entregar isso aqui — esta carta — ao senhor.

(Sai Inézia. Olegário abre a carta. Começa a ler.)

VOZ DE LÍDIA *(microfone)* — Olegário! Parto com Umberto. Nunca mais voltarei. Não quero seu perdão. Adeus. Lídia. Nunca mais voltarei. Nunca mais...

(Olegário continua de olhos fixos na carta.)

MAURÍCIO — Que foi?

OLEGÁRIO — Nada. Coisa sem importância.

VOZ DE LÍDIA *(microfone)* — Parto com Umberto. Não quero seu perdão. Adeus. Lídia.

OLEGÁRIO — Olha, Maurício. Você vai-me dar licença. Estou um pouco cansado.

(Maurício sai, olhando espantado para Olegário. Só, Olegário vai à gaveta da secretária. Apanha um revólver. Abre o tambor, olha-o, fecha-o.)

VOZ DE LÍDIA *(microfone, em crescendo)* — Parto com Umberto. Lídia. Não quero seu perdão. Parto com Umberto.

(Olegário aproxima-se de d. Aninha. Esta continua, na sua atitude, enrolando o eterno paninho. Olegário encosta o revólver na fronte.)

VOZ DE LÍDIA *(microfone)* — Adeus. Não quero seu perdão. Lídia. Parto com Umberto. Umberto. Umberto. Umberto.

FIM DO TERCEIRO E ÚLTIMO ATO

[illegible] Milhões de homens são traídos... Poucos maridos podem dizer: "Minha mulher..." Eu posso dizer — [illegible] Minha mulher [illegible] Lídia! Lídia!

[illegible]

[illegible] — Pronto.
[illegible] — Chame minha mulher. Minha!
[illegible] — [illegible] Olegário. [illegible]
[illegible]

[illegible]

[illegible]

[illegible]

[illegible]

[illegible]

[illegible]

[illegible] Não quero ser perdoada [illegible]

[illegible]

[illegible] Não quero ser perdoada. [illegible]

FIM DO PRIMEIRO ATO

TRAGÉDIA EM TRÊS ATOS • 1943

VESTIDO DE NOIVA

Programa da estréia de Vestido de noiva,
apresentada no Teatro Municipal do Rio de Janeiro,
em 28 de dezembro de 1943.

Os Comediantes
apresentam

Vestido de noiva

tragédia de Nelson Rodrigues

ALAÍDE	Lina Grey (Evangelina Guinle)
MME. CLESSI	Auristela Araújo
PEDRO, O NAMORADO, HOMEM DE CAPA E LIMPADOR	Carlos Perry
LÚCIA	Stela Perry
PAI DE ALAÍDE	Otávio Graça Melo
MÃE DE ALAÍDE	Maria B. Leite
MÃE DO NAMORADO	Luíza B. Leite Sans
D. LAURA	Leontina Kneese
4 REPÓRTERES	Armando Couto Álvaro Alberto Brutus Pedreira Carlos Melo
3 MULHERES	Virgínia de Souza Neto Maria Sarli Edelweiss
MULHER INATUAL E MULHER DO TELEFONE	Stela Graça Melo
HOMENS INATUAIS	Isaac Paschoal Armando Couto
MÉDICOS	Brutus Pedreira Álvaro Alberto Darcy dos Reis Luiz Paulo
MÉDICO DE SERVIÇO E *SPEAKER*	Brutus Pedreira
RAPAZ DO CAFÉ	Nelio Braga
JORNALEIROS	Meninos da Casa do Pequeno Jornaleiro
MULHER DA "PACIÊNCIA"	(lupanar)
DANÇARINA	(lupanar)
TERCEIRA MULHER	(lupanar)
QUATRO PEQUENOS JORNALEIROS	

Direção e *mise-en-scène* de *Z. Ziembinski*
Arquitetura cênica e figurinos de *Santa Rosa*
Modelo do vestido de noiva de *sra. Inga Vargas*

PERSONAGENS

ALAÍDE

LÚCIA

PEDRO

MADAME CLESSI
(cocote de 1905)

MULHER DE VÉU

PRIMEIRO REPÓRTER
(Pimenta)

SEGUNDO REPÓRTER

TERCEIRO REPÓRTER

QUARTO REPÓRTER

HOMEM INATUAL

MULHER INATUAL

SEGUNDO HOMEM INATUAL

O LIMPADOR
(cara de Pedro)

HOMEM DE CAPA
(cara de Pedro)

NAMORADO E ASSASSINO DE CLESSI
(cara de Pedro)

LEITORA DO *DIÁRIO DA NOITE*[1]

GASTÃO
(pai de Alaíde e de Lúcia)

D. LÍGIA
(mãe de Alaíde e de Lúcia)

D. LAURA
(sogra de Alaíde e de Lúcia)

PRIMEIRO MÉDICO

SEGUNDO MÉDICO

TERCEIRO MÉDICO

QUARTO MÉDICO

1. *Na verdade trata-se de dois jornais distintos:* Diário *e* A Noite. *Preferiu-se aqui manter o texto da lista de personagens tal como reproduzido nas edições do* Teatro quase completo de Nelson Rodrigues *e do* Teatro completo de Nelson Rodrigues, *publicadas respectivamente em 1965 e 1981 e revistas pelo autor. (N.E.)*

PRIMEIRO ATO

(Cenário — dividido em três planos: primeiro plano: alucinação; segundo plano: memória; terceiro plano: realidade. Quatro arcos no plano da memória; duas escadas laterais. Trevas.)

MICROFONE — Buzina de automóvel. Rumor de derrapagem violenta. Som de vidraças partidas. Silêncio. Assistência. Silêncio.

VOZ DE ALAÍDE *(microfone)* — Clessi... Clessi...

(Luz em resistência no plano da alucinação. Três mesas, três mulheres escandalosamente pintadas, com vestidos berrantes e compridos. Decotes. Duas delas dançam ao som de uma vitrola invisível, dando uma vaga sugestão lésbica. Alaíde, uma jovem senhora, vestida com sobriedade e bom gosto, aparece no centro da cena. Vestido cinzento e uma bolsa vermelha.)

ALAÍDE *(nervosa)* — Quero falar com madame Clessi! Ela está?

(Fala à 1ª mulher que, numa das três mesas, faz "paciência". A mulher não responde.)

ALAÍDE *(com angústia)* — Madame Clessi está — pode-me dizer?

ALAÍDE *(com ar ingênuo)* — Não responde! *(com doçura)* Não quer responder?

(Silêncio da outra.)

ALAÍDE *(hesitante)* — Então perguntarei *(pausa)* àquela ali.

(Corre para as mulheres que dançam.)

ALAÍDE — Desculpe. Madame Clessi. Ela está?

(2ª mulher também não responde.)

ALAÍDE *(sempre doce)* — Ah! também não responde?

(Hesita. Olha para cada uma das mulheres. Passa um homem, empregado da casa, camisa de malandro. Carrega uma vassoura de borracha e um pano de chão. O mesmo cavalheiro aparece em toda a peça, com roupas e personalidades diferentes. Alaíde corre para ele.)

ALAÍDE *(amável)* — Podia-me dizer se madame...

(O homem apressa o passo e desaparece.)

ALAÍDE *(num desapontamento infantil)* — Fugiu de mim! *(no meio da cena, dirigindo-se a todas, meio agressiva)* Eu não quero nada demais. Só saber se madame Clessi está!

(A 3ª mulher deixa de dançar e vai mudar o disco da vitrola. Faz toda a mímica de quem escolhe um disco, que ninguém vê, coloca-o na vitrola também invisível. Um samba coincidindo com este último movimento. A 2ª mulher aproxima-se, lenta, de Alaíde.)

1ª MULHER *(misteriosa)* — Madame Clessi?

ALAÍDE *(numa alegria evidente)* — Oh! Graças a Deus! Madame Clessi, sim.

2ª MULHER *(voz máscula)* — Uma que morreu?

ALAÍDE *(espantada, olhando para todas)* — Morreu?

2ª MULHER *(para as outras)* — Não morreu?

1ª MULHER *(a que joga "paciência")* — Morreu. Assassinada.

3ª MULHER *(com voz lenta e velada)* — Madame Clessi morreu! *(brusca e violenta)* Agora, saia!

ALAÍDE *(recuando)* — É mentira. Madame Clessi não morreu. *(olhando para as mulheres)* Que é que estão me olhando? *(noutro tom)* Não adianta, porque eu não acredito!...

2ª MULHER — Morreu, sim. Foi enterrada de branco. Eu vi.

ALAÍDE — Mas ela não podia ser enterrada de branco! Não pode ser.

1ª MULHER — Estava bonita. Parecia uma noiva.

ALAÍDE *(excitada)* — Noiva? *(com exaltação)* Noiva — ela? *(tem um riso entrecortado, histérico)* Madame Clessi, noiva! *(o riso, em crescendo, transforma-se em soluço)* Parem com essa música! Que coisa!

(Música cortada. Ilumina-se o plano da realidade. Quatro telefones, em cena, falando ao mesmo tempo. Excitação.)

PIMENTA — É o *Diário*?

REDATOR — É.

PIMENTA — Aqui é o Pimenta.

CARIOCA-REPÓRTER — É *A Noite*?

PIMENTA — Um automóvel acaba de pegar uma mulher.

REDATOR D'*A NOITE* — O que é que há?

PIMENTA — Aqui na Glória, perto do relógio.

CARIOCA-REPÓRTER — Uma senhora foi atropelada.

REDATOR DO *DIÁRIO* — Na Glória, perto do relógio?

REDATOR D'*A NOITE* — Onde?

CARIOCA-REPÓRTER — Na Glória.

PIMENTA — A assistência já levou.

CARIOCA-REPÓRTER — Mais ou menos no relógio. Atravessou na frente do bonde.

REDATOR D'*A NOITE* — Relógio.

PIMENTA — O chofer fugiu.

REDATOR DO *DIÁRIO* — O.k.

CARIOCA-REPÓRTER — O chofer meteu o pé.

PIMENTA — Bonita, bem vestida.

REDATOR D'*A NOITE* — Morreu?

CARIOCA-REPÓRTER — Ainda não. Mas vai.

(Trevas. Ilumina-se o plano da alucinação.)

ALAÍDE *(trazendo, de braço, a 1ª mulher, para um canto)* — Aquele homem ali. Quem é?

(Indica um homem que acaba de entrar e que fica olhando para Alaíde.)

3ª MULHER — Sei lá! *(noutro tom)* Vem aos sábados.

ALAÍDE *(aterrorizada)* — Tem o rosto do meu marido. *(recua, puxando a outra)* A mesma cara!

3ª MULHER — Você é casada?

ALAÍDE *(fica em suspenso)* — Não sei. *(em dúvida)* Me esqueci de tudo. Não tenho memória — sou uma mulher sem memória. *(impressionada)* Mas todo o mundo tem um passado, eu também devo ter — ora essa!

3ª MULHER *(em voz baixa)* — Você o que é, é louca.

ALAÍDE *(impressionada)* — Sou louca? *(com doçura)* Que felicidade!

2ª MULHER *(aproximando-se)* — O que é que vocês estão conversando aí?

3ª MULHER *(para Alaíde)* — Isso é aliança?

ALAÍDE *(mostrando o dedo)* — É.

3ª MULHER *(olhando)* — Aliança de casamento.

2ª MULHER — A da minha irmã é mais fina.

3ª MULHER *(cética)* — Grossa ou fina, tanto faz. *(dá passos de dança)*

ALAÍDE *(excitada)* — Oh! meu Deus! Madame Clessi! Madame Clessi! Madame Clessi!

(O homem solitário aproxima-se. Alaíde afasta-se com a 3ª mulher.)

ALAÍDE — Ele vem aí! Digam que eu não sou daqui! Depressa! Expliquem!

3ª MULHER *(fala dançando samba)* — Eu dizer o quê, minha filha!

O HOMEM — É nova aqui?

ALAÍDE *(modificando a atitude inteiramente)* — Não, não sou nova. Não tinha me visto ainda?

O HOMEM *(sério)* — Não.

ALAÍDE *(excitada, mas amável)* — Pois admira. Estou aqui — deixe ver. Faz uns três meses...

O HOMEM — Agora me lembro perfeitamente.

ALAÍDE *(sardônica)* — Lembra-se de mim?

O HOMEM — Me lembro, sim.

ALAÍDE *(cortante)* — Bufão!

O HOMEM *(espantado)* — O quê?

2ª MULHER *(apaziguadora)* — Desculpe, doutor. Ela é louca. *(para Alaíde)* Madame não gosta disso!

O HOMEM — Por que é que põem uma louca aqui?

ALAÍDE *(excitada)* — Bufão, sim. *(desafiadora)* Diga se já me viu alguma vez? Diga, se tem coragem!

O HOMEM *(formalizado)* — Vou-me queixar à madame. Não está direito!

2ª MULHER *(para Alaíde, repreensiva)* — Viu? Estou dizendo!

ALAÍDE — Diga! Já me viu? Eu devia esbofeteá-lo...

O HOMEM *(oferecendo a face)* — Quero ver.

ALAÍDE *(numa transição inesperada)* — ...mas não quero. *(passa da violência para a doçura)* Estou sorrindo — viu? Aquilo não foi nada! *(sorri docemente)*

O HOMEM — Vamos sentar ali?

ALAÍDE *(sorrindo sempre)* — Estou sorrindo, sem vontade. Nenhuma. Vou com você — nem sei por quê. Sou assim. *(doce)* Vamos, meu amor?

O HOMEM *(desconfiado)* — Por que é que você está vestida diferente das outras? *(as outras estão vestidas de cetim vermelho, amarelo e cor-de-rosa)*

ALAÍDE *(doce)* — Viu como eu disse — "meu amor"! Eu direi outras vezes — "meu amor" — e coisas piores! Madame Clessi está demorando! *(noutro tom)* Mas ela morreu mesmo?

O HOMEM *(numa gargalhada)* — Madame Clessi morreu — gorda e velha.

ALAÍDE *(num transporte)* — Mentira! *(agressiva)* Gorda e velha o quê! Madame Clessi era linda. *(sonhadora)* Linda!

O HOMEM *(continuando a gargalhada e sentando-se no chão)* — Tinha varizes! Andava gemendo e arrastando os chinelos!

ALAÍDE *(obstinada)* — Mulher gorda, velha, cheia de varizes, não é amada! E ela foi tão amada! *(feroz)* Seu mentiroso! *(Alaíde esbofeteia o homem, que corta bruscamente a gargalhada) (A 3ª mulher vem, em passo de samba, e acaricia a cabeça do homem)*

1ª MULHER — Ele disse a verdade. Madame tinha varizes.

ALAÍDE *(sonhadora)* — Depois de morta foi vestida de noiva!

1ª MULHER — Bobagem ser enterrada com vestido de noiva!

ALAÍDE *(angustiada)* — Madame Clessi! Madame Clessi!

O HOMEM *(levantando-se, grave)* — Agora vou-me embora. Fui esbofeteado e é o bastante.

ALAÍDE *(com uma amabilidade nervosa)* — Ah! Já vai? Quer o número do meu telefone?

O HOMEM *(sem dar atenção)* — Nunca fui tão feliz! Levei uma bofetada e não reagi. *(cumprimentando exageradamente)* Me dão licença.

ALAÍDE *(correndo atrás dele)* — Não vá assim! Fique mais um pouco!

O HOMEM — Adeus, madame. *(sai)*

(A 3ª mulher dança com uma sensualidade ostensiva. Passa o empregado, de volta, com a vassoura, o pano de chão e o balde.)

ALAÍDE *(saturada)* — Ah! meu Deus! Esse também!

1ª MULHER — Quem?

ALAÍDE — Aquele. Tem a cara do meu noivo. Os olhos, o nariz do meu noivo — estão-me perseguindo. Todo o mundo tem a cara dele.

(Duas mesas e três mulheres desaparecem. Duas mulheres levam duas cadeiras. As duas mesas são puxadas para cima. Surge na escada uma mulher. Espartilhada, chapéu de plumas. Uma elegância antiquada de 1905. Bela figura. Luz sobre ela.)

ALAÍDE *(num sopro de admiração)* — Oh!

MADAME CLESSI — Quer falar comigo?

ALAÍDE *(aproximando-se, fascinada)* — Quero, sim. Queria...

MADAME CLESSI — Vou botar um disco. *(dirige-se para a invisível vitrola, com Alaíde atrás)*

ALAÍDE — A senhora não morreu?

MADAME CLESSI — Vou botar um samba. Esse aqui não é muito bom. Mas vai assim mesmo.

(Samba surdinando.)

MADAME CLESSI — Está vendo como estou gorda, velha, cheia de varizes e de dinheiro?

ALAÍDE — Li o seu diário.

MADAME CLESSI *(cética)* — Leu? Duvido! Onde?

ALAÍDE *(afirmativa)* — Li, sim. Quero morrer agora mesmo, se não é verdade!

MADAME CLESSI — Então diga como é que começa. *(Clessi fala de costas para Alaíde)*

ALAÍDE *(recordando)* — Quer ver? É assim... *(ligeira pausa)* "ontem, fui com Paulo a Paineiras..." *(feliz)* É assim que começa.

MADAME CLESSI *(evocativa)* — Assim mesmo. É.

ALAÍDE *(perturbada)* — Não sei como a senhora pôde escrever aquilo! Como teve coragem! Eu não tinha!

MADAME CLESSI *(à vontade)* — Mas não é só aquilo. Tem outras coisas.

ALAÍDE *(excitada)* — Eu sei. Tem muito mais. Fiquei!... *(inquieta)* Meu Deus! Não sei o que é que eu tenho. É uma coisa — não sei. Por que é que eu estou aqui?

MADAME CLESSI — É a mim que você pergunta?

ALAÍDE *(com volubilidade)* — Aconteceu uma coisa, na minha vida, que me fez vir aqui. Quando foi que ouvi seu nome pela primeira vez? *(pausa)* Estou-me lembrando!

(Entra o cliente anterior com guarda-chuva, chapéu e capa. Parece boiar.)

ALAÍDE — Aquele homem! Tem a mesma cara do meu noivo!

MADAME CLESSI — Deixa o homem! Como foi que você soube do meu nome?

ALAÍDE — Me lembrei agora! *(noutro tom)* Ele está-me olhando. *(noutro tom, ainda)* Foi uma conversa que eu ouvi quando a gente se mudou. No dia mesmo, entre papai e mamãe. Deixe eu me recordar como foi... Já sei! Papai estava dizendo: "O negócio acabava..."

(Escurece o plano da alucinação. Luz no plano da memória. Aparecem pai e mãe de Alaíde.)

PAI *(continuando a frase)* — "...numa orgia louca."

MÃE — E tudo isso aqui?

PAI — Aqui, então?!

MÃE — Alaíde e Lúcia morando em casa de madame Clessi. Com certeza, é no quarto de Alaíde que ela dormia. O melhor da casa!

PAI — Deixa a mulher! Já morreu!

MÃE — Assassinada. O jornal não deu?

PAI — Deu. Eu ainda não sonhava conhecer você. Foi um crime muito falado. Saiu fotografia.

MÃE — No sótão tem retratos dela, uma mala cheia de roupas. Vou mandar botar fogo em tudo.

PAI — Manda.

(Apaga-se o plano da memória. Luz no plano da alucinação.)

ALAÍDE *(preocupada)* — Mamãe falou em Lúcia. Mas quem é Lúcia? Não sei. Não me lembro.

MADAME CLESSI — Então vocês foram morar lá? *(nostálgica)* A casa deve estar muito velha.

ALAÍDE — Estava, mas Pedro... *(excitada)* Agora me lembrei: Pedro. É meu marido! Sou casada. *(noutro tom)* Mas essa Lúcia, meu Deus! *(noutro tom)* Eu acho que estou ameaçada de morte! *(assustada)* Ele vem para cá. *(refere-se ao homem solitário que se aproxima)*

CLESSI — Deixa.

ALAÍDE *(animada)* — Pedro mandou reformar tudo, pintar. Ficou nova, a casa. *(noutro tom)* Ah! eu corri ao sótão, antes que mamãe mandasse queimar tudo!

CLESSI — Então?

ALAÍDE — Lá vi a mala — com as roupas, as ligas, o espartilho cor-de-rosa. E encontrei o diário. *(arrebatada)* Tão lindo, ele!

CLESSI *(forte)* — Quer ser como eu, quer?

ALAÍDE *(veemente)* — Quero, sim. Quero.

CLESSI *(exaltada, gritando)* — Ter a fama que eu tive. A vida. O dinheiro. E morrer assassinada?

ALAÍDE *(abstrata)* — Fui à Biblioteca ler todos os jornais do tempo. Li tudo!

CLESSI *(transportada)* — Botaram cada anúncio sobre o crime! Houve um repórter que escreveu uma coisa muito bonita!

ALAÍDE *(alheando-se bruscamente)* — Espera, estou-me lembrando de uma coisa. Espera. Deixa eu ver! Mamãe dizendo a papai.

(Apaga-se o plano da alucinação. Luz no plano da memória. Pai e mãe.)

MÃE — Cruz! Até pensei ter visto um vulto — ando tão nervosa. Também esses corredores! A alma de madame Clessi pode andar por aí... e...

PAI — Perca essa mania de alma! A mulher está morta, enterrada!

MÃE — Pois é...

(Apaga-se o plano da memória. Luz no plano da alucinação.)

CLESSI — Mas o que foi?

ALAÍDE — Nada. Coisa sem importância que eu me lembrei. *(forte)* Quero ser como a senhora. Usar espartilho. *(doce)* Acho espartilho elegante!

CLESSI — Mas seu marido, seu pai, sua mãe e… Lúcia?

HOMEM *(para Alaíde)* — Assassina!

(Apaga-se o plano da alucinação. Luz no plano da realidade. Sala de operação.)

1º MÉDICO — Pulso?

2º MÉDICO — 160.

1º MÉDICO — Rugina.

2º MÉDICO — Como está isso!

1º MÉDICO — Tenta-se uma osteossíntese!

3º MÉDICO — Olha aqui.

1º MÉDICO — Fios de bronze.

(Pausa.)

1º MÉDICO — O osso!

3º MÉDICO — Agora é ir até o fim.

1º MÉDICO — Se não der certo, faz-se a amputação.

(Rumor de ferros cirúrgicos.)

1º MÉDICO — Depressa!

(Apaga-se a sala de operação. Luz no plano da alucinação.)

HOMEM *(para Alaíde, sinistro)* — Assassina!

CLESSI *(espantada)* — O quê?

HOMEM *(indicando)* — Ela! Assassina!

CLESSI *(para Alaíde)* — Você?

ALAÍDE *(nervosíssima)* — Não me pergunte nada. Não sei. Não me lembro. *(num lamento)* Se, ao menos, soubesse quem é Lúcia!

HOMEM *(angustiado)* — Não tem ninguém aqui? Quero chope!

ALAÍDE *(em pânico)* — Ele quer-me prender! Não deixe!

CLESSI *(assombrada)* — Você… Matou? Você?

ALAÍDE *(desesperada)* — Matei, sim. Matei, pronto!

HOMEM *(queixoso)* — Meu Deus! Não tem ninguém para me servir. *(com angústia)* Ninguém! *(olha para Alaíde)* Assassina!

ALAÍDE *(patética)* — Matei. Matei meu noivo.

HOMEM — Ela disse — "matei meu noivo". Foi. Eu assisti.

ALAÍDE — Não assistiu nada! Não tinha ninguém. Lá não tinha ninguém! E não foi meu noivo. Foi meu marido!

CLESSI *(frívola)* — Marido ou noivo, tanto faz.
ALAÍDE *(histérica, para o homem)* — Agora me leve, me prenda — sou uma assassina.
HOMEM — Não prendo. Não tenho nada com isso! *(angustiado)* Não há ninguém para me servir? *(melancólico)* Ninguém!
CLESSI — O senhor tem a cara do marido de Alaíde?
ALAÍDE — Tem, sim. Ele vai dizer que não, mas tem.
HOMEM *(grave)* — Tenho...

(O homem afasta-se. Mesa desaparece. O homem carrega a cadeira.)

HOMEM — Quando quiser carregar o corpo, eu ajudo. *(sai)*
ALAÍDE — Ele está ali. Ali.
CLESSI *(admirada)* — Ele quem?
ALAÍDE *(baixo)* — Meu marido.
CLESSI — Vivo?
ALAÍDE — Morto.

(Alaíde guia Clessi. Aponta para um invisível cadáver.)

ALAÍDE — Viu?
CLESSI — Estou vendo. Mas você?...
ALAÍDE — Eu. Olha os pés. Assim — tortos. *(faz a mímica correspondente)*

(Buzina. Rumor de derrapagem. Ambulância. Alaíde e Clessi imóveis.)

CLESSI — Mas por que fez isso?
ALAÍDE *(excitada)* — Ele era bom, muito bom. Bom a toda hora e em toda parte. Eu tinha nojo de sua bondade. *(pensa, confirma)* Não sei, tinha nojo. Estou-me lembrando de tudo, direitinho, como foi. Naquele dia eu disse: "Eu queria ser madame Clessi, Pedro. Que tal?"

(Apaga-se o plano da alucinação. Luz no plano da memória.)

PEDRO — Você continua com essa brincadeira?
ALAÍDE — Brincadeira o quê? Sério!
PEDRO — Não me aborreça, Alaíde!
ALAÍDE — O que é que você fazia?
PEDRO — Não sei. *(rápido)* Matava você.
ALAÍDE *(cética)* — Duvido. Nunca que você teria essa coragem!
PEDRO *(olhando-a)* — É. Não teria.
ALAÍDE — Não disse? Mas se eu fugisse, se me transformasse numa madame Clessi?

PEDRO — Sei lá, Alaíde! Sei lá!

ALAÍDE *(perversa)* — Ah! É assim que você responde? Pois fique sabendo...

PEDRO — O quê?...

ALAÍDE *(maliciosa)* — Não digo! *(cantarola "Danúbio azul")*

PEDRO *(gritando)* — Agora diga. Diga.

ALAÍDE *(maliciosa)* — Digo o quê!

PEDRO — Então não falasse!

(Trevas. Luz no plano da alucinação, onde já está Alaíde.)

ALAÍDE *(num tom sinistro e inesperado)* — Tem alguém querendo-me matar.

CLESSI — Isso já sei. O que eu quero saber é como você matou Pedro. Como foi?

ALAÍDE — Interessante. Estou-me lembrando de uma mulher, mas não consigo ver o rosto. Tem um véu. Se eu a reconhecesse!...

CLESSI — Deixa a mulher de véu. Como foi que você matou?

ALAÍDE *(atormentada)* — Estou sentindo um cheiro de flores, de muitas flores. Estou até enjoada. *(noutro tom)* Como eu matei? Nem sei direito. Estou com a cabeça tão embaralhada! Começo a me lembrar. Só esqueci o motivo. Naquele dia eu estava doida.

(Trevas.)

VOZ DE ALAÍDE *(das trevas)* — Doida de ódio. Talvez por causa da mulher do véu. Ainda não sei quem ela é, mas hei de me lembrar. Pedro estava lendo um livro.

(Luz no plano da memória. Pedro lê um livro.)

ALAÍDE *(provocadora)* — Você não acaba com esse livro?

PEDRO — Mas, minha filha, comecei agora!

ALAÍDE *(com irritação)* — Por causa dos seus livros você até esquece que eu existo!

PEDRO *(conciliatório)* — Não seja boba! *(levanta-se, quer abraçar a mulher)*

ALAÍDE *(repelindo-o)* — Fique quieto! Não, não, já disse!

(Pedro insiste.)

ALAÍDE *(sentida)* — Não quero! Vá ler seu livro, vá!

PEDRO (*brincando*) — Não vou!

VOZ DE CLESSI (*microfone*) — Quem é essa mulher de véu?

PEDRO — Não seja assim, Alaíde!

ALAÍDE (*veemente*) — Não seja assim o quê! Você nem me liga e agora está com esses fingimentos.

PEDRO (*afetuoso*) — Deixe de ser criança! Venha cá! Um beijinho só!

ALAÍDE (*intransigente*) — Não, não vou, não! Desista. (*ameaçadora*) Pedro! (*repele-o*) Também vou ler!

PEDRO — O quê?

ALAÍDE (*enigmática*) — Você nem faz idéia! Um diário! O diário de uma grande mulher!

(*Trevas.*)

ALAÍDE (*nas trevas, ao microfone*) — Ele não sabia por que eu estava mudada. Tão mudada. Como podia saber que era um fantasma — o fantasma de madame Clessi — que me enlouquecia?

VOZ DE CLESSI (*microfone*) — Só o meu fantasma, não. E os outros dois fantasmas? A mulher de véu e Lúcia?

VOZ DE ALAÍDE — Depois, eu vejo isso. (*noutro tom*) Se ele soubesse que ia morrer!...

(*Luz no plano da memória. Pedro lê.*)

ALAÍDE (*provocante*) — Pedro. (*diz o nome de maneira cantante, destacando as sílabas, PE-DRO; silêncio de Pedro*) Ah! está assim, hem!

PEDRO (*sem se voltar*) — Quem manda você fazer o que fez?

ALAÍDE — Eu não fiz nada!

PEDRO — Me repeliu!

ALAÍDE — Repeli, sim. Eu não gosto de você! Deixei de gostar há muito tempo! Desde o dia de nosso casamento...

PEDRO (*levanta-se e aproxima-se*) — Bobinha!

ALAÍDE — Sério!

(*Os dois se olham.*)

ALAÍDE (*ficando de costas*) — Gosto de outro.

PEDRO (*apreensivo*) — Alaíde! Olhe o que eu lhe disse!

ALAÍDE (*acintosa*) — Gosto, sim. Gosto de outro. Que é que está me olhando?

PEDRO (*com certa ameaça*) — Não continue, Alaíde!

ALAÍDE — No mínimo, você está pensando: "Se ela gostasse de outro, não diria." Acertei?

PEDRO — Você é completamente doida!

ALAÍDE — Por que é que você não se ofende com as coisas que estou dizendo?

PEDRO — Vou ligar ao que você diz?!

ALAÍDE *(irônica)* — Ah! Não! *(exaltada)* Você faz mal em dizer que não mataria nunca a sua mulher!... Um marido que dá garantias de vida está liquidado.

PEDRO *(irritado)* — Não provoque, Alaíde!

ALAÍDE *(exaltada)* — Vou abandonar você, fugir daqui! Quero ser livre, meu filho! Livre! Tão bom!

PEDRO *(impulsivo, pega-lhe o braço, torce-lhe o pulso. Terrível)* — Não disse para não me provocar — não disse?

ALAÍDE *(desesperada)* — Ai — ai! Eu estava brincando, Pedro. Ai! Ai!

PEDRO *(sinistro)* — Nunca mais na sua vida brinque assim — nunca mais! Ouviu?

ALAÍDE *(louca de dor)* — Pelo amor de Deus, Pedro — ai. Não, Pedro! Juro...

(Pedro larga. Alaíde esconde o braço machucado nas costas.)

ALAÍDE *(ofegando)* — Você me machucou. Eu estava brincando só...

(Pedro vira-lhe as costas. Acende, com a mão trêmula, um cigarro. Volta-se para Alaíde.)

ALAÍDE *(deixando cair a pulseira)* — Pedro, minha pulseira caiu. Quer apanhar para mim? Quer?

(Pedro vai apanhar. Abaixa-se. Rápida e diabólica, Alaíde apanha um ferro, invisível, ou coisa que o valha, e, possessa, entra a dar golpes. Pedro cai em câmara lenta.)
(Trevas.)

VOZ DE ALAÍDE *(microfone)* — Eu bati aqui detrás, acho que na base do crânio. Ele deu arrancos antes de morrer, como um cachorro atropelado.

VOZ DE CLESSI *(microfone)* — Mas como foi que você arranjou o ferro?

VOZ DE ALAÍDE *(microfone)* — Sei lá! Apareceu! *(noutro tom)* Às vezes penso que ele pode estar vivo! Não sei de nada, meu Deus! Nunca pensei que fosse tão fácil matar um marido.

(Luz no plano da alucinação. Alaíde e Clessi sentadas no chão e no lugar em que, supostamente, está o cadáver invisível. As duas olham.)

CLESSI — Vamos carregar o homem?

CLESSI *(acariciando o morto presumivelmente na cabeça)* — Coitado!

ALAÍDE — Um morto é bom, porque a gente deixa num lugar e quando volta ele está na mesma posição.

CLESSI — Você está mesmo sentindo um cheiro de flores?

ALAÍDE *(agitada)* — Vamos carregar? *(noutro tom)* Mas para onde, meu Deus! Não tem lugar!

CLESSI — A gente esconde debaixo da cama.

ALAÍDE *(desesperada)* — Mas ele não pode ficar lá a vida inteira. O empregado — quando for arrumar o quarto — descobre.

CLESSI — Aqui é pior. Pode vir a polícia.

ALAÍDE *(agoniada)* — Vamos logo, então?!

CLESSI *(explicando)* — Olha, eu puxo por um braço e você por outro.

ALAÍDE — Arrastando o corpo, faz-se menos força.

(Cada uma puxa pelo braço de um invisível cadáver, arrastando-o. Realizam o respectivo esforço. Arquejam.)

ALAÍDE *(ofegando)* — Isso como pesa! *(as duas detêm-se. Fazem como se, cuidadosamente, estendessem o corpo da vítima no chão. Clessi passa por cima do cadáver)*

CLESSI *(sentando-se no chão)* — Você agora não está com pena dele?

ALAÍDE *(excitada)* — Pena, eu? Pena nenhuma! Só ódio! *(noutro tom)* Meu Deus, o que é que ele fez? *(confusa e angustiada)* O que foi?

CLESSI — Eu não sei, minha filha.

ALAÍDE *(angustiada)* — Não consigo me lembrar. Mas fez alguma coisa, sim. No mínimo, a mulher de véu está metida nisso!...

CLESSI — E Lúcia também.

(Entra o homem de capa e guarda-chuva. Aproxima-se. As duas olham, sem dizer palavra.)

HOMEM *(perto de Alaíde)* — Assassina!

(Imobilizam-se, emudecem os personagens. Rumor de derrapagem; grito. Ambulância.)

ALAÍDE — Que é que está me olhando? Nunca me viu? *(noutro tom)* Prenda — ande, está com medo? *(para Clessi)* Você ouviu um grito? Vamos para a polícia?

HOMEM — Assassina!

(Trevas. Luz no plano da memória. Quatro jornaleiros, um em cada arco.)

1º PEQ. JORNALEIRO — Olha. *A NOITE!* O *DIÁRIO*! A mulher que matou o marido!
2º PEQ. JORNALEIRO — Vai querer? *A NOITE!* O *DIÁRIO*! Tragédia em Copacabana!
3º PEQ. JORNALEIRO — *A NOITE! DIÁRIO*! Morreu o coisa!
4º PEQ. JORNALEIRO — *DIÁRIO!* Violento artigo! Já leu aí?
1º PEQ. JORNALEIRO — Olha a mulher que engoliu um tijolo! O *DIÁRIO*!

(Os quatro jornaleiros repetem, ao mesmo tempo, os pregões acima. Trevas. Luz no plano da alucinação.)

ALAÍDE *(angustiada)* — Papai e mamãe, todo o mundo vai ler nos jornais. Vão pôr o meu retrato!
HOMEM — Por que você matou seu marido?
CLESSI *(intervindo)* — Ele era muito ruim! O doutor não imagina!
ALAÍDE *(veemente)* — Ruim nada! Era até muito bom. *(excitada)* Nobre!
CLESSI — Boba! Você estragou tudo!
ALAÍDE — Mas eu não me lembro por que matei — não me lembro!
HOMEM — Eu sei.
ALAÍDE — Então diga.
HOMEM — Há mulher no meio. *(confidencial)* Uma mulher de véu. Tem um véu tapando o rosto. Percebeu?
ALAÍDE *(surpresa)* — Uma mulher de véu? *(animada)* Mas o senhor então deve saber quem é ela. Tem que saber! Diga!
HOMEM — Não digo. *(cumprimenta)* Com licença. Adeus! *(antes de desaparecer)* Lembre-se de seu casamento! *(sai)*

(Trevas. Luz no plano da realidade. Redação e casa.)

MULHER *(gritando)* — Quem fala?
REDATOR DO *DIÁRIO* *(comendo sanduíche)* — O *DIÁRIO*.
MULHER *(esganiçada)* — Aqui é uma leitora.
REDATOR DO *DIÁRIO* — Muito bem.
MULHER — Eu moro aqui num apartamento, na Glória! Vi um desastre horrível!
REDATOR DO *DIÁRIO* — Uma mulher atropelada.
MULHER — A culpa toda foi do chofer. Eles passam por aqui, o senhor não imagina! Então, quem tem criança!...

REDATOR DO *DIÁRIO* — Claro!

MULHER — Quando a mulher viu, já era tarde! O *DIÁRIO* podia botar uma reclamação contra o abuso dos automóveis!

REDATOR DO *DIÁRIO* — Vamos, sim! *(desliga)*

MULHER *(continuando)* — Obrigada, ouviu?

(Trevas. Luz no plano da alucinação. Alaíde e Clessi no mesmo lugar. Mas no chão, deitado, está realmente um homem — o mesmo de sempre. Roupa diferente.)

ALAÍDE *(perturbada)* — Que é que tem meu casamento? Ele disse: "Lembre-se de seu casamento."

(Som da "Marcha nupcial". Alaíde levanta-se. Faz um gesto como que apanhando a cauda do invisível vestido de noiva. Faz que se ajeita.)

CLESSI — Bonito vestido! Quem foi que teve a idéia?

ALAÍDE *(transportada)* — Eu vi num filme. A grinalda é que é diferente. Mas o resto é igualzinho à fita.

(Alaíde passa ao plano da memória que se ilumina.)

PEDRO *(levantando-se naturalmente e passando também ao plano da memória) (puxa o relógio)* — Está quase na hora. Temos que andar depressa; depois do nosso, tem outro casamento.

ALAÍDE — Quer dizer que o outro casamento vai aproveitar a nossa ornamentação?

PEDRO — Deixa. Não tem importância.

ALAÍDE — Ah! Pedro!

PEDRO — Que foi?

ALAÍDE *(numa atitude inesperada)* — Me esqueci que faz mal o noivo ver a noiva antes. Não é bom! *(vira as costas)*

PEDRO — Isso é criancice! Agora não adianta! Já vi!

ALAÍDE *(suplicante)* — Vá, Pedro, vá!

(Entra a mãe de Alaíde.)

ALAÍDE *(com um ar de sonâmbula)* — O *bouquet*, mamãe?

CLESSI — Sua mãe não pode ser.

(A mãe volta em marcha a ré.)

CLESSI — Ela só apareceu depois! Você sozinha no quarto, sem ninguém, Alaíde? Uma noiva sempre tem gente perto. O quê? Você pode não se lembrar, mas lá devia ter alguém, sem ser sua mãe! Lembre-se.

("Marcha nupcial." Alaíde faz mímica de quem retoca a toilette. *O pai e a mãe de Alaíde entram, com roupa de passeio.)*

PAI — Tudo pronto?

ALAÍDE — Quase. Vão tocar mesmo a "Ave-Maria" de Gounod, papai?

PAI — Vão. Já falei na igreja.

MÃE — Está aí d. Laura.

ALAÍDE *(virando-se)* — Ah! D. Laura.

D. LAURA — Como vai?

(Beijam-se.)

ALAÍDE *(faceira, expondo-se)* — Que tal a sua nora? Muito feia?

D. LAURA — Linda. Um amor!

ALAÍDE — Olha, papai. Desculpe, d. Laura.

D. LAURA — Ora, minha filha.

ALAÍDE *(para o pai)* — Ou "Ave-Maria" de Gounod, ou, então, de Schubert. Faço questão. Outra não serve.

PAI — Já sei.

D. LAURA — De Schubert ou de Gounod, qualquer uma é muito bonita. Ah!

(D. Laura parece ter notado a presença de uma pessoa que até então não vira. Dirige-se a essa pessoa invisível, beijando-a, presumivelmente, na testa.)

D. LAURA — Desculpe. Eu não tinha visto você.

(Pausa para uma resposta que ninguém ouve.)

D. LAURA *(risonha)* — Quando é o seu?

(Pausa para outra resposta.)

D. LAURA *(maliciosa)* — Qual o quê? Está aí, não acredito! Tão moça, tão cheia de vida.

PAI *(para Alaíde, que está pronta)* — Então vamos!

(D. Laura faz um gesto qualquer para a invisível pessoa e vai para junto de Alaíde.)

D. LAURA — Cuidado com a cauda!

(D. Laura apanha a imaginária cauda e entrega-a a Alaíde.)

ALAÍDE *(num último olhar)* — Não falta mais nada?
MÃE *(olhando também)* — Nada. Acho que não.
PAI *(impaciente)* — Já é tarde. Vamos descer.

("Marcha nupcial." Trevas.)

FIM DO PRIMEIRO ATO

SEGUNDO ATO

(Inicia-se o segundo ato. Trevas. Voz de Alaíde e Clessi ao microfone.)

CLESSI — É impossível que não tenha havido mais coisas.

ALAÍDE *(impaciente com a própria memória)* — Mas não me lembro, Clessi. Estou com a memória tão ruim!...

CLESSI — Olha, Alaíde. Antes de sua mãe entrar, quando você pediu o *bouquet*, tinha alguém lá? Sem ser Pedro?

ALAÍDE *(desorientada)* — Antes de mamãe entrar?

CLESSI — Sim. Tinha que ter mais alguém. Já disse — uma noiva nunca fica tão abandonada na hora de vestir!

ALAÍDE *(como que fazendo um esforço de memória)* — Antes de mamãe entrar... Só pensando. Deixa eu ver...

(Luz no plano da memória. Alaíde, vestida realmente de noiva, está sentada numa banqueta. Agora o espelho imaginário se transformou num espelho verdadeiro, grande, quase do tamanho de uma pessoa. A grinalda não está posta ainda. Alaíde sozinha.)

CLESSI *(microfone)* — Ah! Quer ver uma coisa? Quem foi que d. Laura beijou na testa, depois que falou com você?

(Diante do espelho, Alaíde está retocando a toilette*, ajeitando os cabelos, recuando e aproximando o rosto do espelho etc.)*

CLESSI *(microfone)* — Ah! outra coisa! Quem foi que vestiu você? Foi sua mãe? Não? Pois é, Alaíde!

(Luz amortecida em penumbra. Entra uma mulher, quase que magicamente. Um véu tapa-lhe o rosto. Luz normal.)

CLESSI *(microfone)* — Não disse que tinha que ter mais gente? Olha aí! *(noutro tom)* A mulher de véu!

ALAÍDE *(nervosa como compete a uma noiva)* — Achou?

MULHER DE VÉU — Não. Remexi tudo!

ALAÍDE *(agoniada)* — Mas eu deixei a linha branca lá no seu quarto! Viu na cômoda?

MULHER DE VÉU *(taciturna)* — Vi. Não achei nada.

ALAÍDE — Na gaveta de baixo?

MULHER DE VÉU — Também.

ALAÍDE *(impaciente, retocando um detalhe da* toilette*)* — Você está tão esquisita!

(A mulher de véu procura ajeitar qualquer coisa no ombro de Alaíde.)

ALAÍDE — Quer chamar mamãe um instantinho?

(Silêncio.)

ALAÍDE *(virando-se)* — Quer chamar?

MULHER DE VÉU *(virando-lhe as costas)* — Não. Não chamo ninguém. *(agressiva)* Vá você!

ALAÍDE *(sentida, põe* rouge *lentamente; vira-se outra vez para a mulher de véu)* — Você tem alguma coisa!

MULHER DE VÉU *(de costas)* — Eu? Não tenho nada. Nada, minha filha. *(ficando de frente para Alaíde, rápida e ríspida)* Você sabe muito bem! *(violenta)* Sabe e ainda pergunta!

ALAÍDE *(levantando-se e apanhando a cauda)* — Chega. Eu mesma vou chamar.

(A mulher de véu, com rápida e sinistra decisão, coloca-se na frente de Alaíde.)

ALAÍDE *(assombrada)* — Que é isso? *(noutro tom)* Eu acho que você não está regulando bem!

MULHER DE VÉU *(intimativa)* — Sente-se aí. *(as duas se enfrentam)* Não vai chamar ninguém!

(Maquinalmente, Alaíde senta-se na banqueta, olhando, com espanto, a mulher de véu; esta mostra-se bastante excitada.)

ALAÍDE *(numa alegação ingênua)* — Mas eu preciso da linha branca!

MULHER DE VÉU — Primeiro, vamos conversar! *(sardônica)* Linha branca!

ALAÍDE — Você vai querer discutir agora! Agora!

MULHER DE VÉU *(exaltada)* — Então! Por que não será agora? Que é que tem de mais? *(noutro tom)* Eu nunca falei, nunca disse nada, mas agora você tem que me ouvir!

ALAÍDE *(gritando)* — Tem gente ouvindo! Fale baixo.

MULHER DE VÉU *(excitada)* — Então você pensa que podia roubar o meu namorado e ficar por isso mesmo?

ALAÍDE *(entre suplicante e intimativa)* — Você não vai fazer nada!

MULHER DE VÉU *(com desprezo)* — Ah! Está com medo! *(irônica)* Natural. Casamento até na porta da igreja se desmancha.

ALAÍDE *(com mais coragem)* — Mas o meu, não.

MULHER DE VÉU *(aproximando-se)* — O seu não, coitada! *(noutro tom)* O seu, sim! Você não me desafie, Alaíde, não me desafie.

ALAÍDE (*erguendo-se*) — Então não fale nesse tom!

MULHER DE VÉU (*agressiva*) — Falo, falo — e se você duvida, faço escândalo agora mesmo. Aqui, quer ver?

(*Silêncio de Alaíde.*)

MULHER DE VÉU (*ameaçadora*) — Se eu disser uma coisa que sei. Uma coisa que nem você sabe!

ALAÍDE (*baixo*) — O que é que você sabe?

MULHER DE VÉU — Se eu disser — Alaíde — duvido, e muito, que esse casamento se realize.

(*Imobilizam-se mulher de véu e Alaíde. Depois, trevas.*)

CLESSI (*microfone*) — Você parou quando a mulher de véu disse: "Duvido muito...

(*Acende-se a luz. Só Alaíde e a mulher de véu, na mesma posição da cena anterior.*)

CLESSI (*microfone, continuando*) — ...que esse casamento se realize!"

ALAÍDE — Mas o que foi que eu lhe fiz — diga? Para você estar assim?

MULHER DE VÉU (*exaltada*) — O que foi? Sua hipócrita!

ALAÍDE — Diga então o que foi!

MULHER DE VÉU — Quer dizer que não sabia que eu estava namorando Pedro?

ALAÍDE (*mais indignada*) — Aquilo, "namoro"?! Um *flirt*, um *flirt* à-toa!

MULHER DE VÉU (*mais indignada*) — Você quer dizer a mim que foi *flirt*. Quer-me convencer?

ALAÍDE (*teimosa*) — Foi.

MULHER DE VÉU (*violenta*) — E aquele beijo que ele me deu no jardim também foi *flirt*?

ALAÍDE — Sei lá de beijo! Que beijo?

MULHER DE VÉU — Está vendo como você é? Viu tudo! Você apareceu no terraço e entrou logo. Mas viu!

ALAÍDE (*desesperada*) — Eu não admito que você venha recordar essas coisas! Ele é meu noivo!

MULHER DE VÉU (*perversa*) — Viu ou não viu?

ALAÍDE — Não!

MULHER DE VÉU — Viu, sim!

ALAÍDE (*patética*) — Por que é que você não protestou antes? Por que não falou na hora?

MULHER DE VÉU — Porque não quis. Quis ver até onde você chegava. *(noutro tom)* Esperei por este momento.

(Batem na porta.)

ALAÍDE *(em pânico)* — Olha mamãe!
MÃE *(da porta)* — Alaíde!
MULHER DE VÉU *(baixo e resoluta)* — Deixe que eu respondo!
MÃE — Vocês abrem isso?
MULHER DE VÉU *(alto)* — Já vai. *(para Alaíde, baixo)* Fique aí. Olhe o que eu lhe disse: faço um escândalo!

(A mulher de véu dirige-se na direção de uma presumível porta.)

MULHER DE VÉU *(com naturalidade)* — Já chamamos a senhora. Falta pouco.
MÃE — O que é que vocês estão fazendo aí?
MULHER DE VÉU — Alaíde já está quase pronta.
MÃE — Abre. Eu quero ver.
MULHER DE VÉU *(com intransigência brincalhona)* — Não. Só depois que acabar.
MÃE — Que meninas!
MULHER DE VÉU — Daqui a cinco minutos — está bem?
MÃE — Então andem.

(Mulher de véu volta-se para junto de Alaíde.)

ALAÍDE *(advertindo)* — Mamãe deve estar estranhando.
MULHER DE VÉU — Não faz mal. Deixa! *(noutro tom)* Se você não fosse o monstro que é.
ALAÍDE *(rápida)* — E você presta, talvez?
MULHER DE VÉU *(patética)* — Pelo menos, nunca me casei com os seus namorados! Nunca fiz o que você fez comigo: tirar o único homem que eu amei! *(com a possível dignidade dramática)* O único!
ALAÍDE — Não tenho nada com isso! Ele me preferiu a você — pronto!
MULHER DE VÉU — Preferiu o quê? Você se aproveitou daquele mês que eu fiquei de cama, andou atrás dele, deu em cima. Uma vergonha!
ALAÍDE *(sardônica)* — Por que você não fez a mesma coisa?
MULHER DE VÉU — Eu estava doente!
ALAÍDE — Por que então não fez depois? Tenho nada que você não saiba conquistar ou... reconquistar um homem? Que não seja mais mulher — tenho?

MULHER DE VÉU (*agressiva*) — O que me faltou sempre foi seu impudor.
ALAÍDE (*rápida*) — E quem é que tem pudor quando gosta?
MULHER DE VÉU (*saturada*) — Bem, não adianta discutir.
ALAÍDE (*agressiva*) — Não adianta mesmo!
MULHER DE VÉU — Mas uma coisa só eu quero que você saiba. Você a vida toda me tirou todos os namorados, um por um.
ALAÍDE (*irônica*) — Mania de perseguição!
CLESSI (*microfone*) — Então você tirou os namorados da mulher de véu? (*pausa para uma réplica de Alaíde que ninguém ouve*)
CLESSI (*microfone*) — Também você não se lembra de nada! Procure vê-la sem véu. Ela não pode ser uma mulher sem rosto. Tem que haver um rosto debaixo do véu.

(*Pausa para outra réplica não ouvida.*)

CLESSI (*microfone*) — Daqui a pouco você se lembra, Alaíde.

(*Trevas. Luz no plano da realidade. Sala de operação.*)

1º MÉDICO — Pulso?
2º MÉDICO — Cento e sessenta.
1º MÉDICO (*pedindo*) — Pinça.
2º MÉDICO — Bonito corpo.
1º MÉDICO — Cureta.
3º MÉDICO — Casada — olha a aliança.

(*Rumor de ferros cirúrgicos.*)

1º MÉDICO — Aqui é amputação.
3º MÉDICO — Só milagre.
1º MÉDICO — Serrote.

(*Rumor de ferros cirúrgicos.*)
(*A memória de Alaíde em franca desagregação. Imagens do passado e do presente se confundem e se superpõem. As recordações deixaram de ter ordem cronológica. Apaga-se o plano da memória. Luz nas escadas laterais. Dois homens aparecem no alto das escadas, cada um empunhando dois círios; descem, lentamente. A luz os acompanha. Um deles é gordo, ventre considerável, já entrado em anos; usa imensas barbas negras, cartola; o outro é um adolescente, lírico e magro. Ambos de negro, vestidos à maneira de 1905. Colocam os quatro círios; acendem. Depois do que, cumprimentam-se e vão se ajoelhar diante de um cadáver invisível. Fazem o sinal-da-cruz, com absoluta coincidência de movimentos. Os dois cavalheiros estão no plano da alucinação.*)
(*Luz no plano da memória. Alaíde e mulher de véu.*)

MULHER DE VÉU *(continuando a frase)* — ...mas com Pedro você errou. *(luz vertical sobre cada grupo)*

ALAÍDE *(levantando-se e atravessando entre os círios com ar de deboche. Luz vertical acompanha)* — Vou-me casar com ele daqui a uma hora, minha filha.

MULHER DE VÉU — Pois é por isso que eu estou dizendo que você errou. Porque vai casar!

ALAÍDE *(irônica)* — Ah! é? Não sabia!

MULHER DE VÉU — Você roubou meus namorados. Mas eu lhe vou roubar o marido. *(acintosa)* Só isso!

ALAÍDE *(numa cólera reprimida)* — Vá esperando!

(Alaíde volta para o espelho e a mulher de véu atrás.)

MULHER DE VÉU — Você vai ver. *(noutro tom)* Não é propriamente roubar.

ALAÍDE *(irônica)* — Então está melhorando.

MULHER DE VÉU — Você pode morrer, minha filha. Todo mundo não morre?

ALAÍDE — Você quer dizer talvez que me mata?

MULHER DE VÉU *(mais a sério)* — Quem sabe? *(noutro tom) (baixo)* Você acha que eu não posso matar você?

(Luz no plano da alucinação onde já está uma mulher, espartilhada, com vestido à 1905, e faz o sinal da cruz ante o invisível ataúde. A referida senhora, depois de cumprimentar os dois cavalheiros presentes, tira da bolsa um lencinho e chora em silêncio. Luz no plano da memória.)

ALAÍDE *(afirmativa)* — Você não teria coragem. Duvido!

MULHER DE VÉU — Talvez não tenha coragem para matar. Mas para isso tenho!

(Esbofeteia Alaíde. Esta recua, levando a mão à face. Luz sobre Clessi e o namorado. Clessi num récamier. *Namorado, uniforme colegial cáqui. O rapaz tem a mesma cara de Pedro. Plano da memória.)*

CLESSI *(carinhosa e maternal)* — Eu gosto de você porque você é criança! Tão criança!

FULANO *(suplicante)* — Vai? Vamos ao piquenique, amanhã?

CLESSI *(negligente)* — Onde é?

FULANO — Paquetá. Todo o mundo vai na barca das dez...

CLESSI — Não.

FULANO *(suplicante)* — Amanhã é domingo!

CLESSI *(sem lhe dar atenção)* — Tão branco — 17 anos! As mulheres só deviam amar meninos de 17 anos!

FULANO (*sempre implorando*) — Não mude de assunto! Vai? (*zangado*) Não peço mais!

CLESSI (*com doçura*) — Amanhã, não. Tenho um compromisso.

FULANO (*meigo e suplicante*) — E aquilo que eu lhe disse?

CLESSI — Não me lembro! O quê?

FULANO (*meigo e suplicante*) — Quer morrer comigo? Fazer um pacto como aqueles dois namorados da Tijuca?

CLESSI (*sempre terna*) — Lindo! Tem os cabelos tão finos!

(Luz sobre Alaíde e a mulher de véu.)

ALAÍDE (*superior*) — Pode dizer o que quiser. (*irritante*) Sou eu que vou casar, não é? Então não faz mal.

MULHER DE VÉU — Outra coisa: você está crente de que ele é só seu, não está?

(Silêncio superior de Alaíde.)

MULHER DE VÉU — Está mais do que crente, é claro! Pois olhe: sabe quem é esse namorado que eu arranjei? Tantas vezes vim conversar com você sobre ele! Contar cada passagem, meu Deus! (*com ironia*) Pois olhe: esse namorado era seu noivo. Seu noivo, apenas!

ALAÍDE (*cortante*) — Mentira! Não acredito!

MULHER DE VÉU (*superior*) — Então é — então é mentira!

ALAÍDE (*afirmativa*) — Nunca, nunca que ele lhe daria essa confiança!

MULHER DE VÉU (*irritante*) — Mas não é isso que interessa.

ALAÍDE (*agressiva*) — Mentirosa!

MULHER DE VÉU — O que interessa é que você vai morrer. Não sei como, mas vai e eu então... me casarei com o viúvo. Só. Tipo da coisa natural, séria, uma mulher se casar com um viúvo.

(Alaíde senta-se. Mergulha o rosto entre as mãos. Luz no plano da alucinação.)

HOMEM DE BARBA (*num gesto largo e voz grave, redonda oratória*) — Está irreconhecível.

MULHER INATUAL — Também, uma navalhada no rosto!

HOMEM DE BARBA (*descrevendo o golpe*) — Pegou tudo isso aqui!

RAPAZ ROMÂNTICO (*lírico*) — Foi tão bonita — nem parece!

(A mulher aproxima-se do invisível caixão e faz que levanta um lenço que estaria sobre o rosto de um cadáver invisível. Luz sobre Alaíde e a mulher de véu.)

ALAÍDE (*ameaçadora*) — Vou dizer a Pedro o que você me contou!

MULHER DE VÉU — Se disser, vai ver o escândalo que eu faço! Experimente!

(Batem na porta.)

MULHER DE VÉU — Quem é?

MÃE — Sou eu!

MULHER DE VÉU — Agora está quase no fim.

MÃE — Mas parece brincadeira!

MULHER DE VÉU *(cinicamente suplicante)* — Só mais um pouquinho. Depois, nós chamamos. Está bem?

(Luz no plano da alucinação. Outro diálogo, junto ao caixão fantástico, enquanto a mulher de véu volta para junto de Alaíde.)

MULHER INATUAL — Que horas são?

HOMEM DE BARBA *(consultando o relógio de corrente)* — Três horas da manhã.

RAPAZ ROMÂNTICO *(patético)* — Pensei que fosse mais.

HOMEM DE BARBA *(tira laboriosamente um vasto lenço do bolso traseiro da calça) (assoa-se estrepitosamente)* — Tudo porque ela não quis ir a um piquenique.

MULHER INATUAL — Dizem que tinham combinado morrer juntos. Na hora, ela não quis. Ele então...

HOMEM DE BARBA — Me disseram o negócio do piquenique.

MULHER INATUAL *(filosófica)* — Dizem tanta coisa! A gente nunca sabe!

(Luz no plano da memória. A mulher de véu aproxima-se de Alaíde, depois de apanhar a grinalda.)

MULHER DE VÉU *(fria)* — E a grinalda?

ALAÍDE *(recuando o corpo)* — Deixe que eu ponho!

MULHER DE VÉU — Eu mesma ponho. Já fiz tudo. Faço mais isso.

ALAÍDE *(com rancor, olhando-a)* — Foi por isso que você pediu a mamãe para me vestir.

MULHER DE VÉU *(violenta)* — Foi.

ALAÍDE *(chorosa)* — E eu, boba, sem desconfiar! Também a mamãe deixou!

(Mulher de véu quer colocar a grinalda.)

ALAÍDE *(como que fugindo a um contato repelente)* — E não me toque!

(Batem na porta.)

MULHER DE VÉU (*exasperada*) — Oh! Meu Deus, será possível?
ALAÍDE (*sombria*) — Então você deseja minha morte!
PEDRO (*da porta*) — Alaíde!
MULHER DE VÉU (*noutro tom*) — Pedro!
ALAÍDE (*noutro tom*) — Já vai, Pedro. (*para a mulher de véu, ríspida*) Vá abrir.
MULHER DE VÉU (*baixo*) — Não diga nada do que eu lhe disse. Senão já sabe!

(*As duas olham-se rapidamente. A mulher de véu vai abrir a porta. Alaíde coloca a grinalda.*)

PEDRO (*jovial*) — D. Lígia está indignada. Me disse que vocês se trancaram aí e não deixam ninguém entrar.
CLESSI (*microfone*) — Mas que coisa fizeram com você!
ALAÍDE (*natural*) — Bobagem de mamãe!

(*A mulher de véu, fechada, permanece a distância.*)

PEDRO (*curvando-se*) — Um beijinho!
ALAÍDE (*ainda olhando para o espelho*) — Você dá ou pede?
PEDRO — Peço.
ALAÍDE (*com dengue*) — Assim estraga a minha pintura. E, além disso... (*Alaíde indica a mulher de véu*)
PEDRO (*cínico*) — Ela finge que não vê!
MULHER DE VÉU — Até vou-me embora!
ALAÍDE (*cheia de ironia*) — Ela é muito escrupulosa, Pedro! Você não imagina!
CLESSI (*microfone*) — Se fosse comigo, eu desmanchava o casamento!
MULHER DE VÉU (*com lentidão calculada*) — Você se lembra do que eu lhe disse, Alaíde?
PEDRO (*curioso*) — O que foi?
ALAÍDE — Nada. Coisa sem importância.
PEDRO (*perverso, para a mulher de véu*) — Você tem namorado?
MULHER DE VÉU (*fria*) — Por quê?
PEDRO (*cínico*) — Por nada. Seu gênio é tão esquisito!
MULHER DE VÉU — Tenho. (*com perversidade*) Tive. Ele vai-se casar com outra.
PEDRO — Então o homem é um vilão autêntico!
MULHER DE VÉU — É.
ALAÍDE (*sardônica*) — Não faz mal. Ela gosta dele assim mesmo.
MULHER DE VÉU — E gosto, sim. Ninguém tem nada com isso!
PEDRO (*já para sair*) — Deixem d. Lígia entrar, antes que ela chore.

ALAÍDE (*ríspida*) — Mamãe é muito boba. Ainda pede licença para entrar no quarto da filha! Fica do lado de fora, implorando!

PEDRO — Está quase na hora. Temos que andar depressa; depois do nosso, há outro casamento.

ALAÍDE (*queixosa*) — Quer dizer que o outro casamento vai aproveitar a nossa ornamentação?

PEDRO (*displicente*) — Deixa. Não tem importância.

ALAÍDE (*queixosa*) — Ah! Pedro!

PEDRO — Que foi?

ALAÍDE (*virando-se de costas com dengue*) — Me esqueci que faz mal o noivo ver a noiva antes. Não é bom.

PEDRO (*com bom humor*) — Isso é criancice! Agora não adianta! Já vi!

ALAÍDE — Vá, Pedro, vá!

(Imobilizam-se e emudecem Alaíde e a mulher de véu.)

CLESSI (*microfone*) — Bem. O resto já sei, Alaíde. (*noutro tom*) O quê?

(Parece ouvir um aparte que ninguém ouve.)

CLESSI (*microfone*) — Ah, você tinha pulado outra coisa? Que foi?

MULHER DE VÉU — Nós somos três cínicos: eu, você e ele. Você ainda é pior, porque quer ser inocente até o fim.

ALAÍDE (*com raiva concentrada*) — É melhor eu calar minha boca!

MULHER DE VÉU — Ele tão natural, perguntando: "Você tem namorado?" Que idéia ele faz de nós, meu Deus!

ALAÍDE (*revoltada*) — Eu sei que idéia!

MULHER DE VÉU (*veemente*) — De mim, que sou uma pervertida! De você, que é uma idiota! (*sardônica*) Em todo o caso, prefiro mil vezes ser pervertida do que idiota!

ALAÍDE (*indignada*) — Você ainda acha preferível! Ainda diz que é!

MULHER DE VÉU (*sardônica*) — Claro, minha filha! Então não é? "Deixem d. Lígia entrar..." Como ele é infame — esse noivo que você arranjou!

ALAÍDE (*irônica*) — Assim mesmo você gosta dele!

MULHER DE VÉU — Gosto. Amo. Mas gosto sabendo o que ele é e por isso mesmo. Mas você... Ah, meu Deus. Aposto que não acredita em nada do que eu contei.

ALAÍDE (*enfurecida*) — E não acredito!

(Trevas para que novos personagens entrem no plano da memória.)

CLESSI *(microfone)* — Ah, então a pessoa que d. Laura beijou na testa — a tal que você não se lembrava quem era — é a mulher de véu? O que foi que as duas disseram naquela hora, Alaíde?

(Luz no plano da memória. A cena do quarto de Alaíde, no ponto em que dona Laura, já vestida de grande gala, está falando a uma pessoa, que é a mulher de véu. Presentes o pai e a mãe de Alaíde, também vestidos para a cerimônia.)

D. LAURA *(para a mulher de véu, que está um pouco retirada)* — Desculpe. Eu não tinha visto você.

MULHER DE VÉU — Não faz mal.

(D. Laura beija-a na testa.)

D. LAURA *(risonha)* — Quando é o seu?

MULHER DE VÉU — Tem tempo! *(noutro tom) (com certa amargura)* Nunca!

D. LAURA *(maliciosa)* — Qual o quê! Está aí, não acredito! Tão moça, tão cheia de vida!

PAI *(para Alaíde, que está pronta)* — Então, vamos.

(Som da "Marcha nupcial". D. Laura faz um gesto qualquer para a mulher de véu e vai para junto de Alaíde.)

D. LAURA *(solícita)* — Cuidado com a cauda! *(apanha a cauda, que entrega a Alaíde)*

ALAÍDE *(num último olhar)* — Não falta mais nada? *(todos olham, estando situados como no final do primeiro ato)*

MÃE *(olhando em torno)* — Não. Acho que não.

PAI *(impaciente)* — Já é tarde! Vamos descer!

(Ao som da "Marcha nupcial", saem os personagens do casamento. Fica a mulher de véu, numa atitude patética. Luz amortecida. Os dois homens do velório cochicham e afastam-se um pouco para fumar. Acendem o cigarro num dos círios e fumam.)

CLESSI *(microfone)* — Então a mulher de véu não foi?

ALAÍDE (idem) — Não.

CLESSI (idem) — Por quê?

ALAÍDE (idem) — Não quis ir. De maneira nenhuma. Não sei quem me contou depois que, enquanto nós esperávamos no salão a hora de sair, mamãe voltou para buscar a mulher de véu.

(Luz normal no plano da memória. Entra d. Lígia, apressada. A mulher de véu, na mesma posição.)

MÃE — Você ainda está aí? Todo o mundo já desceu!

MULHER DE VÉU — Eu não vou. Eu fico!

MÃE *(surpresa)* — O que é que você tem?

MULHER DE VÉU *(de costas)* — Nada.

MÃE *(desconfiada)* — Vocês duas brigaram?

MULHER DE VÉU *(impaciente)* — Não sei, não sei.

MÃE — Vamos! Não seja assim!

MULHER DE VÉU — Não vou — não adianta. Está perdendo seu tempo.

MÃE *(olhando-a, chocada)* — Mas não vai por quê?

MULHER DE VÉU *(com raiva concentrada)* — Porque não — ora essa! *(noutro tom) (de frente)* Vou lá ao casamento dessa mulher!

MÃE *(sentida)* — Oh! Isso é termo, "*mulher*"?

MULHER DE VÉU *(sardônica)* — Não tenho outro!

MÃE — Que foi isso, de repente? Vocês, tão amigas!

MULHER DE VÉU *(com amargura)* — Amigas, nós? Oh! meu Deus! Como se pode ser tão cega! *(noutro tom)* Eu ir a esse casamento, quando eu é que devia ser a noiva!

MÃE *(em pânico)* — Você está doida?

MULHER DE VÉU *(violenta)* — Eu, sim senhora, eu!

MÃE *(suspensa)* — Você gosta de Pedro! *(pausa; as duas se olham)* Então é isso?

MULHER DE VÉU *(sardônica)* — A senhora pensava que fosse o quê?

(Luz no plano da alucinação. A mulher inatual, junto ao esquife, levanta o lenço para ver a fisionomia da morta invisível. Faz uma mímica de piedade. Alaíde e Clessi aparecem no alto de uma das escadas laterais, sentadas num degrau. Penumbra no velório.)

CLESSI — Você parece maluca!

ALAÍDE *(ao lado de Clessi)* — Eu?

CLESSI — Você está fazendo uma confusão! Casamento com enterro!... Moda antiga com moda moderna! Ninguém usa mais aquele chapéu de plumas, nem aquele colarinho!

ALAÍDE *(agoniada)* — Tudo está tão embaralhado na minha memória! Misturo coisa que aconteceu e coisa que não aconteceu. Passado com o presente. *(num lamento)* É uma misturada!

CLESSI *(impaciente)* — Você fala tanto nessa mulher que morreu! Ela é o quê, afinal?

ALAÍDE *(agoniada)* — Pois é, não posso me lembrar. Não consigo! Só me lembro que estavam fazendo quarto a uma senhora com um chapéu de plumas, espartilho, e dois homens com bigodes, pastinha e colarinho alto.

CLESSI — Essa moda é antiga. Então isso foi há muito tempo.
ALAÍDE *(fazendo um esforço de memória)* — Estou vendo se me lembro de mais alguma coisa...

(O homem de barba fala, agora, sentado no chão com a mulher inatual, em franco idílio.)

HOMEM DE BARBA — Clessi nem podia pensar que hoje estaria morta!
CLESSI *(no alto da escada, levantando-se e descendo)* — Clessi... *(com espanto e medo)* Clessi!...
ALAÍDE *(triunfante, levantando-se também e descendo)* — Agora me lembro! De tudo, tudinho! Seu nome! É você — a morta é você!

(Alaíde e Clessi aproximam-se do esquife.)

CLESSI *(apontando para o seu próprio cadáver invisível)* *(com melancolia)* — Você não tinha meio de se lembrar! E eu aqui!
ALAÍDE *(excitada)*—É isso mesmo! Eu estava tão confusa! Mas agora sei. Li tudo isso na Biblioteca Nacional. Vi todas as notícias sobre o crime. O repórter descrevia tudo, até as pessoas que fizeram quarto, de madrugada...
CLESSI *(com melancolia)* — Teve muita gente no meu enterro?
ALAÍDE *(com exaltação)* — Muita! De manhã, começou a chegar gente...
CLESSI *(vaidosa)* — Quanto mais ou menos?

(O homem de barba aproxima-se do rapaz romântico.)

HOMEM DE BARBA — Só nós aqui?
RAPAZ ROMÂNTICO — Mas deixa chegar sete horas! Vai ver como fica isso!
HOMEM DE BARBA *(consultando o relógio de corrente)* — Ainda são quatro horas.

(Clessi e Alaíde sentadas junto aos dois círios.)

CLESSI *(doce)* — Enterro de anjo é mais bonito do que de gente grande.
ALAÍDE — Então mamãe disse à mulher de véu...
CLESSI *(repreensiva)* — A gente está falando numa coisa e vem você com outra muito diferente!

(Luz no plano da memória. Dona Lígia e a mulher de véu. A mulher de véu arranca o véu.)

MÃE — Já disse para você não chamar sua irmã de mulher, Lúcia!

LÚCIA *(exaltadíssima)* — Chamo, sim! Mulher, mulher e mulher!

MÃE — Vou chamar seu pai! Você não me respeita!

LÚCIA *(desafiante)* — Pode chamar! *(noutro tom)* Bater em mim ele não vai!

MÃE — Isso é coisa que se faça! Rogar praga para sua irmã!

LÚCIA — Então! Depois do que ela me fez!

MÃE *(indo sentar-se na banqueta, patética)* — A gente tem filhos...

LÚCIA *(interrompendo com violência)* — Eu mandei a senhora me botar no mundo, mandei?

MÃE *(com lágrimas, explodindo)* — E, depois, é isso!

(Entra o pai de Alaíde. Dona Lígia levanta-se, rápida. Lúcia assume uma atitude discreta. O pai vem furioso.)

PAI *(gritando)* — Vocês vêm ou não vêm?

MÃE — Vou, sim. *(disfarçando)* Estava aqui conversando...

PAI *(azedo)* — Isso é hora de conversar!?...

(Sai dona Lígia.)

PAI — E você? Não vem?

LÚCIA — Não. Eu fico.

PAI *(estranhando)* — Por quê?

LÚCIA — Não estou me sentindo bem. Se for, vou desmaiar na igreja.

PAI *(furioso)* — Está bem.

(Sai. Lúcia senta-se na banqueta. Luz no plano da alucinação.)

ALAÍDE *(evocativa)* — Você foi apunhalada por um colegial.

CLESSI *(admirada)* — Quer dizer que Lúcia e a mulher de véu são a mesma pessoa!

ALAÍDE *(sempre evocativa)* — ...um menino de 17 anos matou você. *(abstrata)* Vinte e sete de novembro de 1905. Até a data eu guardei!

CLESSI *(doce)* — Irmãs e se odiando tanto! Engraçado — eu acho bonito duas irmãs amando o mesmo homem! Não sei — mas acho!...

ALAÍDE — Você acha?

CLESSI *(a sério)* — Acho.

(Som de derrapagem. Um grito de mulher. Ambulância. Personagens imóveis.)

ALAÍDE — Mais bonito é ser assassinada por um menino. Um colegial! *(noutro tom)* Ele usava uniforme cáqui?

CLESSI *(doce e evocativa)* — De dia, sim. De noite, não.

ALAÍDE — Eu queria ter amado um menino. O seu tinha 17 anos? *(a outra confirma)* Devia ser muito branco.

CLESSI *(inquieta)* — Seria tão bom que cada pessoa morta pudesse ver as próprias feições! Eu fiquei muito feia?

ALAÍDE — O repórter disse que não. Disse que você estava linda.

CLESSI *(impressionada)* — Disse mesmo? Mas... *(pausa, com o olhar extraviado)* E o talho no rosto? *(abstrata)* Uma punhalada no rosto não é possível! Foi navalhada, não foi? *(noutro tom)* Eu queria tanto me ver morta!

(Aproxima-se dos círios. Hesita. A mulher inatual faz que levanta um invisível lenço a cobrir um invisível rosto.)

CLESSI *(espantada)* — Gente morta como fica!...

(Foge com Alaíde. A mulher inatual comenta com os companheiros de velório.)

MULHER INATUAL — Parece sorrir.

HOMEM DE BARBA *(com um gesto imenso e um tom profundo)* — Quem morre descansa.

MULHER INATUAL — O senhor é espírita?

HOMEM DE BARBA *(com um gesto ainda mais amplo)* — Respeito todas as religiões.

(Pausa. Os dois ajoelham-se, fazem o sinal-da-cruz e levantam-se.)

MULHER INATUAL *(ajeitando qualquer coisa no vestido)* — Eu acho que vou-me embora.

HOMEM DE BARBA *(depois de olhar para o lado e faunesco)* — Já?

MULHER INATUAL — É tarde.

HOMEM DE BARBA *(olhando outra vez para os lados)* — Mora longe?

MULHER INATUAL — Assim, assim. Mas o lugar é muito escuro. Fico com receio.

HOMEM DE BARBA *(concupiscente)* — Posso acompanhá-la.

MULHER INATUAL — Não vale a pena.

HOMEM DE BARBA *(com um novo gesto)* — Eu ia sair mesmo.

MULHER INATUAL — Ah, então...

(A mulher vai ao invisível caixão e faz o sinal-da-cruz. Sai com o homem de barba.)

HOMEM DE BARBA (*grave, profundo e pausado*) — Aliás, eu sou contra mulher andar sozinha tão tarde.

(O moço romântico, indignado, passa pelo invisível cadáver, faz um rápido sinal-da-cruz e segue adiante. Já ia sair, quando bate na testa, lembrando-se dos círios. Volta e apanha dois círios; o homem de barba faz o mesmo. Trevas. Luz no plano da alucinação. Pedro e Alaíde, de noivos, ajoelhados diante da cruz. Projetor solar vertical. Disco de "Ave-Maria", como de Rosa Poncelle.)

VOZ DE LÚCIA (*microfone, em crescendo*) — Eu faço escândalo. Se eu disser uma coisa que sei!... Não me desafie, Alaíde! Eu é que devia ser a noiva! Você é um monstro! O único homem que eu amei! Nunca me casei com os seus namorados! O que eu não tive foi seu impudor!...

("Ave-Maria" atenuada. De repente surge Lúcia, correndo, vestida de noiva.)

LÚCIA — Pedro!

ALAÍDE — Você?

PEDRO — Ah, você, Lúcia! Até que enfim!

(Lúcia abraça-se a Pedro. Falam-se quase boca com boca.)

LÚCIA — Demorei, meu filho, porque custei a encontrar a linha branca.

ALAÍDE — Onde é que você achou?

LÚCIA — Na cômoda. Estava na gaveta de baixo.

ALAÍDE (*triunfante*) — Eu não disse?! Eu tinha posto lá!

PEDRO (*cínico*) — Se você chegasse um pouquinho mais tarde, o casamento teria se realizado!

LÚCIA (*desprendendo-se de Pedro, gritando, com o punho erguido, como na saudação comunista*) — Eu é que devia ser a noiva!...

ALAÍDE (*excitadíssima, também com o punho erguido*) — Mentirosa! Sua mentirosa! Roubei seu namorado e agora ele é meu! Só meu!

LÚCIA (*com o punho erguido*) — Confessou. Até que enfim! Pelo menos, diga, berre: "Roubei o namorado de Lúcia!!!..."

ALAÍDE (*perturbada*) — Não digo nada! Não quero!

(Trevas.)

CLESSI (*microfone, bem lenta*) — Duas noivas! Interessante — duas noivas! Mas que foi que disse o padre, quando Lúcia apareceu? Renda da Bélgica, você mandou buscar.

Quanto custou? Não diga. Deixa ver se eu adivinho? Aposto que foi... mais ou menos...

(Luz no alto de uma das escadas laterais, no plano da realidade. Pedro, com roupa normal, falando com o médico de serviço. Projetor vertical sobre os dois.)

PEDRO *(comovido)* — Eu me chamo Pedro Moreira.

MÉDICO — Pois não.

PEDRO *(comovido)* — Sou o marido dessa senhora que está sendo operada.

MÉDICO — Caso de atropelamento, não foi?

PEDRO *(com angústia)* — Sim, doutor. Foi atropelada na Glória. Só ainda agora é que eu soube. Telefonaram para o escritório. *(expectante)* O estado dela — qual é, doutor? Muito grave?

MÉDICO *(reticente)* — Bem, o estado dela não é bom.

PEDRO *(patético)* — Não é bom? *(noutro tom)* Mas há esperança?

MÉDICO — Sempre há esperança. Está-se fazendo tudo.

PEDRO *(agoniado)* — E ela sofreu muito, doutor?

MÉDICO — Não. Nada. Chegou em estado de choque. Nem vai sofrer nada.

PEDRO *(chocado)* — Estado de choque?

MÉDICO — Foi. E isso para o acidentado é uma felicidade. Uma grande coisa. A pessoa não sente nada — nada.

(Trevas. Desce o pano rapidamente.)

FIM DO SEGUNDO ATO

TERCEIRO ATO

(Começa o terceiro ato com o teatro em trevas. Clessi e Alaíde ao microfone.)

CLESSI *(microfone)* — Talvez você não tenha assassinado seu marido.

ALAÍDE *(microfone)* — Mas eu me lembro! Foi com um ferro — bati na base do crânio! Aqui.

CLESSI *(microfone)* — Às vezes, pode ter sido sonho!

ALAÍDE *(microfone, com um acento doloroso)* — Sonho — será? Estou com a cabeça tão virada! Pode ser que tudo tenha ficado só na vontade!

CLESSI *(microfone)* — Então aconteceu o quê, na igreja?

(Luz no plano da memória. Estão Clessi e o seu namorado vestidos à maneira de 1905.)

ALAÍDE *(microfone)* — Estou sempre com a idéia de que seu namorado tinha a cara de Pedro!

(Clessi e Pedro sentados, num récamier.*)*

CLESSI *(com o mesmo vestido, mas sem chapéu)* — Quer ver meus coelhinhos no quintal?

NAMORADO *(frio)* — Não.

CLESSI *(meiga)* — Tem uns tão bonitos! *(levantam-se os dois. Ele olha-a, depois senta-se de costas para ela. Clessi anda e volta)*

CLESSI *(com impaciência e dengue)* — Ih! Você é criança demais!

NAMORADO — É o que você pensa!

CLESSI *(sentando-se, lânguida)* — Então não é?

NAMORADO *(com raiva concentrada)* — Você acha que eu sou?

CLESSI *(com languidez)* — Aceitou dinheiro de mim! *(provocadora)* Não queria, mas aceitou!

NAMORADO *(atônito)* — Mas foi você que botou no meu bolso! Insistiu!

CLESSI — Estou brincando, bobo! Aquilo não tem nada demais!

NAMORADO *(levantando-se)* — Você brinca assim comigo e um dia...

CLESSI *(brincando)* — Você me bate!

NAMORADO *(sério)* — Clessi...

CLESSI — Senta aqui!

NAMORADO (*sentando-se*) (*baixo*) — Sabe o que é que a gente podia fazer?

CLESSI (*acariciando-o nos cabelos*) — O quê?

NAMORADO — Adivinhe.

CLESSI — Diga.

NAMORADO (*baixo*) — Morrer juntos. (*face a face, os dois*) Vamos?

CLESSI (*sonhadora*) — Você se parece tanto com o meu filho que morreu! Ele tinha 14 anos, mas tão desenvolvido!

NAMORADO (*súplice*) — Quer?

CLESSI (*meiga*) — Olhe assim. (*pausa, contemplação*) Os olhos dele! Direitinho!

(Trevas. Disco de derrapagem, grito, ambulância. Luz no plano da alucinação. Pedro, Alaíde e Lúcia de noivas. Cruz.)

LÚCIA (*furiosa, punho erguido*) — Diga bem alto, para todo o mundo ouvir: "Roubei o namorado de Lúcia."

ALAÍDE — Digo, sim!

LÚCIA — Diga, quero ver!

ALAÍDE (*em alto e bom som*) — Roubei o namorado de Lúcia!

LÚCIA (*excitada*) — Viu, Pedro? Ela disse! Não teve vergonha de dizer!

ALAÍDE (*agressiva*) — Digo quantas vezes quiser!

PEDRO (*cínico*) — Briguem à vontade! Não faz mal!

ALAÍDE (*repreensiva*) — Você não devia dizer isso, Pedro. É cinismo.

LÚCIA (*sardônica*) — Mas oh! Só agora você soube que ele era cínico! Me admira muito!

ALAÍDE (*dolorosa*) — Sempre soube.

LÚCIA (*com desprezo*) — Então por que tirou Pedro de mim?

ALAÍDE — Você sempre com esse negócio de tirou — tirou! (*num transporte*) É tão bom tirar o namorado das outras. (*irônica*) Então de uma irmã...

LÚCIA (*vangloriando-se*) — Você continua pensando que ele é só seu?

ALAÍDE — Penso, não. É.

LÚCIA — Já lhe disse que é de nós duas, minha filha! Não quer acreditar — melhor!

PEDRO (*para Lúcia*) — Você não devia dizer isso! Alaíde não precisava saber!

ALAÍDE (*patética*) — Mas agora sei. Chegou tarde a recomendação.

(Entra a mãe das duas. Vem-se abanando.)

ALAÍDE (*excitada*) — Foi bom a senhora ter chegado, mamãe!

D. LÍGIA (*sempre de leque*) — Brigando outra vez!

LÚCIA (*acusadora*) — É ela, mamãe!

ALAÍDE (*indignada*) — Eu? Ainda tem coragem!... Mamãe, eles estão desejando a minha morte!

D. LÍGIA — Tire isso da cabeça, minha filha. Você não vê logo!

ALAÍDE (*patética*) — Quando eu morrer, eles vão-se casar, mamãe! Tenho certeza!

PEDRO — Você parece doida, Alaíde!

ALAÍDE (*para Lúcia*) — Diga agora o que você disse de mamãe!

LÚCIA (*virando-lhe as costas*) — Quer-me intrigar com mamãe! (*para Alaíde*) Não adianta!

D. LÍGIA (*abanando-se*) — Vamos acabar com isso! É feio!

ALAÍDE (*com escárnio*) — Ela está com medo! (*para Lúcia*) Não quer dizer?

LÚCIA (*resoluta*) — Digo, sim. É muito simples. Eu disse...

ALAÍDE (*irônica*) — Perdeu a coragem?

PEDRO (*olhando em torno*) — Não tem cadeira. Então vou-me ajoelhar. Ajoelhar também descansa.

(*Ajoelha-se diante da cruz.*)

D. LÍGIA (*repreensiva*) — Você precisa respeitar mais a religião, Pedro!

(*E vai-se sentar, ao lado de Pedro, de costas para a cruz.*)

ALAÍDE (*para Lúcia*) — Diz ou não diz?

LÚCIA (*com certa relutância*) — O que eu disse, mamãe, é que a senhora... transpira muito. Demais! Pronto! (*para Alaíde*) Viu como eu disse?

D. LÍGIA (*abanando-se com mais força*) — Mas, minha filha! Você teve coragem... Oh! Lúcia!

ALAÍDE (*na sua cólera*) — Mas não foi só isso!

(*Escurecimento total. Voz de Clessi ao microfone.*)

CLESSI — Por que você parou no meu caso, Alaíde?

(*Réplica que ninguém ouve.*)

CLESSI (*impaciente*) — Já sei! Depois você conta isso! Mas primeiro minha conversa com ele! Era tão parecido com o meu filho, mas tão! E os olhos, Alaíde! Aquele jeito de sorrir! Que é que trazia mais o jornal?

(Luz no plano da alucinação.)

ALAÍDE *(cruel)* — E aquela história, "aquilo" que você disse?

D. LÍGIA *(levantando um dos braços e abanando na altura das axilas)* — Chega, Alaíde! Chega! Uma filha, meu Deus!

LÚCIA — Aquilo o quê?

PEDRO *(ajoelhado)* — Deixe ela dizer, d. Lígia. Está tão interessante!

ALAÍDE *(agressiva)* — Não se lembra?

LÚCIA *(resoluta)* — Agora me lembro! Eu também falei, mamãe, que quando a senhora começa a transpirar — a senhora é minha mãe — mas eu não posso! Não está em mim. Tenho que sair de perto!

(Ao mesmo tempo que fala, aproxima-se de d. Lígia e senta-se ao seu lado.)

ALAÍDE *(triunfante)* — Isso mesmo! Viu, mamãe?

(Alaíde também vem se sentar, ficando ao lado de Pedro.)
(Trevas. Luz sobre namorado e Clessi.)

CLESSI *(insistente)* — Aceite. Não tem nada de mais isso! Tão natural!

NAMORADO *(relutante)* — Não. Eu sei como você é!

CLESSI — Mas seu pai não tirou a mesada por minha causa? Então? *(noutro tom)* Assim eu fico zangada!

NAMORADO *(relutante)* — Para depois você dizer: "Aceitou dinheiro meu." Pensa que me esqueço?

CLESSI — Aquilo foi brincadeira! Pensou que eu estivesse falando sério?

NAMORADO *(vencido)* — Então depois eu devolvo. Só assim.

CLESSI — Está bom. Que menino! *(noutro tom)* Agora vá, meu filho!

NAMORADO *(amargo)* — Não precisa me enxotar! Eu vou.

CLESSI *(conciliatória)* — Você sabe por quê! Daqui a pouco o desembargador chega!

NAMORADO *(enciumado)* — Viu?

CLESSI — O quê?

NAMORADO *(amargo)* — Eu não tenho nem coragem de reclamar, depois que aceitei coisas de você.

CLESSI *(explicando)* — Você sabe que ele é um velho amigo!

NAMORADO *(animado)* — Só isso? Jura!

CLESSI *(categórica)* — Então! Me conheceu menina!

NAMORADO *(num repente sinistro)* — Eu acabo matando você por causa desse desembargador! Você vai ver!

(Entra a mãe do namorado, vestida à maneira de 1905.)

NAMORADO *(em pânico)* — Mamãe!

(Clessi levanta-se.)

MÃE *(com raiva concentrada)* — Eu bem sabia! Tinha a certeza que você estava aqui!

NAMORADO — A senhora vai fazer o quê?

MÃE *(autoritária)* — Vá para casa, Alfredo!

CLESSI *(doce)* — Vá. Sua mãe está mandando! *(o namorado sai, depois de tomar a bênção materna)*

MÃE *(num largo gesto, visivelmente caricatural, trêmulo na voz)* — A senhora é que é madame Clessi?

CLESSI *(humilde)* — Sou. A senhora não quer sentar-se?

MÃE *(em tom de dramalhão)* — Não. Estou bem assim. *(exageradíssima)* Sou a mãe de Alfredo Germont.

CLESSI *(humilde)* — Eu sei.

MÃE *(com tremura na voz)* — Então a senhora não tem consciência?

CLESSI *(chocada, mas doce)* — Eu?

MÃE *(cada vez mais patética)* — A senhora, sim. Então isso se faz? Com uma criança?

CLESSI *(suave e dolorosa)* — Mas que culpa tenho eu?

MÃE — Que culpa! *(noutro tom)* Um menino, uma verdadeira criança, chegando em casa às duas, três, quatro horas da manhã! A senhora não vê?

(Trevas. Voz de Alaíde.)

ALAÍDE *(microfone)* — Mas eu estou confundindo tudo outra vez, minha Nossa Senhora! Alfredo Germont é de uma ópera! *Traviata*. Foi *Traviata*! O pai do rapaz veio pedir satisfações à mocinha. Como ando com a cabeça, Clessi!

(Luz no plano da memória. Clessi e mãe do namorado. Tom diferente de representação, mas ainda caricatural.)

CLESSI *(choramingando)* — O olhar daquele homem despe a gente!

MÃE *(com absoluta falta de compostura)* — Você exagera, Scarlett!

CLESSI — Rett é indigno de entrar numa casa de família!

MÃE *(cruzando as pernas; incrível falta de modos)* — Em compensação, Ashley é espiritual demais. Demais! Assim também não gosto.

CLESSI (*chorando, despeitada*) — Ashley pediu a mão de Melanie! Vai-se casar com Melanie!

MÃE (*saliente*) — Se eu fosse você, preferia Rett. (*noutro tom*) Cem vezes melhor que o outro!

CLESSI (*chorosa*) — Eu não acho!

MÃE (*sensual e descritiva*) — Mas é, minha filha! Você viu como ele é forte? Assim! Forte mesmo!

(*Trevas.*)

ALAÍDE (*microfone*) — Você está vendo, Clessi? Outra vez. Penso que estou contando o seu caso, contando o que li nos jornais daquele tempo sobre o crime, e quando acaba, misturo tudo! Misturo *Traviata*, ... *E o vento levou...*, com o seu assassínio! Incrível. (*pausa*) Não é?

(*Luz no plano da memória. Clessi e mãe do namorado já em atitude normal.*)

MÃE (*ameaçadora*) — É a última vez que eu pergunto. Desiste ou não desiste?

CLESSI (*com doçura*) — Peça tudo, tudo, menos isso. Isso, não.

MÃE (*agressiva*) — Então vou entregar o caso à polícia. Aí quero ver.

CLESSI (*sonhadora*) — Tenho chorado tanto! (*noutro tom*) Nunca tive um amor. É a primeira vez. A senhora, se já amou, compreenderá.

MÃE (*perdendo a cabeça*) — Indigna!

CLESSI (*com a mesma doçura*) — Eu sei que sou. Sei. (*rindo e chorando*) Se a senhora visse como ele se zanga, quando eu falo no desembargador!

MÃE (*tapando o rosto com a mão*) — Meu filho metido com uma mulher desmoralizada! Conhecida!

CLESSI (*no mesmo tom de abstração, senta-se*) — Então quando eu boto dinheiro no bolso dele!

MÃE — Mentirosa!

CLESSI (*sempre doce*) — Ele, tão cheio de dedos para aceitar!

MÃE — Vou falar com meu marido! (*ameaçadora*) Ah! se isso for verdade!

(*Vai saindo, mas Clessi muda de atitude e grita violentamente.*)

CLESSI — Olha!

(*Mãe pára, atônita.*)

CLESSI — Você, sim!

(Aproxima-se, agressiva, da mãe, que recua, em pânico.)

CLESSI — Se vier outra vez à minha casa, corro com você daqui!
MÃE *(as duas, face a face) (acovardando-se)* — Mas que é isso?
CLESSI *(violenta)* — Eu não sou direita, mas digo. Não escondo. Está ouvindo? Saia, já!

(Sai a mãe alarmada. Trevas. Luz no plano da realidade. Redação e sala de imprensa.)

1º FULANO *(berrando)* — *Diário!*
2º FULANO *(berrando)* — Me chama o Osvaldo?
1º FULANO — Sou eu.
2º FULANO — É Pimenta. Toma nota.
1º FULANO — Manda.
2º FULANO — Alaíde Moreira, branca, casada, 25 anos. Residência, rua Copacabana. Olha...
1º FULANO — Que é?
2º FULANO — Essa zinha é importante. Gente rica. Mulher daquele camarada, um que é industrial, Pedro Moreira.
1º FULANO — Sei, me lembro. Continua.
2º FULANO — Afundamento dos ossos da face. Fratura exposta do braço direito. Escoriações generalizadas. Estado gravíssimo.
1º FULANO — ...generalizadas. Estado gravíssimo.
2º FULANO — O chofer fugiu. Não tomaram o número. Ainda está na mesa de operação.

(Trevas. Luz no plano da alucinação. Estão Alaíde e Clessi imóveis. Rumor de derrapagem. Grito de mulher. Ambulância.)

CLESSI — O que é que ela disse mais no jornal?
ALAÍDE — Disse que você tinha dito: "Saia, já." Que ela teve medo de ser assassinada!
CLESSI — No dinheiro que eu dava não tocou?
ALAÍDE — Quem falou ao repórter no dinheiro foi a criada!
CLESSI *(sardônica)* — Imagine!
ALAÍDE *(nervosa)* — Ele vem aí, Clessi! Pedro!
CLESSI — Mas você não tinha assassinado ele?
ALAÍDE — Pensei que tivesse. Mas deve ter sido sonho! Olha ele!

(Entra Pedro, de luto. Alaíde vai ao seu encontro, sorrindo.)

ALAÍDE — Dá licença, Clessi? *(para Pedro, de luto)* Então, meu filho? *(beijam-se)*

PEDRO *(admirado, confidencial)* — Quem é ela?

ALAÍDE *(como quem se escusa)* — Ah! É mesmo! Me esqueci de apresentar! Clessi, madame Clessi! Aqui, meu marido!

PEDRO *(amável)* — A senhora é uma que foi assassinada?

CLESSI — Pois não.

ALAÍDE — Foi, sim. Em 1905. Aquela que eu lhe contei, Pedro.

PEDRO — Eu me lembro perfeitamente. O namorado era um colegial, não é? Deu uma punhalada?

CLESSI *(sonhadora)* — De dia, usava uniforme cáqui. De noite, não.

ALAÍDE — Agora quer dar licença, Clessi?

CLESSI — Claro.

ALAÍDE — Preciso falar com Pedro uma coisa. Depois chamo você.

PEDRO *(para Clessi, que sai, cínico)* — Apareça!

(Clessi, antes de sair, ainda se vira para ele e cumprimenta.)

PEDRO *(com súbita irritação)* — Que negócio é esse de você andar falando com madame Clessi?

ALAÍDE *(atarantada)* — Que é que tem demais, meu filho?

PEDRO *(com veemência)* — Ela não é direita! Não quero essas relações!

ALAÍDE *(exaltando-se)* — Ela não é direita! E você é "direito" — é? Você pensa que eu não sei de nada? Pensa mesmo?

PEDRO *(espantado)* — Não sabe o quê?

ALAÍDE *(excitada)* — Que você e Lúcia... *(ameaçadora)* Sim, você e Lúcia! Andam desejando a minha morte!

PEDRO *(virando-lhe as costas)* — Você está doida.

ALAÍDE — Doida, eu! Você sabe que não! Então eu não vejo?

PEDRO *(volta a ficar de frente)* — O que é que você vê?

ALAÍDE — Vocês cochichando! Eu apareço *(sardônica)* vocês arranjam logo um assunto diferente, muito diferente, ficam tão naturais.

PEDRO *(irônico)* — Você tem imaginação, minha filha!

ALAÍDE — Dia e noite, desejando que eu morra! Eu sei para que é! Para se casarem depois da minha morte!

PEDRO *(num tom especial)* — Então você acha?... Sério?...

ALAÍDE *(numa excitação progressiva)* — Já planejaram tudo! Todo o crime! Assassinato sem deixar vestígios!

PEDRO *(sardônico)* — Autêntico crime perfeito!

CLESSI *(microfone)* — Que dois! Planejando um crime!

ALAÍDE (*sempre excitada*) — Ainda por cima se faz de inocente! Mas eu pego vocês dois — direitinho! Deixa estar!

(*Lúcia entra, como uma aparição. Vem de luto fechado.*)

LÚCIA — Ah! Vocês estão aí?

ALAÍDE (*triunfante*) — Pronto! Chegou a cúmplice! Vocês estão tão certos da minha morte que até já botaram luto!

LÚCIA (*inocente*) — O que é que há?

PEDRO (*apontando para a testa*) — É Alaíde que não está regulando bem!

ALAÍDE (*fremente, para Lúcia*) — Venha repetir para meu marido aquilo que você disse, "aquilo"! No dia do meu casamento!

LÚCIA — Sei lá de que é que você está falando?

CLESSI (*microfone*) — Irmã assim é melhor não ter!

ALAÍDE — Sabe, sim. Sabe! Aquela insinuação que você fez... Que eu podia morrer!

LÚCIA (*virando-lhe as costas*) — Você está sonhando, minha filha. Disse coisa nenhuma!

ALAÍDE — Covarde! Agora está com medo! Mas disse — disse a mim!

PEDRO — Mas se ela nega, Alaíde!

LÚCIA (*noutra atitude*) — Pois disse! Pronto! Disse! E agora?

ALAÍDE (*patética*) — Então me mate! Por que não me matam? Estamos sozinhos! Depois vocês escondem o meu corpo debaixo de qualquer coisa! (*e, à medida que ela fala, os três se aproximam, juntam as cabeças*)

(*As cabeças baixam, seguindo o ritmo das palavras.*)

PEDRO (*sinistro*) — Agora, não! Tem tempo!

(*Quando ele acaba, tem-se a impressão plástica de um* bouquet *de cabeças. Trevas. Luz no plano da realidade: rumor de ferros cirúrgicos.*)

1º MÉDICO — Pulso?

2º MÉDICO — Incontável... Não reage mais!

1º MÉDICO — Colapso!

3º MÉDICO — Pronto!

(*Um dos médicos está cobrindo o rosto de uma mulher. Saem os médicos lentamente, um deles tirando a máscara. "Marcha fúnebre." Trevas. Luz no plano da alucinação. Alaíde e Clessi de costas para a platéia. Alaíde com um* bouquet, *no qual está dissimulado o microfone. Luz no plano da realidade: botequim e redação.*)

PIMENTA (*berrando*) — Morreu a fulana.
REPÓRTER (*berrando e tomando nota*) — Qual?
PIMENTA — A atropelada da Glória.
REPÓRTER — Que mais?
PIMENTA — Chegou aqui em estado de choque. Morreu sem recobrar os sentidos; não sofreu nada.
REPÓRTER — Isso é o que você não sabe!
PIMENTA — A irmã chora tanto!
REPÓRTER — Irmã é natural!
PIMENTA — Um chuchu!
REPÓRTER — Quem?
PIMENTA — A irmã.

(Trevas. Luz no plano da realidade: Lúcia e Pedro. Lúcia chorando. Coroas. Luz também no plano irreal.)

ALAÍDE — Quem terá morrido ali, naquela casa?
CLESSI — Olha! Uma fortuna em flores!
ALAÍDE — Enterro de gente rica é assim.
CLESSI — O meu também teve muita gente, não teve?
ALAÍDE — Pelo menos, o jornal disse.

(No plano da realidade.)

PEDRO (*em voz baixa*) — Lúcia!
LÚCIA (*tomando um choque, levantando-se*) — Que é? Que horas são?
PEDRO — Três horas.
LÚCIA — Fique longe de mim! Não se aproxime!
PEDRO — Mas que é isso?
LÚCIA (*com ódio concentrado*) — Nunca mais! Nunca mais quero nada com você! Juro!
PEDRO — Você enlouqueceu? O que é que eu fiz?
LÚCIA (*obstinada*) — Jurei diante do corpo de Alaíde!
PEDRO (*chocado*) — Você fez isso?
LÚCIA (*com decisão*) — Fiz. Fiz, sim. Quer que eu vá na sala e jure outra vez? (*mergulha a cabeça entre as mãos*) Ontem, antes dela sair para morrer, tivemos uma discussão horrível!
PEDRO (*baixo*) — Ela sabia?
LÚCIA (*patética*) — Sabia. Adivinhou o nosso pensamento. E eu disse.
PEDRO — Mas comigo nunca tocou no assunto.
LÚCIA — Discutimos quantas vezes! Ameacei-a de escândalo. Mas ontem, foi horrível — horrível! Sabe o que ela me disse? "Nem que eu morra, deixarei você em paz!"

(Lúcia fala com a cabeça entre as mãos. Alaíde responde através do microfone escondido no bouquet. *Luz cai em penumbra, durante todo o diálogo evocativo.)*

ALAÍDE *(com voz lenta e sem brilho)* — Nem que eu morra, deixarei você em paz!

LÚCIA *(falando surdamente)* — Pensa que eu tenho medo de alma do outro mundo?

ALAÍDE *(microfone)* — Não brinque, Lúcia! Se eu morrer — não sei se existe vida depois da morte, mas se existir — você vai ver!

LÚCIA *(sardônica)* — Ver o quê, minha filha?

ALAÍDE *(microfone)* — Você não terá um minuto de paz, se casar com Pedro! Eu não deixo — você verá!

LÚCIA *(irônica)* — Está tão certa assim de morrer?

ALAÍDE *(microfone)* — Não sei! Você e Pedro são capazes de tudo! Eu posso acordar morta e todo o mundo pensar que foi suicídio.

LÚCIA — Quem sabe? *(noutro tom)* Eu mandei você tirar Pedro de mim?

ALAÍDE *(microfone)* — Mas que foi que eu fiz, meu Deus?

LÚCIA *(sardônica)* — Nada!

ALAÍDE *(microfone)* — Fiz o que muitas fazem. Tirar um namorado! Quer dizer, uma vaidade... *(com veemência)* Você, não! Você e Pedro querem-me matar. Isso, sim, é que é crime, não o que eu fiz!

LÚCIA *(irritante)* — Mas conquistou Pedro tão mal que ele anda atrás de mim o dia todo!

ALAÍDE *(microfone)* — Sabe para onde eu vou agora?

LÚCIA — Não me interessa!

ALAÍDE — E nem digo — minha filha! Vou ter uma aventura! Pecado. Sabe o que é isso? Vou visitar um lugar e que lugar! Maravilhoso! Já fui lá uma vez!

LÚCIA *(sardônica)* — Imagino!

ALAÍDE *(com provocação)* — Na última vez que fui, tinha duas mulheres dançando. Mulheres com vestidos longos, de cetim amarelo e cor-de-rosa. Uma vitrola. Olha: querendo, pode dizer a Pedro. Não me incomodo. Até é bom!

LÚCIA *(sardônica)* — Mentirosa!

ALAÍDE *(microfone)* — Ah! Sou?

LÚCIA *(afirmativa, elevando a voz)* — É! Não foi lá, nunca! Nunca! Tudo isso que você está contando — as duas mulheres, os vestidos de cetim, a vitrola — você leu num livro que está lá em cima! Quer que eu vá buscar? Quer?

ALAÍDE *(microfone)* — Está bem, Lúcia. Não fui, menti. *(dolorosa)*

LÚCIA (*cruel*) — Você podia ir e ficar por lá!

ALAÍDE (*microfone*) — Ouça bem. Eu posso morrer cem vezes, mas você não se casará com Pedro.

(*Luz volta a ser normal.*)

LÚCIA (*impressionadíssima, agora para Pedro*) — Agora, quando penso em Alaíde, só consigo vê-la de noiva.

PEDRO (*taciturno*) — Foi isso que ela disse, só?

LÚCIA (*sombria*) — Só. Previa que ia morrer!

PEDRO (*com certa ironia*) — Isso também nós prevíamos.

LÚCIA — Você diz "nós"!

PEDRO (*afirmativo*) — Digo, porque você também previa. (*pausa*) Previa e desejava. Apenas não pensamos no atropelamento. Só.

LÚCIA (*com desespero*) — Foi você quem botou isso na minha cabeça — que ela devia morrer!

PEDRO (*com cinismo cruel*) — Então não devia?

LÚCIA (*desesperada*) — Você é um miserável! Nem ao menos espera que o corpo saia! Com o corpo, ali, a dois passos. (*aponta para a direção do que deve ser a sala contígua*) Você dizendo isso!

PEDRO (*insinuando*) — Quem é o culpado?

LÚCIA (*espantada*) — Eu, talvez!

PEDRO (*enérgico*) — Você, sim!

LÚCIA (*espantada*) — Tem coragem...

PEDRO — Tenho. (*com veemência*) Quem foi que disse: "Você só toca em mim, casando!" Quem foi?

LÚCIA — Fui eu, mas isso não quer dizer nada!

PEDRO (*categórico*) — Quer dizer tudo! Tudo! Foi você quem me deu a idéia do "crime"! Você!

LÚCIA (*com medo*) — Você é tão ruim, tão cínico, que me acusa!

PEDRO (*com veemência, mas baixo*) — Ou você ou ela tinha que desaparecer. Preferi que fosse ela.

LÚCIA (*com angústia*) — Essa conversa quase diante do caixão!

PEDRO (*sempre baixo*) — Não estudamos o "crime" em todos os detalhes? Você nunca protestou! Você é minha cúmplice.

LÚCIA (*alheando-se, espantada*) — Mandaram tantas flores!

PEDRO (*insistente*) — Agora você se acovarda porque o corpo ainda está aqui!

LÚCIA (*meio alucinada*) — Você se lembra do que ela dizia? Daquela vaidade?

VOZ DE ALAÍDE (*microfone*) — Eu sou muito mais mulher do que você — sempre fui!

LÚCIA (*noutra atitude*) — Foi você quem perdeu minha alma!

PEDRO (*rápido*) — E você a minha!

LÚCIA (*sardônica*) — Você nunca prestou! Foi sempre isso! Não me olhe, que não adianta!

PEDRO — Está bem. Depois eu falo com você.

LÚCIA — É inútil. Não serei de você, nem de ninguém. Você nunca me tocará, Pedro.

PEDRO — Você diz isso agora!

LÚCIA — Jurei que nem um médico veria o meu corpo.

PEDRO (*cruel*) — Então ela ficou impressionadíssima com as mulheres vestidas de amarelo e cor-de-rosa. Uma vitrola! Duas fulanas dançando!

LÚCIA (*chorosa*) — Não fale assim! Ela está ali. Morreu.

PEDRO (*sardônico*) — Era louca por toda mulher que não prestava. Vivia me falando em Clessi. Uma desequilibrada!

LÚCIA (*revoltada*) — Você deve estar bêbedo para falar assim!

PEDRO (*sério*) — Ou louco... (*grave*) Não tenho o menor medo da loucura.

(*Trevas.*)

SPEAKER — Pedro Moreira, Gastão dos Passos Costa, senhora e filha, Cármen dos Passos, Eduardo Silva e senhora (ausentes), Otávio Guimarães e senhora agradecem, sensibilizados, a todos que compareceram ao sepultamento de sua inesquecível esposa, filha, irmã, sobrinha e cunhada Alaíde e convidam parentes e amigos para a missa de sétimo dia, a realizar-se sábado, 17 do corrente, na Igreja da Candelária, às 11 horas.

(*Luz no plano da realidade: Lúcia e mãe.*)

LÚCIA (*como uma louca*) — Você viu o que saiu no jornal? "Alaíde Moreira, branca, casada..." (*sardônica*) Branca!... (*surdamente*) "...fratura exposta do braço direito. Afundamento dos ossos da face..."

MÃE (*assustada*) — Não fique assim, Lúcia!

LÚCIA (*continuando sem dar atenção*) — "...escoriações generalizadas..." "Não resistindo aos padecimentos..." (*com voz surda*) Sei isso de cor, mamãe! De cor!

MÃE — Minha filha!

LÚCIA (*espantada*) — Está ouvindo, mamãe? Ela outra vez! Ela voltou — não disse?

MÃE — Não é nada, minha filha. Ilusão sua.

LÚCIA (*atônita*) — Mas eu ouço a voz dela. Direitinho! Falando!

MÃE — Você parece criança, minha filha!
LÚCIA *(com ar estranho)* — Não foi nada. Bobagem.
ALAÍDE *(microfone)* — "Você sempre desejou a minha morte. Sempre — sempre."
MÃE — Quando você for para a fazenda, tudo isso passa. Lá o clima é uma maravilha!

(Trevas. Só microfone.)

PAI *(microfone)* — Que é que há com Lúcia e Pedro?
MÃE *(microfone)* — Que eu saiba, nada. Por quê?
PAI *(microfone)* — Você não viu ontem?
MÃE *(microfone)* — Aquilo?
PAI *(microfone)* — É. Foi esquisito.
MÃE *(microfone)* — Talvez tenha sido sem querer.
PAI *(microfone)* — Sem querer coisa nenhuma.
MÃE *(microfone)* — Lúcia anda tão nervosa! Mas eu falo com ela.
PAI *(microfone)* — Não se meta.
MÃE *(microfone)* — Ela ontem me disse uma coisa! Enfim...

(Luz no plano da realidade: pai e mãe de Lúcia, esta e d. Laura. Lúcia chega de viagem.)

LÚCIA — Mãe! Quantas saudades!
PAI — Eu não mereço.
LÚCIA — Papai!
MÃE — Está tão mais gorda, corada — não é, Gastão?
PAI — Muito mais.
D. LAURA — Depois, quando a gente tira o luto, é outra coisa!
LÚCIA — Ah, d. Laura! Nem tinha visto a senhora!

(Saem d. Laura e mãe de Lúcia.)

PAI *(confidencial)* — Já resolveu?
LÚCIA — O que é que o senhor acha, papai?
PAI — Isso é com você, minha filha; você é quem tem que decidir.

(Trevas. Luz sobre Alaíde e Clessi, poéticos fantasmas. Iluminam-se as duas divisões extremas do plano da realidade. À direita do público, sepultura de Alaíde. À esquerda, Lúcia, vestida de noiva, prepara-se no espelho. Arranjo da "Marcha nupcial" e da "Marcha fúnebre".)

LÚCIA — Aperta bem, mamãe.
D. LÍGIA — Está muito folgado aqui!

LÚCIA — Será que Pedro já chegou?

MÃE — D. Laura aparece, quando ele chegar.

LÚCIA *(retocando qualquer coisa ao espelho)* — Eu só quero que ele me veja lá na igreja.

(Entra d. Laura.)

D. LAURA — Pode-se ver a noiva?

LÚCIA — Ah! D. Laura!

(Beijam-se.)

D. LAURA *(para a mãe)* — A senhora deve estar muito atrapalhada!

MÃE — Nem faz idéia!

LÚCIA *(com dengue)* — Estou muito feia, d. Laura?

D. LAURA — Linda! Um amor!

LÚCIA *(estendendo os braços)* — O *bouquet*.

(Crescendo da música, funeral e festiva. Quando Lúcia pede o bouquet, *Alaíde, como um fantasma, avança em direção da irmã, por uma das escadas laterais, numa atitude de quem vai entregar o* bouquet. *Clessi sobe a outra escada. Uma luz vertical acompanha Alaíde e Clessi. Todos imóveis em pleno gesto. Apaga-se, então, toda a cena, só ficando iluminado, sob uma luz lunar, o túmulo de Alaíde. Crescendo da "Marcha fúnebre". Trevas.)*

FIM DO TERCEIRO E ÚLTIMO ATO

PEÇA EM DOIS ATOS • 1951

VALSA Nº 6

Programa de estréia de VALSA Nº 6,
apresentada no Teatro Serrador, Rio de Janeiro,
em 6 de junho de 1951.

MILTON RODRIGUES
apresenta

VALSA Nº 6

Drama em um ato de
Nelson Rodrigues

Na interpretação de Dulce Rodrigues vivendo SÔNIA

Direção e *mise-en-scène* de *Henriette Morineau*

PERSONAGEM

SÔNIA
(menina assassinada aos 15 anos)

PRIMEIRO ATO

(Cenário sem móveis. Apenas um piano branco. Fundo de cortinas vermelhas. Uma adolescente sentada ao piano. Vestida como que para um primeiro baile. Rosto atormentado, que faz lembrar certas máscaras antigas. Mãos pousadas sobre as teclas. Ao fundo, o rumor do bombo, que acompanhará toda a ação. Ao abrir-se o pano a cena está mergulhada na sombra. Apenas uma única luz, incidindo sobre o rosto da mocinha. E, então, ela executa um trecho da "Valsa nº 6", de Chopin. Seu rosto passa a exprimir paixão, quase o êxtase amoroso. Corta bruscamente a música. Ilumina-se o resto do palco. A mocinha ergue-se, sem sair do lugar. Terror.)

MOCINHA *(aumentando progressivamente a voz, até ao grito)* — Sônia!... Sônia!... Sônia!...
(para si mesma)
Quem é Sônia?... E onde está Sônia?
(rápida e medrosa)
Sônia está aqui, ali, em toda a parte!
(recua)
Sônia, sempre Sônia...
(baixo)
Um rosto me acompanha... E um vestido... E a roupa de baixo...
(olha para todos os lados; e para a platéia, com meio riso)
Roupa de baixo, sim,
(com sofrimento)
diáfana, inconsútil...
(com medo, agachada numa das extremidades do palco)
O vestido que me persegue... De quem será, meu Deus?
(corre, ágil, para a boca de cena. Atitude polêmica)
Mas eu não estou louca! *(já cordial)* Evidente, natural!... Até, pelo contrário, sempre tive medo de gente doida!
(amável e informativa, para a platéia)
Na minha família — e graças a Deus — nunca houve um caso de loucura...
(grita, exultante)
Parente doido, não tenho!
(sem exaltação, humilde e ingênua)
Só não sei o que estou fazendo aqui...
(olhando em torno)
Nem sei que lugar é este...
(recua, espantada; aperta o rosto entre as mãos)
Tem gente me olhando!
(olha para os lados e para o alto. Lamento maior)

Meu Deus, por que existem tantos olhos no mundo?
(sem transição, frívola e cordial)
Depois eu me lembro de tudo o que fui, de tudo o que sou.
(em tom de palestra)
Então, o dr. Junqueira chamou mamãe e disse...
(anda como um desses veteranos que têm uma perna de pau, numa imitação de médico)
(em aparte) No tempo de mamãe usava-se espartilho, róseo e de barbatana...
(frívola)
Mamãe está chorando... Papai, ao lado, nervosíssimo!
(novamente apavorada)
Mas que foi que aconteceu, ora essa?
(frívola)
Dr. Junqueira diz...
(imitação de velho)
Desequilíbrio mental — he! he! Desequilíbrio mental!
(novo pavor)
De quê? Desequilíbrio mental de quem? Não meu!
(numa revolta)
Não quero ser a primeira doida da família!
(feroz)
Já sei por que o dr. Junqueira descobriu que eu estava doida! *(incerta)* Quem? Dr. Junqueira?
(para a platéia, bruscamente doce)
Dr. Junqueira, nosso médico, sabe?
(transida)
Ele sempre me meteu medo, o dr. Junqueira!
(baixo, imitando um velho)
Que idade você tem, he, he!
(pavor)
Não! Não!
(imitação de velho)
Quatorze anos, já, é?
(crispada)
Não me toque!
(ressentida)
Ele disse que eu estava doida porque comecei a ver coisas... E ouvia vozes...
Vozes caminhando no ar...
(apontando)
Via mãos, rostos e pés boiando no ar...
(corre para a boca de cena, quase feliz, na ânsia de fazer a confidência divertida)

Uma noite, foi até interessante. De repente, descobri na parede do meu quarto, um rosto, sempre o mesmo. Um rosto que não saía dali!
(ri)
Fui acordar mamãe. Mamãe, vem, mamãe!
(imitação materna)
Mas que foi, minha filha? Você até assusta!
(riso, apontando)
Ali, mamãe!
Ali, onde?
(irritação doentia)
Será possível que a senhora não veja, oh mamãe!
(lenta e grave)
Mas ela não via. Nada, nada... E, então, mamãe se virou para mim. Sua vontade foi gritar. Por que não grita? *(exasperação)* Grite, mamãe, grite!
(bruscamente doce)
Recuou, assim. *(grita)* Mamãe, aonde a senhora vai? Volte! Uma neblina, uma espécie de nuvem envolveu mamãe! *(ri, feroz)* Ela se debatia dentro da neblina!
(baixo)
Eu sentia uma dor cravada na minha fronte!
(fazendo coro para si mesma)
Chamem a assistência!
Médico!
Assistência!
Dr. Junqueira!
Nossa Mãe!
Dr. Junqueira vem já! Evém! Evém!
(ela própria)
Gritei.
(baixo)
Meus gritos se espalharam por toda a parte. Meus gritos batiam nas paredes, nos móveis, como pássaros cegos.
(começa a correr, em círculo, como uma menina)
Gente corria dentro de casa.
(coro)
Bacia!
Mas pra que bacia?
Claro! Bacia!
(exortação de criadas)
S. Jorge!
S. Benedito!
S. Onofre!
(de novo, informativa)

Eu própria me sentia adormecida... Adormecida entre gritos...
(gritando)
Afinal, esse dr. Junqueira vem ou não vem?
(novamente menina)
Dr. Junqueira, não quero! Não deixo ele olhar minha garganta!
(atitude de menina)
Não admito que homem nenhum veja minhas amígdalas!
(baixo, a medo)
Evém o dr. Junqueira... Seus passos na calçada... Depois na sala... Agora na escada...
(atitude de pudor)
Ele quer ver minhas amígdalas!
(informativa)
Mamãe se atraca com o dr. Junqueira. Tem um ataque.
(imita os dois)
Minha filha está morrendo, doutor!
Calma no Brasil!
Salve minha filha! Pelo amor de Deus, salve!
(sem transição, rindo)
Uma bola, o dr. Junqueira!
Um número!
(imitação)
Minha filha escapa, doutor?
(muda de tom)
Então, o dr. Junqueira...
(estaca, na dúvida; vem à boca de cena)
Aqui, alguém conhece o dr. Junqueira? Porque eu, imagine, eu guardei o nome, mas não me lembro de seu rosto e...
(aperta a cabeça entre as mãos)
Será mocinho?
(senta-se no alto da escadinha que leva à platéia)
É por isso que, às vezes, eu mesma me julgo doida...
(num lamento)
Porque as coisas, as pessoas deslizam e fogem de mim, como cobras...
(baixo)
Sei que, naquela noite, o dr. Junqueira acudiu de pijama e, por cima, a capa de borracha...
(ergue-se, apontando)
Mas eu só vejo o pijama, a capa e nada mais...
(desce para a platéia)

Agora mesmo. O senhor, que está aí...
(escolhe um espectador)
Sim, o senhor! Estou vendo seu paletó... E seus sapatos... Eles estão aqui...
(ri)
Posso tocá-los... Mas não vejo mais nada... *(irritação)* Como se não existissem pés nos sapatos...
(grita)
Mas o senhor precisa ter rosto!
(para si mesma)
Sei que as pessoas usam rosto...
(sobe a escadinha, fazendo as contas)
Cada perfil tem dois lados e...
(vira-se, feroz, para a platéia e interpela o mesmo cavalheiro)
Então, como é que o senhor não usa duas faces?
(ri)
Vamos salvar a menina, doutor?
(informativa)
Agora, o médico vai aplicar a injeção intramuscular, indolor... Região glútea...
(jogo de cena necessário e faz a aplicação)
Pimba!
(para a platéia)
Sedol. Calmante daqui.
Efeito rápido. Tiro e queda.
(andando com a teórica perna de pau)
Agora, a doente vai dormir.
(mãe, melíflua)
Tomara, doutor!
(imitação de velho)
Deus é grande, he, he, Deus é grande!
(imita, agora, o pai, retorcendo a ponta de um bigode)
Agora, ela vai ficar sozinha! Todo mundo pra fora do quarto! Já.
(muda de tom)
Sônia!
(angústia)
É o único nome de mulher que eu guardei. Todos os outros desapareceram de minha vida...
(evocativa)
Sônia, um nome que eu acho bonito, quase branco...
(numa revolta)
Mas a mim, Sônia, não, a mim, tu não me enganas!
(olha espavorida, para todos os cantos)

Sei que estás em casa, em algum lugar da casa... Talvez no meu próprio quarto...
(corre para o piano e toca, em desespero, a "Valsa nº 6")
Já sei!
(já na boca de cena)
Aposto que o dr. Junqueira é velho. Desses velhinhos camaradas, que põem colete. Usam *pince-nez*. E têm asma!
(afável)
Ah, e só trata de mulher, o diabo do velhinho! De mocinha, senhora ou menina!
(ri)
No bonde, paga passagem para pequenas que ele nunca viu. Até menina de colégio, imaginem!
(novo tom)
Saíram todos do quarto... Papai, já sabe...
(retorce o bigode)
De papai — engraçado — só me lembro do bigode... Bem, mamãe, chorando, coitada! Papai acabou tendo que ralhar!
(retorcendo o bigode)
Você está fazendo um carnaval! Um autêntico carnaval! Que diabo!
(mãe, melíflua)
Mas é minha filha!
(num soluço definitivo)
Uma menina que tem uns modos tão bonitos!
(retorcendo o bigode)
Doutor, e afinal...
(perna de pau)
Caso sério!
Como assim?
O senhor até assusta!
É o diabo!
Está insinuando o quê?
(perna de pau)
Acho, isto é, quer-me parecer... Aliás posso estar enganado...
E que mais?
(para a platéia)
Foi a idade!
Foi o quê?
A idade!
Cáspite!
Vejam só!

Essa que é boa!
Doutor, use de sinceridade!
(perna de pau)
A menina tem 14 anos.
(mãe)
Quinze.
(perna de pau)
Ou 15.
(mãe, espevitada)
Mas que é que tem? É algum crime? Será que uma moça não pode ter 15 anos?
(pai)
Continue, doutor.
(perna de pau)
É a passagem... A transição...
(mãe)
Não entendi patavina!
(perna de pau)
Sua filha era menina. Transformou-se em mulher...
(num crescendo caricatural)
E houve o choque! O abalo!
(mãe)
A idade! Acho que o senhor adivinhou, doutor!
(feliz)
Minha filha tem mudado muito! O senhor não faz uma idéia!
(corre ao piano. Executa trecho da "Valsa nº 6")
Foi, sim! Um abalo muito grande. É por isso, que, às vezes, eu tenho certas esquisitices e vejo certas coisas...
(dolorosa)
Mudei tanto!
(súbita euforia)
Antes, eu era uma menina...
(corre pelo palco, trocando as pernas, como uma Ofélia louca)
E me sentia feliz. Porém, agora...
(incerta)
Que foi que mamãe disse?
(mãe)
O que Paulo fez com minha filha, não se faz!
(choro sofisticado)
Não foi papel!
(atônita)
Paulo... Meu Deus, Paulo!
(perna de pau)

Esse desgosto também contribuiu!
(de novo, atônita)
Desgosto, eu?
(frívola)
Mas eu não tive desgosto nenhum! A não ser, bobagem sem importância...
(novo tom)
Tive, sim, um desgosto, agora me lembro... Foi num domingo... Eu estava pronta para ir à missa, quando começou a chover...
(mãe, melíflua)
Minha filha!
Eu.
(mãe)
Você não pode ir com esse tempo! Ah, não! Tenha santíssima paciência, mas eu não deixo!
(choramingando)
Então, eu vou cometer um pecado! O padre disse que não ir à missa é pecado!...
(com dignidade dramática)
Chovia, sim... E quando chove em cima das igrejas, os anjos escorrem pelas paredes...
(frívola)
Esse foi o desgosto...
(incerta)
Outro que eu me lembro... Não, só me lembro desse mesmo.
(sem transição, crispando-se)
Se o dr. Junqueira quisesse pagar a passagem do meu bonde, eu não deixaria!
(evocativa)
Mas Paulo... É um doce nome... E amoroso... Seria meu primo? Ou quem sabe se namorado?
(baixa a cabeça, com pudor)
Ou noivo?
(com medo)
Não, não!
(meiga)
Se eu tivesse namorado — ou noivo — ele estaria, aqui, de mãos dadas comigo...
(grita)
Noiva, eu?
(interpela a platéia)
Mas de quem?
(dolorosa)

Digam!
(interroga uma espectadora)
Eu tenho a face, as mãos, os olhos de uma noiva?
(ajeita os cabelos)
Há uma grinalda, em mim, que eu não vejo? Nos meus cabelos?
(maior desespero)
Uma grinalda atormentando minha fronte?
(desespero contido)
Mas, então, terei de ser noiva de alguém!
(riso)
E se eu fosse noiva de ninguém?
(desesperada)
Paulo e Sônia... Quero-me lembrar dos dois... E...
(escandalizada)
Oh, dr. Junqueira pagando a passagem de uma menina de colégio!
(senta-se ao piano e começa a "Valsa nº 6". Depois, breve trecho da "Marcha nupcial")
Paulo é apenas um nome...
(ergue-se e faz um gesto como se fosse apanhar um nome no ar)
...um nome suspenso no ar, que eu poderia colher como se fosse um vôo breve.
(colhe o vôo)
Mas um nome vazio, sem dono.
(cai de joelhos)
Me proteja, minha santa Teresinha!
(chora)
Eu não me lembro de nada, a não ser de nomes...
(para si mesma)
Por isso, muitos têm medo de mim... E ninguém me contraria... Porque estou num mundo... Sim, num mundo em que tudo que resta das pessoas são os nomes... Por toda a parte...
(aponta em todas as direções)
Nomes, por todas as partes... Descem pelas pernas da mesa... Se enfiam nos cabelos...
(feroz)
Eu esbarro neles, tropeço neles, meu Deus!
(e, de fato, parece esbarrar e tropeçar em nomes)
Até, quem sabe se...
(olha para os lados)
Talvez Paulo esteja, aqui, a meu lado...
(selvagem)

Rindo de mim...
(incoerente)
Não, Paulo, não!
(voluptuosa)
Me abraçando!
(simulação de abraço. Euforia)
Ou beijando, quem sabe?
(melíflua)
Até me admira, Paulo, que você faça essa idéia de mim!
O quê? Eu?
Ah, você não me conhece!
Pois olhe: eu nunca fui à Quinta da Boa Vista. As outras iam, me convidavam, mas eu, que esperança!
(rancorosa)
Não venha, Paulo!
(recua, arquejante)
Longe de mim, maldito!
(grave e lenta)
Sejas quem fores, eu te odeio!
(avança para a platéia)
Odeio a um Paulo que não conheço, que nunca vi... Mas...
(encara com um dos espectadores)
Se eu não conheço Paulo, ele poderá ser um de vós!...
(ri, cantarola)
Talvez um de vós seja Paulo...
(com medo)
Mas eu não vejo o vosso rosto... Nem o de ninguém aqui...
(grita)
E cada um de vós?
(percorre e examina, face a face, cada um dos rostos da platéia)
Tem certeza da própria existência?
(grita)
Respondam!
(baixo, com um riso surdo, feliz e cruel)
Ou sois uma visão minha, vós e vossa cadeira?
(corre, cambaleando, para o palco. Senta-se ao piano. Começa a "Valsa nº 6")
Não!
(em desespero)
Não quero mais esta música! Qualquer uma, menos esta!
(cantarola)

Nesta rua, nesta rua,
Tem um bosque,
Que se chama, que se chama
Solidão
Dentro dele, dentro dele,
Mora um anjo etc. etc. etc.
(diz o etc. etc. etc. e fala)
Vou tocar esta, que é mais bonita!
(cantarola)
Nesta rua, nesta rua...
(mas toca, contra a vontade, a "Valsa nº 6")
Não é isso!
(insiste no canto)
Mora um anjo que...
(e o que sai do piano é, ainda, a "Valsa")
Valsa amaldiçoada!
(aperta a cabeça entre as mãos)
Meus dedos só sabem tocar "isso"!
(com desespero)
Valsa que me faz sonhar com Paulo e Sônia...
(sonâmbula)
Uma Sônia translúcida e um Paulo esgarçado...
(cobrindo o rosto e rindo)
Dr. Junqueira é doido pela "Valsa nº 6"!
(dramatizando um velho)
Ah, toca a valsa, minha filha, pelo amor de Deus!
(avança até à boca de cena)
Paulo, eu te odeio, e por quê, Paulo?
(num apelo)
Que fizeste de mim, do meu rosto e dos meus 15 anos?
(feroz)
Se eu pudesse enterrar as unhas na carne macia do teu pescoço!
(suplicante)
Dize, ao menos, o que eu sou de ti?
Noiva?
Prima?
Cunhada?
(exasperada)
Que sou eu de ti?
(triunfante)
Esperem, esperem!
(corre ao piano, e toca a "Valsa nº 6")
Estou-me lembrando! Aos poucos...
(para a platéia)

Paulo cresce como um lírio espantado...

(desenha, com uma das mãos, o lento crescer do lírio simbólico)

Vejo a testa, as sobrancelhas, os olhos, o puro contorno dos lábios!

(estaca)

Mas tua fisionomia está mutilada!

(num lamento)

Faltam várias feições!

(com deslumbramento)

Agora te vejo de corpo "quase" inteiro...

(incerta)

"Quase", porque eu me lembro de tudo, sim...

(súplice)

Só não me lembro dos teus sapatos. De que cor, de que modelo eram?

(envergonhada, baixando a cabeça)

E como não consigo me lembrar dos sapatos, tua imagem aparece descalça na minha lembrança.

(num apelo)

Por que não te calças, Paulo?

(sem transição)

Aposto que Sônia anda por aí.

(doce)

Mas, Paulo, eu me lembro de ti e de mim. E de mais nada. Porém, duas pessoas não podem existir sem fatos.

(num espanto feliz)

Fatos! Sim, é isso! Isso mesmo!

(excitada, para a platéia)

Fatos... Bem que eu sentia falta de uma coisa. Era deles, dos fatos!

(frenética)

Que aconteceu entre nós, Paulo? Deve ter acontecido alguma coisa!

(súplice)

Que fizeste, Paulo?

(com enleio e volúpia)

Me beijaste, foi, querido?

(feroz)

Ou me traíste?

(cultivando a hipótese)

E quem sabe se com Sônia?

(já no piano dá violento acorde)

Só não queria que fosse com Sônia!

(frívola e irresponsável)

E se já me beijaste, que seria hoje este beijo senão uma sensação perdida?

(desesperada)

Porém, é que... Fizeste uma coisa, sim, da qual não me lembro, uma coisa, não sei, que me separa de ti e...

(coro dinâmico)

Ela é muito meiga!

Uma boa menina.

Educada.

Se é.

(violenta)

Sou, não sou?

(macia e perversa)

Mas ninguém sabe as ganas que tenho.

(feroz)

De te bater!

De te estrangular, Paulo!

(melíflua)

Talvez sejas doce como um primo criado com a gente, mas...

(lenta)

O punhal, que papai me deu de presente... De prata.

(rápida e feroz)

Eu cravaria em ti este punhal!

(alisando o vestido, com enleio)

Sabe, Paulo?

Eu escondia meu ódio, e o dissimulava dia e noite.

(cordial e prosaica)

Se bem que eu tinha muita insônia.

(intensa)

Uma insônia cravejada de ódio!

(corre ao piano. "Valsa nº 6." Espantada)

Mas roubaram o meu punhal...

(frívola)

Como? Ah, sim, pois não! O meu punhal de prata... De penetração macia, quase indolor...

(doce)

E naquele dia, te inclinaste, Paulo...

(ergue o rosto, entreabre os lábios)

...para um beijo rápido.

(espantada)

Mas Paulo! Não beijaste a mim!

(num sopro de voz)

A mim, não...

(num lamento)

Beijaste alguém, que não era eu, que sou tua namorada ou noiva!
(recua, apavorada e apontando)
A mulher a quem beijaste, ainda ficou de boca entreaberta...
Eu vi pelo espelho, tudo!
(incerta)
Mas quem foi, Paulo, quem foi?
(num grito selvagem)
Sônia! Beijaste Sônia!
(corre ao piano, toca, passionalmente, a "Valsa nº 6", ao mesmo tempo que soluça de rosto para a platéia)

FIM DO PRIMEIRO ATO

SEGUNDO ATO

(Mesmo cenário. Detrás da cena, o bombo, com o seu obstinado acompanhamento. A menina já não está no piano. No meio da cena, faz a sua encantada viagem ao passado. É, agora, uma menina em pleno jogo infantil.)

Bento que o bento, ó frade!
Frade!
Na boca do forno!
Forno!
Virai um bolo!
Bolo!
Faremos tudo o que seu mestre mandar?
(erro de português bem enfático)
"Fazeremos" todos!
(paródia de um delirante riso infantil. Transfigura-se. Lamento)
Não sei, meu Deus!
Isto é, sei! Foi assim.
(senta-se ao piano. Breve trecho da "Valsa nº 6")
Eu estava tocando a "Valsa", a pedido de alguém.
(para a platéia)
Foi, não foi?
Então, esse alguém veio devagarinho, pelas costas...
(golpe no piano)
E que mais, meu Deus? que mais?
(fremente)
Não havia mais ninguém na sala. Só nós dois...
(golpe no piano)
Mas então eu tive um mau pressentimento... Parei de tocar... A pessoa pediu: CONTINUE! CONTINUE!
(toca e pára)
Gritava: MAIS! MAIS! MAIS! SEMPRE MAIS!
(toca e pára)
E depois...
(para a platéia)
Que aconteceu depois?
(espantada)
As lembranças chegam a mim aos pedaços... Ainda agora, eu era menina...
(muda-se em menina. Corre, pelo palco, trocando as pernas)
Onde está a Margarida, olé, oli, olá?
(põe-se de joelhos para espiar as águas de imaginário rio)

Vejo restos de memória, boiando num rio,
(aponta o chão)
Num rio que talvez não exista...
(ri, feliz)
Passam na corrente gestos e fatos...
(apanha na água invisível, com as pontas dos dedos, algo que teoricamente goteja)
Eis um fato antigo.
(aponta para o ar)
Vejo também pedaços de mim mesma por toda parte...
(numa revolta)
Meu Deus, como era mesmo o meu rosto, meus cabelos, cada uma de minhas feições?
(para uma espectadora)
Minha senhora, esqueci meu rosto em algum lugar.
(feroz)
Mas eu não saio daqui, antes de saber quem sou e como sou.
(ensaia um retorno à infância)
Onde está a Margarida...
(estaca. Insiste)
Onde está a Margarida,
Olé,
(estaca novamente)
Acho que sou menina!
(incerta)
Não, não...
(chega à boca de cena)
Olé, oli, olá... Acho que sou mulher...
(atitude)
...fumando numa piteira de âmbar...
(num crescendo de angústia)
Ou, então, uma senhora gorda que sofre dos rins, do fígado e se queixa de azia!
(muda de tom)
Senhora, existem ou existiram espelhos?
Ou, então, conheceis a água translúcida de um rio?
Um rio, sim, onde meu rosto possa deitar-se entre águas?
(corre ao piano)
Essa música, estão ouvindo?
("Valsa nº 6")
Era a paixão de Sônia!
A música que Sônia tocava muito!
(dando um acorde selvagem)

Mas eu não odeio Paulo!
(outro golpe)
Eu disse que odiava?
Mas, não, nunca!
Tudo não passou de um mal-entendido!
(irresponsável)
Pois se até gosto muito dele!
Tenho verdadeira adoração!
(coro escandalizado)
Adoração como?
Ora essa!
Depois do que ele fez!
Beijou outra!
Eu hem!
(selvagem)
Odeio, sim, mas Sônia!
(roda o dedo, ameaçadora)
Ah, se fosse comigo!
Porque fique sabendo que eu sou geniosa!
(faz voz de nortista)
Nasci no Recife, bairro da Capunga!
(gingando, plebéia)
E tira o cavalo da chuva!
(dolorosa)
Saibam que amo Paulo!
(com unçao)
É tão bonito que se eu pudesse...
(numa doçura mais intensa)
...vivia acendendo círios diante dele.
(inquieta e sinistra)
Mas Sônia não me larga. Ela me espia!
(olhando para os lados)
Agora mesmo...
(baixa a voz)
Eu sinto os olhos de Sônia dentro de mim...
(apanha fios, que estariam enrolados nas suas pernas)
Sônia está neste momento...
(riso soluçante)
...enroscada nas minhas pernas, como uma serpente de mil anéis!
(num apelo)
Tu, Paulo! Eu te peço!
(chorando)
Darling! Darling!
(estaca)

Quem?
Sônia!
Ora veja!
(com desprezo)
Imagine, Sônia!
(feroz)
Falsa, falsíssima!
(rápida)
Os olhos, o sorriso, a cor dos olhos!
(exultante)
Tudo, em Sônia, não presta, juro!
(corre à boca de cena)
Até eu soube de um caso... Não sei se alguém me contou ou se eu mesma vi...
(feroz)
Eu mesma vi!
Com estes olhos que a terra há de comer!
(coro ávido)
Viu, é?
Conta!
Ah, conta!
(tons diferentes e caricaturais de súplica)
Mas olha que é segredo!
(intencionalmente lenta)
Pois Sônia...
(frívola)
...tem um caso...
(deixa cair a bomba)
...COM UM HOMEM CASADO!
(pausa)
Que tal?
(cochichos escandalizados)
O quê?
E Sônia?
Virgem!
Nossa mãe!
Que blasfêmia!
(confirmando, feroz)
Pois é, homem casado! Casadinho! E está direito? Claro que não, evidente, onde já se viu, essa é muito boa!
(vaidosa)
Eu, não, Deus me livre! Homem casado, comigo, está morto, enterrado!
(súbita angústia)
Oh, Paulo!

(incoerente)
Além disso, eu não acharia bonito homem casado!
Homem casado não é bonito.
(com involuntária doçura)
Nem tem lábios meigos de beijar,
(incerta)
Nem sombreado azul de barba!
(veemente)
Eu preferia morrer!
(solene)
Jamais homem casado roçou meu corpo com a fímbria de um desejo!
(transfigurando-se em mãe de família)
Mas por que Sônia não namora menino de sua idade?
Tão natural, não é mesmo?
(sardônica)
Ah, não! Que esperança!
(cruel)
Prefere o marido de alguém!
(informativa)
Tem horror de rapaz novo!
(com desprezo)
Só pensa e sonha...
(vela o rosto, com pudor)
...com homem feito!
(sem transição, começa a pular amarelinha)
Interessante!
(evocativa)
Até outro dia... Outro dia é modo de dizer... Há coisa de um ano...
(ri, feliz)
...Sônia ainda brincava de amarelinha. Que ótimo!
(estaca)
Margarida... Onde está...
Olé...
Margarida...
Oli...
(lenta e desconfiada)
Olá.
(frívola e ágil, começa a jogar amarelinha)
Sônia de meias curtas... E os cabelos rolando sobre o silêncio das espáduas...
(cordial)
Sônia era menina, tão menina, que, até, nós duas tomávamos banho juntas...

(amável ainda)
Perfeitamente.
E a toalha era só felpuda.
Eu gostava de ver as gotas, milhares, sim, milhões de gotas nas costas, nos braços, de Sônia.
Cada gesto...
(ri, divertidíssima)
...era uma catástrofe de gotas.
(corta o riso)
Pois eu só gosto de namorado de minha idade.
Ou pouco mais velho, só.
(terror)
Mas súbito a menina...
(estaca)
O que foi que houve com a menina?
(paródia materna)
Hem, dr. Junqueira? Que foi?
(pigarro, andar de perna dura)
Nada, nada. Coisa à-toa.
(mãe aflita)
Mas Sônia anda triste.
Chora sem motivo...
Ou ri demais!
(baixa a voz)
Deu para ter vergonha de tudo.
De tudo, doutor!
Uma coisa por demais!
(pigarro)
A idade, minha senhora, a idade. A transição...
Idade?
(informativa)
Sônia tinha de 14 para 15 anos.
Quinze.
Ou 15.
Começou a ter vergonha de tudo. Dos próprios pés.
Seu coração palpitava, se ela via os próprios pés,
(doce)
frios e nus, sem meias e sem sapatos.
(pudor)
Pés despidos, meu Deus!
(excitada)
Tem mais, tem mais!
(vem fazer a revelação na boca de cena)
Tinha vergonha dos móveis.
Digo dos móveis descobertos, sem nenhum pano, nenhuma toalha. Portanto móveis nus.

(sofisticada)
Quanta bobagem!
(grita sem transição)
Mas, e eu?
Só se fala de Sônia! Eu própria só penso nela!
Porém agora só vou falar de mim. E de Paulo, também.
(num lamento)
Oh, Paulo! ainda não sei quem és.
Talvez meu primo, meu noivo ou cunhado, mas sei que há entre nós os "outros"...
(com ódio)
Os "outros" sempre existem, estão em toda a parte... Mas não...
(baixo)
Quem me separa de ti deve ser Sônia...
(em seu furor)
Eu sei que ela pensa em ti,
e fecha os olhos.
E se tranca no quarto.
Para pensar em ti.
Até morta, pensará em ti.
(corre ao piano. "Valsa nº 6")
Mas eu tenho meu punhal de prata.
(fora de si, empunha o invisível punhal)
E se eu pudesse apunhalar um nome, cravar neste nome um punhal. Depois vê-lo agonizar aos meus pés.
(veemente)
Se eu pudesse matar o nome de Sônia!
(atônita)
Porém roubaram o meu punhal de prata.
(súbito medo)
Que esperança! Eu não mataria ninguém. Nem mesmo um nome, juro!
(grita)
Não há uma assassina em mim!
(baixo)
Além disso, um defunto contamina tudo com sua morte, tudo,
a mesa e a dália.
(para a platéia)
Eu não mataria. Agora Sônia é diferente!
(segreda)
É capaz de tudo!
(grita)
Mas só elogiam Sônia. E a mim, não.

Sônia é isso, Sônia é aquilo.
(imitação caricatural)
Sônia tem vocação para música,
piano,
bordado.
(paródia do médico)
Sônia precisa fazer operação de amígdalas.
(despeito)
Eu também preciso, ora essa!
Também quero tirar as amígdalas!
E sei tocar "Valsa nº 6" direitinho.
(corre ao piano e dá um violento golpe no teclado)
Sônia já desejou a morte de alguém.
De quem?
Dele, é lógico. Mas quem é ele?
Deve ser um homem casado... Ou, então, Paulo!
(corre para a boca de cena)
Sim, desejou a morte de Paulo. Imaginou Paulo morto.
(num sopro de voz)
Sonhou com um velório não sei por que muito branco.
(dança e salta, trocando as pernas)
Sônia dança, Sônia canta!
(estaca)
Dançaria até na câmara ardente de Paulo.
(lenta)
Quem sabe se, na dança, não tropeçaria num círio?
(cordial, amável, mundana)
Mas num velório há sempre um cafezinho.
Distribuição e alarido de xícaras e pires.
Mais açúcar, madama?
(furiosa)
Hipócrita! Mentirosa!
(amável)
Bem. Eu sei fazer muitas coisas.
Declamo.
Conheço não sei quantas receitas de bolos.
(feliz)
E, uma vez, cerzi uma calça de papai tão bem, que nem parecia.
(coro)
Ela não desejaria a morte de ninguém.
Nem de Sônia?
De Sônia, talvez.
Ótima idéia a morte de Sônia.
(lenta e grave)

Mas Sônia não morrerá.
(exultante)
Há-de morrer, sim!
Farei promessa!
(grito)
Alguém gritou?
Não.
Gritou, sim! Foi, não foi? Um grito!...
(apavorada)
Um grito parecido com um que eu conheço. Mas não pode ser...
(medo ainda)
Foi coincidência.
(incerta)
Engraçado, tão parecido com o meu próprio grito.
(imitação de cochicho de comadre)
Que foi? Que foi?
Uma moça.
Mataram uma moça.
Onde?
Uma moça.
Novinha.
(bruxa)
Não é a primeira que morre.
(lenta)
Um homem casado matou!
(espanto e euforia)
Casado?
Marido de outra mulher?
(coro)
Casado, sim!
No civil e no religioso.
Com filhos.
Tinha uma mulher muito boa!
(bruxa)
Dizem que...
(corre, desesperada, em círculo)
Dizem o quê? Quero saber o que dizem! Preciso saber!
(cochicho)
Parece que a vítima...
(grita)
Vítima, não! O nome! Quero o nome!
(chega à boca de cena, apela para a platéia)
Alguém sabe o nome? Quem sabe diga, pelo amor de Deus! Eu não quero nada demais, apenas o nome!

(chorando)
E o que é um nome?
(novo tom)
Pois dizem que a vítima estava tocando uma música...
(senta-se, feroz, ao piano)
Esta?
("Valsa nº 6")
É, não é?
(mais cochicho)
Então, o assassino veio, devagarinho... Pelas costas...
(ávida)
Que mais? Pelo amor de Deus, que mais?
(sinistramente)
Não havia mais ninguém na sala.
Só os dois.
Os dois, sim.
A vítima ia ao seu primeiro baile... Tinha um vestido branco, de lantejoulas prateadas, véu nos ombros... E parece que teve um mau pressentimento, porque...
(gritando)
Continue!
(baixo)
Porque parou a música...
Sei, sei!
Então, o assassino pediu...
(corre para o piano)
Mais, mais!
("Valsa nº 6")
Sempre mais!
(novo trecho)
Sempre, sempre!
(frenesi)
Mais forte!
(o piano quase vem abaixo)
E a vítima continuava. Não ia parar nunca. Então...
(pausa. Deixa o piano)
O assassino mergulhou o punhal de prata nas costas da moça.
Mesmo ferida, a vítima quis continuar tocando e...
(dois acordes ainda)
Gritou?
Gritou.
Sei.
Mas não deu muita confiança à morte, porque ia tocando mais... Porém, a cabeça desabou sobre o teclado...

(golpe no teclado)
Quando apareceu gente, Sônia já estava morta.
(grita)
SÔNIA!
(baixo)
Sônia, disseram Sônia?
(cochicho)
Sônia, sim, como não?
Aquela menina.
Uma que tocava muito bem.
E sabia francês.
Natural.
Estudou nos melhores colégios.
(melíflua)
Incapaz de matar uma mosca!
(tranqüila e cruel)
Morreu. Enfim, morreu. Mas eu não estou satisfeita. Nada satisfeita. Pelo contrário...
(olha para os lados)
Seu enterro deve ter sido muito bonito.
E ela própria também, porque as mortas são uma simpatia.
(sofisticada)
Digo isso porque manda a boa educação.
(ostensivamente hipócrita)
Uma virgem morta entre flamas.
(feroz, sem transição)
Larga minhas pernas, Sônia.
(lenta)
Tu já morreste.
Teus olhos estão cegos dentro de mim.
Maldita!
(num aparte melífluo, para a platéia)
É feio falar mal dos mortos.
(feroz)
Teu vestido, sim, teu vestido de lantejoulas prateadas já não me persegue mais!
(na boca de cena)
Escondeste tua maldade de todos! Teu rosto, ninguém o conheceu.
(hirta)
Usaste uma face doce e altiva que não era a tua.
(mais paixão)
Só a morte viu o teu rosto verdadeiro e último.
(selvagem)

Dançarias, não?
Dançarias, se Paulo morresse? Pois eu danço também!
(corre no palco e pára para fazer a paródia das comadres)
Viram o assassino?
Quem?
O assassino!
Que coisa!
Completamente gagá!
Médico instruído!
Competente!
(comentário caricatural)
Os velhos hoje em dia são os piores!
(chamando os outros)
Vamos espiar, vamos?
(cruel)
Está ali, deitada, a menina que iludia a todos.
(como se rezasse)
Parecia uma jovem santa, branca e sem mácula, tão frágil e tão fina.
(comadre)
Eras boa demais para este mundo!
(hierática)
Vai-te!
Agora Paulo está puro de ti.
E eu queria que ninguém te visse mais.
Nem as flores do caminho.
Que teu perfil de morta passe por entre lírios cegos!
(numa maldição maior)
E onde quer que estejas, odiarás tua lancinante forma terrena.
(coro de comadres)
O pai está que nem doido!
De amargar!
E a mãe?
A mãe é bacana. Teve 15 ataques!
(bêbedo, com o típico soluço)
Sabe o que me invocou?
(avidez)
Que foi? que foi?
(bêbedo)
É que, mesmo ferida, mesmo com o punhal enterrado nas costas...
(soluço)
...a vítima ainda queria continuar tocando.
Vocação, ora essa!

(comadre melíflua)
Nessas ocasiões, eu tenho muita pena de quem fica!
E eu de quem morre.
(sofisticada)
Mas nem tem comparação.
Eu, hem!
Claro! Porque quem fica chora...
E o defunto?
O defunto nem sabe que morreu!
(Sônia corre ao piano. "Valsa nº 6." E grita dentro da música)
Sempre! Sempre!

FIM DO SEGUNDO E ÚLTIMO ATO

FARSA IRRESPONSÁVEL EM TRÊS ATOS • 1957

VIÚVA, PORÉM HONESTA

Programa de estréia de VIÚVA, PORÉM HONESTA, apresentada no Teatro São Jorge, Rio de Janeiro, em 13 de setembro de 1957.

VIÚVA, PORÉM HONESTA

Comédia em três atos de
Nelson Rodrigues

Distribuição por ordem de entrada em cena:

J.B.	Grijó Sobrinho
PARDAL	Raimundo Furtado
MADAME CRI-CRI	Norma de Andrade
DR. LUPICÍNIO	Heitor Dias
DR. SANATÓRIO	André Luiz
DIABO DA FONSECA	Jece Valadão
IVONETE	Dulce Rodrigues
DR. LAMBRETA	Rodolfo Arena
TIA ASSEMBLÉIA	Geny Borges
TIA SOLTEIRONA	Gessy Santos
DOROTHY DALTON	Wilson Marcos
PADRE	N.N.

ÉPOCA	atual
AÇÃO	Rio de Janeiro

Direção e *mise-en-scène* de *Willy Keller*
Cenários e figurinos de *Fernando Pamplona*

PERSONAGENS

DR. J.B.
PARDAL
DR. SANATÓRIO
DR. LUPICÍNIO
DR. LAMBRETA
DOROTHY DALTON
DIABO DA FONSECA
IVONETE GUIMARÃES
MADAME CRI-CRI
TIA ASSEMBLÉIA
TIA SOLTEIRONA
PADRE
ENFERMEIROS (2)

PRIMEIRO ATO

(Gabinete do diretor de A Marreta, *o maior jornal do Brasil. Em cena, dr. J.B. de Albuquerque Guimarães, gângster da imprensa, a mascar o charuto da sua sórdida prosperidade. Andando de um lado para outro, ele esbraveja.)*

DR. J.B. — Pardal! Pardal!

PARDAL *(jornalista de viseira)* — Pronto, doutor! *(está intimidado, parado na porta)*

DR. J.B. — Entra, seu zebu!

PARDAL — Entrei!

DR. J.B. — Você, com esse tapa-luz de jornalista de filme, sabe que me enche?

PARDAL — Perfeitamente!

DR. J.B. — Seu Pardal, o senhor telefonou para o cemitério?

PARDAL — Sim, mestre, telefonei.

DR. J.B. — Minha filha já sentou?

PARDAL — Não!

DR. J.B. — Ainda não sentou?

PARDAL — Continua de pé!

DR. J.B. *(desvairado)* — Todas as mulheres sentam, menos minha filha, e por quê?

PARDAL Não sei!

DR. J.B. — Pardal, puxa uma cadeira e senta!

PARDAL *(sentando-se)* — Sim, senhor!

DR. J.B. — Ou, por outra, fica em pé!

PARDAL — Sim, senhor! *(levanta-se)*

DR. J.B. — Agora olha para mim.

PARDAL — Sim, senhor!

(Dr. J.B., cara a cara com Pardal, um ar de louco, que apavora o outro.)

DR. J.B. — Quem sou eu?

PARDAL — O senhor não sabe?

DR. J.B. *(furioso)* — Responde: quem sou eu?

PARDAL — O diretor deste jornal!

DR. J.B. — E como é o nome deste jornal?

PARDAL — *A Marreta.*

DR. J.B. — Agora, o meu nome, quero o meu nome!

PARDAL — Dr. J.B.

DR. J.B. *(berrando)* — Por extenso, nome por extenso!

PARDAL — Dr. J.B. de Albuquerque Guimarães!

DR. J.B. *(trágico e exultante)* — Dr. J.B. de Albuquerque Guimarães, bonito nome para um cartão de visitas!

PARDAL *(apavorado)* — E a *manchete*, doutor?

DR. J.B. — Ainda não acabei, Pardal. Responde, eu sou importante aqui no Brasil? Eu mando e desmando? ou, pelo contrário, sou um fósforo apagado?

PARDAL — Manda e desmanda!

DR. J.B. — Tem certeza?

PARDAL — O senhor nomeia até ministro pelo telefone!

DR. J.B. — Sou então uma potência, Pardal?

PARDAL — É uma potência!

DR. J.B. — Mas o pior tu não sabes: eu me sentia tão vira-lata, tão pateta, que precisava que alguém me esfregasse na cara a minha própria identidade... Tens certeza que eu sou eu mesmo, que eu sou o dr. J.B. de Albuquerque Guimarães, diretor de *A Marreta*, o vespertino de maior circulação? Tens essa certeza?

PARDAL — Tenho!

DR. J.B. — Mentira!

PARDAL — Mas é verdade!

DR. J.B. — Não tenho força nenhuma. Ou por outra: tenho força para nomear ministros. Teria força para fazer sabe o quê?

PARDAL *(espavorido)* — Não!

DR. J.B. — Para montar em ti, meu redator-chefe, ou duvidas?

PARDAL — Montar em mim?

DR. J.B. — Imagina: tu, meu semelhante, depositário de uma alma imortal, montado por mim! Deixarias?

PARDAL — Sem testemunhas, com prazer.

DR. J.B. — Eu teria forças para isso, mas não tenho força para fazer a minha filha sentar. Conclusão: o verdadeiro animal sou eu e não tu, eu é que devia ser montado por ti e passear, no meu próprio gabinete, contigo na garupa!

PARDAL — E a *manchete*, doutor?

DR. J.B. — *Manchete?*

PARDAL — Onde devo pôr o país?

DR. J.B. — Que país?

PARDAL — O Brasil.

DR. J.B. — Ponha o Brasil à beira do abismo, seu Pardal!

PARDAL — Outra vez?

DR. J.B. — Outra vez e sempre! Ou você ignora que minha filha é uma viúva? E não uma viúva sentada, como há milhares, há milhões! Antes de fazer suas *manchetes*, pense na viuvez de minha filha, Pardal!

PARDAL — Tem razão, mestre!

DR. J.B. — Põe um troço assim: "Falência do Brasil"! Que tal?

PARDAL (*rabisca um papel*) — Bacana... (*lendo*) Falência do...

DR. J.B. — Abre num tipo tamanho de um bonde. A falência do Brasil sempre vendeu jornal!

PARDAL — O.k. (*sai e logo volta*) Seus convidados.

DR. J.B. — Chegaram?

PARDAL — Mando entrar?

DR. J.B. — Claro, seu zebu!

PARDAL (*vai e volta*) — Tenham a bondade. Por aqui.

CONVIDADOS — Pois não.

(*Entram o psicanalista, o otorrino e a ex-cocote.*)

DR. J.B. — Desinfeta, Pardal! (*para os recém-chegados*) Vamos entrar!

PSICANALISTA — Como tem passado?

DR. J.B. — Entrem!

OTORRINO (*cumprimentando*) — O senhor só tem um redator?

DR. J.B. — Eu não podia pôr aqui um elenco de Cecil B. de Mille.

EX-COCOTE — Tudo azul?

(*Todos se sentam.*)

DR. J.B. — Não falta mais ninguém?

(*Neste momento, há uma explosão que lembra o magnésio dos antigos fotógrafos. Irrompe da fumaça um sujeito de casaca, com dois esparadrapos na testa.*)

DESCONHECIDO — Cáspite!

DR. J.B. — Quem é o senhor?

DESCONHECIDO — Não desconfia?

DR. J.B. — Não!

DESCONHECIDO (*faz uma mesura*) — Diabo da Fonseca, para servi-lo!

DR. J.B. — Que diabo?

DIABO DA FONSECA — O próprio!

DR. J.B. — Prove!

DIABO DA FONSECA (*arranca a carteirinha*) — Eis a minha carteirinha profissional!

(*Todos se precipitam.*)

DR. J.B. (*lendo*) — "Diabo da Fonseca. Profissão: Belzebu."

DIABO DA FONSECA — Confere?

DR. J.B. — Batata!

EX-COCOTE — O esparadrapo na testa foi algum acidente com seu senhorra?

DIABO DA FONSECA — Madame, eu sou solteiro e, nem ao menos, amigado!

OTORRINO — Não gosta de mulher?

DIABO DA FONSECA — Prefiro as viúvas!

DR. J.B. — Mas, afinal, a que devemos o prazer?

DIABO DA FONSECA — Eu explico. Imagine que eu vinha passando por aqui, acidentalmente e, de repente — foi de repente — senti um cheiro mortal, incoercível, incontrolável de viúva... Ainda agora sinto viúva no ar... *(para um dos presentes)* — Aqui alguém é viúva?

PSICANALISTA — Eu sou psicanalista!

DIABO DA FONSECA *(desvairado)* — Um de nós é viúva!

DR. J.B. — Contenha-se, Diabo da Fonseca, e seja um dos nossos. Abarraque-se.

DIABO DA FONSECA *(senta-se)* — Obrigado.

DR. J.B. — Bem, agora as apresentações: Aqui, madame Cri-cri. Foi *cocote* ao tempo da vacina obrigatória...

MADAME CRI-CRI — No meu época a mulher usava bigodes no sovaco!

DR. J.B. — Este é o dr. Lupicínio, psicanalista de primeira água.

(Dr. Lupicínio ergue-se e cumprimenta apertando as mãos, como num boxeur.*)*

DR. J.B. — Tem no consultório até vitrola caça-níqueis, com discos de churrascaria.

DIABO DA FONSECA — Cáspite!

MADAME CRI-CRI *(para o psicanalista)* — Doutor, nós somos colegas, doutor!

DR. LUPICÍNIO — Como assim, madame?

MADAME CRI-CRI — Oh, sim! Nós tratamos do sexo, eu, no meu casa, o doutor, no seu consultório!

DR. LUPICÍNIO — Absolutamente!

MADAME CRI-CRI — O sexo, nosso ganha-pão, o nosso mina!

DR. LUPICÍNIO *(invocando o testemunho alheio)* — Vejam! O que é que tem o sexo com as calças!

DR. J.B. — Não briguem!

MADAME CRI-CRI — Ou, eu não sou cafajeste!

DR. J.B. *(continuando)* — Dr. Sanatório Botelho, otorrino insigne...

DR. SANATÓRIO *(ergue-se gravemente)* — Muito prazer. E se me permitem... *(arranca um travesseiro da barriga)*

DIABO DA FONSECA — Barriga artificial, doutor?

DR. SANATÓRIO — É preciso!

MADAME CRI-CRI — Ora veja!

DR. SANATÓRIO — O médico precisa ser barrigudo — infunde respeito, confiança! A barriga impressiona os maridos. Mas pesa!

DR. J.B. — Meus amigos, estamos reunidos aqui, inclusive o diabo, por quê?

DIABO DA FONSECA — Cáspite!

DR. J.B. — Sim, por quê? Pelo seguinte: porque minha filha única, Ivonete, ficou viúva.

(O diabo atira-se aos berros, aos aplausos.)

DIABO DA FONSECA *(batendo palmas)* — Muito bem! Bravíssimos! Bravos!

DR. J.B. — Endoidou, Satanás?

DIABO DA FONSECA — Eu sempre aplaudi qualquer viuvez!

DR. J.B. — Como eu ia dizendo: meu genro viajou de papa-filas e o papa-filas virou. Morreu todo o mundo e o meu genro virou farelo. Ora, direis, viúvas há muitas. Mas as outras sentam e a minha filha não. Qualquer dia desses morre como uma cambaxirra.

DIABO DA FONSECA — Reze, meu amigo, reze!

DR. J.B. — E eu chamei vocês, porque sempre tive a mania dos especialistas. Quando minha filha casou, toda sua primeira noite, de fio a pavio, foi orientada por especialistas.

MADAME CRI-CRI — Mulher também deve ser orientada no adultério!

DIABO DA FONSECA — Madame, a senhora é um crânio!

DR. J.B. — Agora, na sua viuvez, eu recorro novamente aos técnicos. Cada um dos presentes tem, no caso, uma autoridade óbvia. Por exemplo, madame Cri-cri. Contemporânea do Kaiser, de Mata-Hari, da febre amarela, sabe tudo, não sabe, madame?

MADAME CRI-CRI — Dou os meus palpites!

DR. J.B. — Hoje, tem casas até em Istambul. Nosso amigo psicanalista vive do sexo. O otorrino parece não ter nada com o peixe. Engano. Ninguém ama sem ouvidos, nariz e garganta. Quanto ao nosso amigo Belzebu, quem discutiria, sim, quem?, a sua autoridade sexual milenar? Fala: tu não és perito em amor, em mulher, Belzebu?

DIABO DA FONSECA — Bem. Eu não me considero nenhum Bocage, mas me defendo.

DR. LUPICÍNIO — Acho que já vi o Diabo nalguma revista da praça Tiradentes!

DR. J.B. — Ora, no meu fraco entender, a viuvez é um problema de sexo, ou não é?

DR. LUPICÍNIO — Admitamos.

DR. J.B. — E se é, vocês, que são donos da matéria, madame com seu tráfico de brancas, dr. Lupicínio com seu consultório de *boîte*, dr. Sanatório com sua bossa, vocês vão liquidar o caso de minha filha. Entendidos?

DIABO DA FONSECA — Cáspite!

DR. J.B. — Fala um de cada vez, apresentando uma solução salvadora. Com a palavra, o psicanalista.

DR. LUPICÍNIO — Logo eu?

DR. J.B. — Perfeitamente.

DR. LUPICÍNIO — Mas por que eu?

DR. J.B. — Evidente.

DR. LUPICÍNIO — Não posso falar.

DR. J.B. — Como não pode?

DR. LUPICÍNIO — O doente fala, eu calo. O doente paga, eu nem pio. Aliás, cobro meu silêncio pelo taxímetro. *(exibe o taxímetro)*

DIABO DA FONSECA — Que mamata!

DR. LUPICÍNIO — Sua filha está morrendo. Muito bem. Ela entra com uma angústia braba e eu com um divã macio. Eis a minha contribuição: o divã.

MADAME CRI-CRI — Você usa o divã, eu uso o cama.

DR. J.B. — Continue, amigo psicanalista.

DR. LUPICÍNIO — Não posso. Aliás, nunca falei tanto e já me sinto um traidor da psicanálise. Não me peça mais que o divã.

DR. J.B. — Adiante. Com a palavra o otorrino. Como arrancar minha filha da morte?

DR. SANATÓRIO — Com licença. Vou recolocar a barriga para maior dignidade do meu pronunciamento. *(repõe a barriga e, ao mesmo tempo, vai falando)* Meus concidadãos, esse problema de "viuvez inconsolável" é meio relativo. A última viúva que eu conheci fez o seguinte: saiu do cemitério chupando chicabon. Diga-se que fazia um calor brabíssimo. Mas, enfim, sua filha está mesmo inconsolável e eu pergunto: ela já fez a radiografia dos dentes?

DR. J.B. — Pra quê?

DR. SANATÓRIO — Mas é óbvio!

DR. J.B. — Explique-se!

DR. SANATÓRIO — Convém uma pesquisa de focos dentários. É bom!

DIABO DA FONSECA — Peço a palavra!

DR. J.B. — Com a palavra, o Belzebu!

DIABO DA FONSECA — Está tudo errado!

DR. J.B. — Por quê, carambolas?

DIABO DA FONSECA — Lógico! Estamos falando de uma viúva que não conhecemos, que não estamos vendo. Como opinar no escuro? Como salvar uma viúva, sem vê-la e sem cheirá-la?

DR. J.B. — Você quer cheirar minha filha?

DIABO DA FONSECA — Por que não?

DR. J.B. — Com que intuito?

DIABO DA FONSECA — De pura investigação psicológica.

DR. J.B. *(para os outros)* — Melhorou!

DIABO DA FONSECA — Sim e pelo seguinte: cada mulher ou, por outra, cada viúva tem um cheiro pessoal, intransferível, que é preciso captar. Conhece-se uma mulher de várias maneiras, inclusive cheirando-a, meticulosamente. Concorda?

DR. J.B. *(para todos)* — Vocês querem ver minha filha?

DR. LUPICÍNIO — Queremos!

DR. J.B. — O.k. Vou buscá-la. Seu Pardal!

PARDAL *(entrando)* — Cheguei!

DR. J.B. — Seu Pardal, não me deixa ninguém sair, compreendeu? Volto já.

(Sai.)

PARDAL — Não há perigo.

(Pardal planta os pés, cruza os braços, como a prevenir qualquer tentativa de fuga. Vem o diabo ter com o Pardal um duelo de perguntas e respostas rapidíssimas.)

DIABO DA FONSECA — Que tal o homem?

PARDAL — Um cavalo!

DIABO DA FONSECA — De quantas patas?

PARDAL — Vinte e oito!

DIABO DA FONSECA — E a mulher dele?

PARDAL — A falecida?

DIABO DA FONSECA — Prestava?

PARDAL — Uma messalina!

DIABO DA FONSECA — E a filha?

PARDAL — Pior!

DIABO DA FONSECA — Por quê?

PARDAL — Não respeita nem poste!

DIABO DA FONSECA — E nós?

PARDAL — Uns palhaços!

DIABO DA FONSECA — E você?

PARDAL — Um cretino!

DIABO DA FONSECA — Obrigado!

(Cessa o diálogo entre Pardal e o Diabo. O dr. Sanatório dirige-se ao Diabo.)

DR. SANATÓRIO — Vai ver que a filha do nossa amizade é algum bucho!

DIABO DA FONSECA — Protesto! Meu amigo, tenho milhões de anos!

DR. SANATÓRIO — Não parece!

DIABO DA FONSECA — Pois nunca, nesse curto período, encontrei uma viúva que fosse, ainda que remotamente, um bucho! Uma viúva nunca seria um bucho, não senhor, absolutamente, ora veja!

DR. LUPICÍNIO *(para madame Cri-cri)* — Madame, a senhora é francesa?

MADAME CRI-CRI — Faz diferença?

DR. LUPICÍNIO *(amabilíssimo)* — Responda, madame!

MADAME CRI-CRI — Polaca!

DR. LUPICÍNIO — Tem certeza?

MADAME CRI-CRI *(dengosa)* — Nasci lá!

DR. LUPICÍNIO — Quer dizer que as polacas existem?

MADAME CRI-CRI — Parrece!

DR. LUPICÍNIO — Quem diria?

(Dr. Sanatório, que estava andando de um lado para outro, estaca, puxa um relógio e esbraveja.)

DR. SANATÓRIO — Tenho hora marcada e o dr. J.B. que não vem, ora pipocas!

MADAME CRI-CRI — O doutor psicanalista quer-me dar uma palavrinha, em particular?

DR. LUPICÍNIO — Com prazer.

MADAME CRI-CRI — Oh, por que o doutor não vem no meu casa?

DR. LUPICÍNIO — Por quem me toma, madame?

MADAME CRI-CRI — Eu fazer um abatimento, um preço de avenida Passos!

DR. LUPICÍNIO — Não insista, madame!

MADAME CRI-CRI — O doutor tem algum tara especial?

DR. LUPICÍNIO — Eu sou analisado, madame!

MADAME CRI-CRI — Meu casa aparelhada para qualquer preferência do freguês... E pode confessar seu tara... Cada um tem o seu, vou-lhe provar. Chega aqui um momentinho, Diabo da Fonseca.

DIABO DA FONSECA — Chamou, madame?

MADAME CRI-CRI — Você não tem um tara?

DIABO DA FONSECA *(estarrecido)* — Como sabe?

MADAME CRI-CRI — Oh, responda, menino!

DIABO DA FONSECA — Tenho, mas é inconfessável!

DR. LUPICÍNIO *(depois de olhar para os lados)* — Deve ser uma tara muito grave!

DIABO DA FONSECA — Gravíssima!

MADAME CRI-CRI — Conta pra nós, baixinho. Eu serr de confiança. Doutor também boca-de-siri.

DIABO DA FONSECA — É uma coisa horrível, que me persegue desde a primeira chupeta. Eu digo, mas a senhora não pode contar nem para sua mamãe.

MADAME CRI-CRI — Eu jura!

DIABO DA FONSECA — Então, eu vou contar, baixinho, bem baixinho... *(põe-se a berrar, como um possesso)* Há uns milhões de anos que eu sonho com uma viúva. Dia e noite, só penso nela. É minha sina, madame!

MADAME CRI-CRI — Eu arranjar viúva recentinha, de 48 horas!

DIABO DA FONSECA — Não serve, madame!

MADAME CRI-CRI — De 24 horas, fresquinha!

DIABO DA FONSECA — Madame, aquela que eu espero, há milhões de anos, não é uma qualquer. É viúva, porém honesta. Só serve assim.

MADAME CRI-CRI *(põe as mãos na cabeça)* — Honesto? Viúva honesto? Oh, você tirou meu rebolado!

DR. LUPICÍNIO — E nunca encontrou uma nessas condições?

DIABO DA FONSECA — Mas não perdi as esperanças ou, por outra, ainda não perdi a última esperança: a filha do dr. J.B. Talvez seja a viúva dos meus sonhos, talvez. Porém se me falhar esse cartucho derradeiro e suicida, eu entro para um convento!

PARDAL — Atenção! Muita atenção! Acaba de chegar o dr. J.B., com a sua filha, d. Ivonete!

(Entra dr. J.B. com a viúva. Esta, de luto fechado e inconsolável.)

DR. J.B. — Demorei, porque fui apanhar minha filha no cemitério. Estava lá, junto ao túmulo do marido.

(Cada qual apanha uma cadeira para oferecer à inconsolável.)

MADAME CRI-CRI — Oh, sente-se!

IVONETE — Nunca!

DR. LUPICÍNIO — Não quer sentar-se?

IVONETE — Eu sou uma viúva!

DR. SANATÓRIO — E daí?

IVONETE — Ou o senhor pensa que vou sentar-me como qualquer uma, cruzar as pernas etc. etc.?

DR. LUPICÍNIO — Não pode?

IVONETE — Jamais!

DR. SANATÓRIO — Quer dizer que sentar é um ato gravíssimo?

IVONETE — Sim, um desrespeito à memória do marido. Se eu me sentasse, o que é que o senhor diria de mim? Responda! *(espeta o dedo no peito do dr. Sanatório)*

DR. SANATÓRIO — Eu, minha senhora, não diria absolutamente nada!

IVONETE — Seu mentiroso!

DR. J.B. — Pode xingar, minha filha, xinga à vontade! *(para o dr. Sanatório)* Deixa ela xingar!

IVONETE — Uma virgem qualquer pode sentar e fazer outros papéis. Não uma viúva. Eu tenho um compromisso, afinal de contas.

DR. LUPICÍNIO — Mas seu marido não morreu, minha senhora?

IVONETE — Morreu. E por isso mesmo. Ou o senhor me acha com cara de trair um marido morto? Um vivo não significa nada. O senhor, por exemplo, é casado?

DR. LUPICÍNIO — Perfeitamente.

IVONETE — Vive bem com sua mulher? Vai dizer que vive bem. Mentira. Vive mal. Não se pode viver com um marido que não morreu. O senhor está vivo. Já imaginou como o senhor deve ser chato em casa? No quarto, no banheiro? E se a sua senhora, achando que o senhor é realmente chato, resolve traí-lo? Pôr-lhe uns chifres?

DR. LUPICÍNIO — Em mim?

DR. J.B. *(rosnando)* — Não contraria!

IVONETE *(espetando-lhe o dedo)* — Em si!

DR. LUPICÍNIO — Azar o meu!

IVONETE *(baixo)* — Sua cara dá vontade de trair.

DR. J.B. *(rosnando)* — Confirma!

IVONETE — Não dá vontade de trair?

DR. LUPICÍNIO — Minha cara dá uma vontade imensa de trair!

IVONETE — Isso! Agora me responda: já viu algum cadáver chato?

DR. LUPICÍNIO — Não.

IVONETE — Ou burro?

DR. SANATÓRIO — Não.

IVONETE — Ou analfabeto?

MADAME CRI-CRI — O morto é sempre boa-praça!

IVONETE — Portanto, só a viúva é que deve ser fiel, só. As outras, não. As outras não precisam.

DR. J.B. — Mas sente-se, minha filha!

IVONETE — Não farei isso, nem outras coisas piores. Por exemplo: eu posso limpar as orelhas, enfiar o dedo no ouvido, como uma reles virgem? posso?

DIABO DA FONSECA — Não pode!

IVONETE — Meu pai, volto ao cemitério!

DR. J.B. — Eu levo no automóvel.

IVONETE — Com licença! *(sai com o pai. Os outros inclinam-se)*

PARDAL — Abram o olho: vigarista autêntica!

DR. LUPICÍNIO *(para o Diabo)* — Gostaste?

DIABO DA FONSECA — Legal!

DR. SANATÓRIO — Pões a mão no fogo?

DIABO DA FONSECA — Por ela?

DR. SANATÓRIO — Pões?

DIABO DA FONSECA — De olhos fechados!

DR. LUPICÍNIO — Rapaz, não ponhas a mão no fogo por viúva nenhuma!

DIABO DA FONSECA — Por essa, ponho. Honesta às pampas! E eu só digo a vocês uma coisa: invejo esse marido, esse morto, esse defunto, eu queria estar lá, onde ele está, podre, mas com essa boa por cima!

(Entra o dr. J.B., Pardal perfila-se à sua entrada.)

PARDAL — Mestre!

DR. J.B. — Já conhecem a viúva e qual é a conclusão?

DR. SANATÓRIO — Com licença.

DR. J.B. — Pode falar.

DR. SANATÓRIO — Conhecemos a viúva, sim. Mas falta um detalhe — o marido.

MADAME CRI-CRI — Posso dar meu palpite?

DR. J.B. — Com a palavra, madame Cri-cri.

MADAME CRI-CRI — Seu genro tinha algum tara?

DR. J.B. — Por quê, madame?

MADAME CRI-CRI — Geralmente, o marido muito chorado teve um tara muito simpático, muito agradável. Não foi assim com o falecido?

DR. J.B. — Madame, eu não sou precisamente a viúva.

DR. LUPICÍNIO — Mas precisamos saber quem foi e como foi seu genro!

DR. J.B. — Vou-lhes contar um episódio capital. Prestem atenção. Vem cá, Pardal.

PARDAL — Pronto, mestre.

DR. J.B. — Você se lembra daquele dia? como foi?

PARDAL — Ah, me lembro, sim. *(luz escurece em cima da mesa)* Eu estava na redação, quando...

(Fugitivo, de uniforme. Mete-se debaixo da mesa.)

PARDAL — Eu estava comendo um sanduíche. E, de repente... *(mastiga um imaginário sanduíche)* Que é que está fazendo aí?

FUGITIVO *(com voz de falsete)* — Socorro... Socorro...

PARDAL — Qual é o drama?

FUGITIVO — Ah, me salve, moço, me salve!

PARDAL — Levanta!

FUGITIVO — A polícia me persegue! Está atrás de mim! Olha que eu corto os pulsos!

PARDAL — Seu pivete!

FUGITIVO — Fugi do SAM, moço!

PARDAL — Ah, é? Então, rua! rua! Não tenho nada com isso, e não amole!

FUGITIVO — Ih, o senhor nem parece que teve mãe!

PARDAL — Ó, seu cachorro! te meto a mão, já, já e... Mas espere... Do SAM? Fugiste do SAM?

FUGITIVO — Pois é, fugi de lá com o "Pola Negri"! Batiam na gente.

PARDAL — Tive uma idéia, e luminosa. Vem cá, ó... como é teu nome?

FUGITIVO — Dorothy Dalton.

PARDAL — Bolei uma idéia, Dorothy Dalton. Vamos falar com o nosso diretor, que é uma mãe, um caráter! Mas não fala, fica só ouvindo, e deixa eu falar. *(vão ao encontro do dr. J.B.)* — Esse cara fugiu do SAM e...

DR. J.B. — Entrega à polícia!

PARDAL — Tive uma idéia melhor, diretor. É um troço maquiavélico. Que tal se a gente pegasse esse cara para fazer demagogia sórdida?

DR. J.B. — Bem sórdida?

PARDAL — É simples: a gente apanha o Dorothy Dalton e faz-se a recuperação do bicho.

DR. J.B. — Isso é irrecuperável!

PARDAL — Também acho, mas não tem importância. O que interessa é a onda contra o SAM e a nosso favor. Ficaria demonstrado que o SAM, em vez de corrigir, corrompe. Ao passo que nós — veja bem — nós passaríamos pelos salvadores de uma besta como essa. Dá-se um emprego, um emprego qualquer e faz-se a demagogia.

DR. J.B. — É uma idéia!

PARDAL — Não é?

DR. J.B. — Mas que tipo de função teria o Dorothy Dalton, com esse nome de cinema mudo?

PARDAL — Só vendo. Vem cá, Dorothy Dalton, chega aqui.

DR. J.B. — Mas que figurinha!

PARDAL — O que é que você sabe fazer? Antes de ir para o SAM o que é que você fazia?

DOROTHY DALTON — Raspava pernas de passarinho a canivete!

DR. J.B. — Bonito!

PARDAL *(exultante)* — Já sei. Crítico de teatro!

DR. J.B. — Você acha?

PARDAL — Mas olha a pinta, doutor! Está na cara! Não é escrito e escarrado o crítico teatral da nova geração?

DR. J.B. *(para Dorothy Dalton)* — Topas?

DOROTHY DALTON — Por mim, qualquer prazer me diverte!

DR. J.B. — Mas já sabe. Avisa que o jornal é contra o sexo!

PARDAL *(para o Dorothy Dalton)* — Ouviste, Dorothy Dalton? Qualquer peça que tenha uma insinuação sobre sexo, sobre amor de mulher com homem, você mete o pau, escracha! Outra coisa: se uma personagem ficar grávida, você também espinafra, vai espinafrando! Não admitimos gravidez em cena!

(Cessa a evocação do episódio. Saem Pardal e Dorothy Dalton.)

DR. J.B. — A partir desse momento, o Dorothy Dalton sentou-se na minha alma!

DR. LUPICÍNIO — E o seu genro, doutor?

DR. J.B. — Já chegaremos lá.

DIABO DA FONSECA — Queremos conhecer um marido tão chorado, que devia ser uma especialidade!

DR. J.B. — Primeiro, ouçam mais esta — um fato que alterou, mudou toda a minha vida. Um dia, minha filha amanheceu febril. Nada de importante. Um resfriado bobo. Apenas uma coriza à-toa, só. Mas pelo sim, pelo não, mandei a menina ao médico da família, de toda a confiança. Uma tia Solteirona foi levá-la. Vamos abrir um espaço para o passado.

(Dr. J.B. e os outros vão saindo.)

DR. LUPICÍNIO — Vocês vão na frente, que eu quero dar uma palavrinha à madame Cri-cri.

DR. SANATÓRIO — Não demore!

MADAME CRI-CRI — Pode falar, doutor psicanalista!

DR. LUPICÍNIO — Madame, aquele negócio é batata?

MADAME CRI-CRI — Que negócio?

DR. LUPICÍNIO *(já com dispnéia)* — A senhora sabe, madame!

MADAME CRI-CRI — Das viúvas?

DR. LUPICÍNIO *(faunesco)* — Madame, existe viúva de 24? ou de 48 horas?

MADAME CRI-CRI — Oh, duvida?

DR. LUPICÍNIO — Mas viuvez documentada, madame?

MADAME CRI-CRI — Não entendo!

DR. LUPICÍNIO *(num rompante)* — Quero uma que me esfregue na cara o atestado de óbito. Eu fui analisado, madame, mas exijo o atestado de óbito!

MADAME CRI-CRI — Oh, arranja-se!

DR. LUPICÍNIO — Dinheiro há! Dinheiro há!

MADAME CRI-CRI — Combinado de pedra e cal!

DR. LUPICÍNIO — Madame, a senhora é uma mãe!

FIM DO PRIMEIRO ATO

SEGUNDO ATO

PRIMEIRO QUADRO

(Consultório do dr. Lambreta, clínico ilibado. Velhinho de óculos, um ar de avô de todo o mundo. Entram tia Assembléia e Ivonete, a filha do dr. J.B. O dr. Lambreta está de costas para as recém-chegadas, escrevendo.)

TIA ASSEMBLÉIA — Como tem passado, dr. Lambreta?

DR. LAMBRETA — Não me dê "bom-dia", porque estou cobrando até cumprimento!

(Vira-se o dr. Lambreta. Muito míope. Vive esfregando as mãos e dando risadinhas como uma bruxa de discos para crianças. Só falta enfiar a cara no nariz da cliente, para enxergá-la.)

DR. LAMBRETA — Quem é a senhora?

TIA ASSEMBLÉIA — Não se lembra mais de mim?

DR. LAMBRETA — Sou muito mau fisionomista!

TIA ASSEMBLÉIA — O senhor é médico da nossa família há 45 anos e meu nome é Assembléia...

DR. LAMBRETA — Já sei: a tia Solteirona!

TIA ASSEMBLÉIA — Isso mesmo!

DR. LAMBRETA — Tenho uma memória batata! E quem é essa figurinha difícil da Bala Ruth?

TIA ASSEMBLÉIA — Não se lembra? O senhor fez o parto dela!

DR. LAMBRETA — Agora me lembro. Seu pai é jornalista! Carreguei essa menina no colo. Você... *(vira-se pra Ivonete)* ...fez muito xixi em cima de mim!

IVONETE — Quero ir-me embora!

TIA ASSEMBLÉIA — Tenha modos!

DR. LAMBRETA *(para a tia)* — Chega aqui, chega! *(leva a tia para um canto)*

IVONETE — Volta, titia, volta!

TIA ASSEMBLÉIA — Tão agarrada a mim, dr. Lambreta! *(para a menina)* Fica bonitinha!

IVONETE — Quero ficar com a senhora, ah!

TIA ASSEMBLÉIA — Pois fica, mas tira a mão da saia, tira! *(para o médico)* Pode falar, doutor, que ela não entende! Tão ingênua, ih!

DR. LAMBRETA — A senhora tinha uns sonhos, não é mesmo?

TIA ASSEMBLÉIA *(deliciada)* — E ainda tenho!

DR. LAMBRETA *(com uma risadinha)* — Uns sonhos impróprios?

IVONETE — Eu também sonho, titia!

TIA ASSEMBLÉIA — Quietinha! *(para o velhinho)* Eu sonho sempre com um homem...

DR. LAMBRETA — O mesmo homem!

TIA ASSEMBLÉIA — Sempre o mesmo!

DR. LAMBRETA *(com um riso sôfrego)* — Continua!

TIA ASSEMBLÉIA — É assim: eu venho atravessando um terreno baldio...

DR. LAMBRETA — E o homem aparece!

TIA ASSEMBLÉIA — Aparece. E imagine: nu da cintura para cima!

IVONETE — Por que é que a senhora não correu, titia?

TIA ASSEMBLÉIA — Fica quieta, senão eu ponho você sentadinha ali, de castigo!

DR. LAMBRETA — Nu da cintura para cima não oferece perigo!

TIA ASSEMBLÉIA — Mas eu tenho medo!

DR. LAMBRETA — Que foi que lhe receitei?

TIA ASSEMBLÉIA — Uns diuréticos!

DR. LAMBRETA — E continua sonhando?

TIA ASSEMBLÉIA — Do mesmo jeito!

DR. LAMBRETA — Tira a roupa!

TIA ASSEMBLÉIA — Pra quê?

DR. LAMBRETA — Precisamos ver isso! Precisamos ver isso!

TIA ASSEMBLÉIA — Não sou eu, doutor!

DR. LAMBRETA — Então, quem é?

TIA ASSEMBLÉIA — Ela!

DR. LAMBRETA — Essa coisinha linda?! *(para a tia Assembléia)* Mas depois a senhora vai-me contar tudo o que tem havido no sonho. Conta?

TIA ASSEMBLÉIA — Tudo, doutor?

DR. LAMBRETA — Com detalhe! O detalhe é essencial! *(para Ivonete)* Mas vamos ver a nossa amiguinha. Está com dodói, coração? Diz pro vovô, diz?

IVONETE — Chato!

TIA ASSEMBLÉIA — Sua feiosa!

DR. LAMBRETA — Que espontaneidade! Que idade você tem?

IVONETE — Não sei!

TIA ASSEMBLÉIA — Quinze.

DR. LAMBRETA *(num deslumbramento gagá)* — Quinze, logo 15! *(para a tia)* Mas é o que eu chamo uma idade criminosa!

TIA ASSEMBLÉIA — Por quê, dr. Lambreta?

DR. LAMBRETA — Madame, eu tenho uma teoria acerca da idade feminina. Na minha opinião, a mulher só devia ter 15 anos, nem um minuto a mais, nem um minuto a menos...

TIA ASSEMBLÉIA — Mas que exagero, doutor!

DR. LAMBRETA *(de mãos postas)* — Batata, minha senhora, batata! *(para a menina)* Mas o que é que ela tem, o meu bibelô?

TIA ASSEMBLÉIA — Não sei bem. Coriza, doutor!

IVONETE — Ah, vamos embora!

TIA ASSEMBLÉIA — Menina intolerável!

DR. LAMBRETA — Escuta: vou-te examinar, mas não vai doer nada, nada...

IVONETE *(num repelão)* — Me larga!

DR. LAMBRETA — Ela tem pudor?

TIA ASSEMBLÉIA — Demais, doutor! Também é natural: viveu, até ontem, no colégio interno, e praticamente nunca viu um homem!

DR. LAMBRETA *(esboça um gesto para a garota)* — Meu anjinho...

IVONETE *(contraída)* — Eu grito!

DR. LAMBRETA — ...mas ouve: eu vou só olhar tua lingüinha, ouviu? Não precisa ficar com medo, porque eu estou nessa idade em que o médico começa a vender amostra... Faz assim, olha! *(mostra a língua)*

TIA ASSEMBLÉIA — Mostra a língua!

IVONETE — Tenho vergonha!

TIA ASSEMBLÉIA — Pudor às vezes atrapalha!

DR. LAMBRETA — Abre a boquinha, olha!

(Ivonete obedece e o dr. Lambreta aplica-lhe uma colher.)

DR. LAMBRETA — Assim. Viu como não dói?

TIA ASSEMBLÉIA — Que tal, doutor?

DR. LAMBRETA — Garganta, língua, gengivas vermelhinhas como romã... Madame, essa menina tem razão em não querer abrir a boca... Uma boca aberta é meio ginecológica, madame... Afinal, o dentista acaba sendo ginecologista... *(espantado)* Mas vejam só!

TIA ASSEMBLÉIA — Que foi, doutor?

DR. LAMBRETA — Não é possível!

TIA ASSEMBLÉIA — Está inflamada a garganta?

DR. LAMBRETA — Minha senhora, estou com minha cara no chão!

TIA ASSEMBLÉIA — É crupe, doutor?!

DR. LAMBRETA — Calma, calma! Ainda é cedo para uma última palavra... Vou fazer um novo exame... Meu coração, agora você vai-me deixar escutar nas tuas costinhas, deixa?

IVONETE — Não dói?

DR. LAMBRETA — Te juro!

IVONETE — Então, eu deixo!

TIA ASSEMBLÉIA — Assim que eu gosto!

DR. LAMBRETA — Já perdeu a vergonha, não foi?

(Ivonete dá um grito inesperado e terrível.)

IVONETE — Quero ficar nua!

TIA ASSEMBLÉIA — Mas que é isso, menina!
DR. LAMBRETA — Não faz mal, deixa!
TIA ASSEMBLÉIA — Ela é assim, de rompante! Mas tudo isso é inocência, doutor!

(Dr. Lambreta põe a toalha nas costas da menina.)

DR. LAMBRETA — Diga 33, meu bem.
IVONETE — Trinta e três.
DR. LAMBRETA — Outra vez.
IVONETE — Trinta e três.
DR. LAMBRETA *(vira-se para a tia)* — Em todo caso, pelo sim, pelo não, é bom chamar o pai dessa menina.
TIA ASSEMBLÉIA — Pra quê, doutor?
DR. LAMBRETA — Não me faça perguntas que ainda não posso responder.
TIA ASSEMBLÉIA *(em pânico)* — Mas há perigo, doutor?
DR. LAMBRETA — Telefone, já!

(Tia corre para o telefone.)

TIA ASSEMBLÉIA *(para o médico)* — Se essa menina morrer, eu me mato, doutor!
DR. LAMBRETA *(continua auscultando)* — Agora respire forte. *(Ivonete obedece.)* Mais.
IVONETE — Pronto, doutor?
DR. LAMBRETA — Pode vestir.
TIA ASSEMBLÉIA *(no telefone)* — Venha correndo, chispado! Sua filha está nas últimas! *(desliga. Precipita-se para o médico)* Então, doutor?
DR. LAMBRETA — Bem, minha senhora, tenho uma má notícia. Infelizmente, confirmaram-se minhas suspeitas.
TIA ASSEMBLÉIA — Que suspeitas?
DR. LAMBRETA — Vamos esperar o pai.
TIA ASSEMBLÉIA — Mas tem cura?
DR. LAMBRETA — Para Deus, nada é impossível, minha senhora.
IVONETE — Eu posso comer de tudo, doutor?
DR. LAMBRETA — Vem cá. Olha pra mim: se eu perguntar uma coisa, você me responde?
IVONETE — O que é?
DR. LAMBRETA — Se me responder, eu te deixo comer de tudo. Responde?
IVONETE — Respondo.
DR. LAMBRETA — Então, vamos lá: você tem namorado?

TIA ASSEMBLÉIA — Oh, doutor!

DR. LAMBRETA — Por que "oh", minha senhora? Ora veja!

TIA ASSEMBLÉIA — Mas ela é tão sem maldade que pensa, até hoje, que mulher pode casar com mulher!

IVONETE — Eu não gosto de homem!

TIA ASSEMBLÉIA — Viu?

DR. LAMBRETA — Mas vamos deixar a menina responder, sim, d. Assembléia?

TIA ASSEMBLÉIA *(irônica)* — Como queira!

DR. LAMBRETA — Tem namorado, riquinha?

IVONETE — Ah, eu não!

DR. LAMBRETA — Nunca teve?

IVONETE — Eu só gosto da Luci!

DR. LAMBRETA — E quem é Luci?

IVONETE — Uma menina!

TIA ASSEMBLÉIA — Se convenceu? Minha sobrinha é uma pétala, doutor!

IVONETE *(dá um berro inesperado)* — Titia!

TIA ASSEMBLÉIA — Que foi?

IVONETE — Estou com vontade de soltar um palavrão!

TIA ASSEMBLÉIA *(agarra-se à sobrinha)* — Prende a boca! Não deixa sair!

IVONETE — Quase!

TIA ASSEMBLÉIA *(sôfrega)* — Passou a vontade?

IVONETE — Graças a Deus!

TIA ASSEMBLÉIA — Bate na madeira, minha filha, isola!

(Neste momento, entra o patético dr. J.B. — Atira-se, de braços abertos, para a filha.)

DR. J.B. — Minha filha!

DR. LAMBRETA — O senhor chegou na horinha!

DR. J.B. — Vocês me deram um susto danado!

DR. LAMBRETA — Mas sente-se!

DR. J.B. — Nunca! Quero receber a notícia de pé!

DR. LAMBRETA — Bem, dr. J.B., dá-se o seguinte: o caso de sua filha é mais complicado do que parecia!

DR. J.B. — Não é coriza?

DR. LAMBRETA — Pior!

DR. J.B. — Doutor, não me diga que é câncer?

DR. LAMBRETA — Pior!

DR. J.B. — Pior do que câncer?

DR. LAMBRETA — Em certo sentido, sim!

(E, súbito, na sua cólera magnífica, o dr. J.B. abotoa o velhinho.)

DR. J.B. — Seu cachorro, ou você diz o que minha filha tem...

DR. LAMBRETA — Ai, eu digo!

DR. J.B. — Fala!

DR. LAMBRETA *(apavorado)* — Vou falar por parábola. Sua filha precisa casar imediatamente!

DR. J.B. — Casar?

DR. LAMBRETA — O mais depressa possível!

DR. J.B. *(espantado, larga o velhinho)* — Com quem?

DR. LAMBRETA — Com o pai.

DR. J.B. — Que pai?

DR. LAMBRETA — Da criança.

(Dr. Lambreta está recuando circularmente diante do dr. J.B. Este faz um esforço mental em voz alta.)

DR. J.B. — Minha filha precisa casar-se imediatamente com o pai da criança. Muito bem. *(com uma doçura terrível para o médico)* E que criança?

DR. LAMBRETA — Dela!

DR. J.B. — O senhor está insinuando que minha filha...

DR. LAMBRETA *(com frenética decisão)* — Vai ser mãe!

DR. J.B. — Repita!

DR. LAMBRETA — Está grávida!

DR. J.B. *(num uivo)* — Minha filha?

DR. LAMBRETA — De dois meses!

(Tia Assembléia agarra-se à sobrinha.)

TIA ASSEMBLÉIA — Cretino!

DR. J.B. — Fauno imundo! Sátiro gagá!

DR. LAMBRETA — Não tenho culpa de nada!

(Dr. Lambreta faz de uma mesa uma barricada. Está agachado.)

IVONETE — Vou ter neném!

TIA ASSEMBLÉIA *(esganiçada)* — Cala a boca!

DR. LAMBRETA — Não sou eu quem o diz: é a ciência!

DR. J.B. — Processo a ciência!

TIA ASSEMBLÉIA *(querendo arrastá-la)* — Vem, queridinha!

DR. J.B. *(num berro)* — Espera! *(arqueja)* Quem sabe se... Preciso de uma certeza... Vem cá, velho. Quero saber o seguinte: Você tem certeza, digo certeza absoluta, do que afirma? Tem essa certeza?

DR. LAMBRETA — Infelizmente, sim.

DR. J.B. — Não é possível um engano? Uma confusão? Nada?

DR. LAMBRETA — Nada.

DR. J.B. — É, então, batata?

DR. LAMBRETA — Batata.

DR. J.B. — Acredito, mas só na hipótese da violência... Se eu pego o culpado, ah, dou-lhe um tiro na boca... Minha filha vai dizer um nome e ai dele!... Vem cá, minha filha, vem cá. Senta aí...

TIA ASSEMBLÉIA *(sossega o histerismo)* — Calúnia!

DR. J.B. *(para a cunhada)* — Sossega com esse histerismo! *(para a filha)* Meu anjo, quem foi?

IVONETE — Eu vou ter neném, papai?

DR. J.B. — Primeiro, responde: você tem algum flerte?

IVONETE — Eu não sei o que é flerte.

(Dr. J.B. ergue-se... Atira os braços para o ar.)

DR. J.B. — Essa inocência desmoraliza qualquer um!

DR. LAMBRETA *(insidioso e ignóbil)* — Nenhum professor te chamou no corredor?

IVONETE — Pra quê?

DR. LAMBRETA *(para o pai)* — Se o senhor me permite, vou ser mais objetivo. Coração, nenhum professor te fez uma festinha? Não?

IVONETE — Eu só brinco com Luci!

DR. LAMBRETA — Também existe a hipótese do narcótico.

DR. J.B. — Ela não dirá um nome, porque não sabe...

DR. LAMBRETA — O senhor tem prestígio, tem jornal. Com um jornal, é fácil arranjar-se marido, amante, ministério!

DR. J.B. — Doutor! Vou providenciar imediatamente um marido! É boa bola! Ao animal que quiser ser pai de araque eu dou um ministério! Está resolvido!

FIM DO PRIMEIRO QUADRO

SEGUNDO QUADRO

(Casa do dr. J.B. Em torno de Ivonete, estão as tias solteironas.)

TIA ASSEMBLÉIA — Coitadinha!

DR. J.B. — Por que coitadinha?

TIA ASSEMBLÉIA — Vai ter neném!

DR. J.B. — E daí?

TIA ASSEMBLÉIA — O parto dói!

DR. J.B. *(aos berros)* — Olha aqui: pára de gemer como uma solteirona de Garcia Lorca! Que mania!

TIA ASSEMBLÉIA — Tão novinha!

DR. J.B. — Deixa de palpite histérico e escuta: temos que ser práticos e objetivos!

TIA SOLTEIRONA — Não acredito que esse anjo possa ter filho de homem! *(para Ivonete)* Teu filho é de homem?

DR. J.B. *(explodindo)* — Basta!

IVONETE *(num grito inesperado)* — Quero ter neném!

TIA ASSEMBLÉIA — Fala baixo!

DR. J.B. — Minha filha, vai ter neném, sim!

IVONETE — Quero ter filho agora!

DR. J.B. *(para a menina)* — Daqui a pouco você tem! *(para as tias)* Estão vendo? É preciso arranjar um pai para o guri, urgentemente!

TIA SOLTEIRONA — Mas que não seja homem! *(para Ivonete)* É verdade que o filho nasce de um beijo?

IVONETE — Não digo!

DR. J.B. *(aos berros)* — Vocês conhecem algum pai? Quero um pai!

IVONETE *(gritando)* — Só quem me beijou foi Luci!

DR. J.B. — Olha aqui: eu sustento vocês, a pão-de-ló com leite e vocês não fazem nada. Passam o dia todo cochichando como galinhas de desenho animado! Agora exijo um serviço de vocês: que descubram um pai!

TIA ASSEMBLÉIA — Nós?

DR. J.B. — Vocês, sim! E o mais depressa possível: antes que se note, que se perceba!

TIA SOLTEIRONA — Nós não conhecemos homem!

MADAME CRI-CRI *(entra)* — Oh, *pardon*!

DR. J.B. — Madame, que coincidência! Eu ia telefonar pra senhora agora mesmo! A senhora não imagina, madame!

MADAME CRI-CRI — Eu soube do desgraça!

DR. J.B. — Soube?

MADAME CRI-CRI — O "Repórter Esso" deu ediçon extraordinária!

DR. J.B. *(arrancando os cabelos)* — Mas como?! Essa cidade tem uma imaginação de balde de ginecologista!

MADAME CRI-CRI — Todo o mundo tem o sexo na cabeça!

DR. J.B. — Madame, vou apresentar: minhas cunhadas. Não repare: elas não se casaram... Esta é madame Cri-cri, minha conselheira...

TIA ASSEMBLÉIA — A senhora não é uma que tem casas abertas?

MADAME CRI-CRI — Mais ou menos. O senhora é mulher honesta?

TIA ASSEMBLÉIA — Honestíssima!

MADAME CRI-CRI — Tem úlcera?

TIA ASSEMBLÉIA — Por quê, madame?

MADAME CRI-CRI — Oh, só acredito mulher honesta com úlcera... O virtude dá azia, úlcera... Mas eu não tem preconceito. Eu falar com mulher honesta... mulher honesta não é pior do que os outras...

DR. J.B. — Madame, a senhora vai-me salvar a pátria!

MADAME CRI-CRI — Esse o seu filha?

DR. J.B. — Sim, madame!

MADAME CRI-CRI — Bonitinha!

IVONETE *(gritando)* — Minha tia fuma no quartinho da empregada!

TIA ASSEMBLÉIA — Menina!

TIA SOLTEIRONA — Ponho você de castigo!

IVONETE — Também vi você dizendo palavrão na frente do espelho!

TIA ASSEMBLÉIA — Você me paga!

DR. J.B. — Agora sou eu que vou falar e se me interromperem vai ter! Madame, já vi que a senhora é a única pessoa no mundo que pode arranjar um marido para a minha filha. Arranja?

MADAME CRI-CRI — Um marido?

DR. J.B. — Exato!

MADAME CRI-CRI — Oh, não precisa!

DR. J.B. — Como não precisa?

MADAME CRI-CRI — O seu próprio filha escolhe! O corcunda sabe como se ajeita!

DR. J.B. — Madame, afinal, minha filha não tem a sua experiência, por exemplo! Há de escolher mal o marido!

MADAME CRI-CRI — Oh, mulher sempre escolhe mal o marido... Mulher só escolhe bem o amante... Vamos ouvir o opinion do menina!

DR. J.B. — Minha filha, diz pro papai: você tem alguém em vista?

IVONETE — Tenho!

DR. J.B. — Quem?

IVONETE — Luci!

DR. J.B. — Viu, madame? É inútil! Pelo amor de Deus, madame, diga onde eu posso descobrir um marido para minha filha? Onde?

MADAME CRI-CRI — Já sei!

DR. J.B. — Diga, madame!

MADAME CRI-CRI — No seu jornal!

DR. J.B. *(atônito)* — Lá?

MADAME CRI-CRI — No seu jornal não tem homem?

DR. J.B. — Talvez.

MADAME CRI-CRI — Seu filha vai lá e escolhe um.

DR. J.B. *(iluminado)* — Boa bola! *(para Ivonete)* Minha filha, você vai fazer o seguinte, presta atenção: você vai à redação. Olha: lá tem uma porção de homens. Você escolhe um.

IVONETE — Só um?

DR. J.B. — E basta! Sim, minha filha? Acompanha Ivonete, Assembléia!

IVONETE *(gritando)* — Eu quero homem!

(Saem Ivonete e Assembléia.)

TIA SOLTEIRONA — Madame, a senhora teve muitos amantes?

MADAME CRI-CRI — Assim, assim.

TIA SOLTEIRONA — Quantos?

MADAME CRI-CRI — Três mil e quinhentos.

TIA SOLTEIRONA — Só?

MADAME CRI-CRI — Fora os avulsos!

(Dr. J.B. puxa o relógio e vem até à boca de cena.)

DR. J.B. — Já se passaram duas horas...

(Ivonete e tia Assembléia aparecem na porta.)

DR. J.B. — Que tal?

IVONETE — Escolhi!

DR. J.B. — Quem?

IVONETE — Adivinha!

DR. J.B. — Não faço a mínima!

IVONETE — Vou só dizer as iniciais: Dorothy Dalton!

DR. J.B. *(num berro)* — O crítico de teatro?

(Dorothy Dalton aparece.)

IVONETE — Vem!

DR. J.B. *(para o futuro genro)* — Dá uma voltinha! *(Dorothy Dalton obedece)* Gira como um modelo profissional!

DOROTHY DALTON — Gostou?

DR. J.B. *(furioso, para as solteironas)* — Vocês, que são mulheres: vocês queriam "isso" para marido?

TODAS — Queríamos!

DR. J.B. — E a senhora, madame? Também aprova?

MADAME CRI-CRI — Tanto faz!

DR. J.B. — Então, já vi que a besta sou eu. E digo mais: mulher não gosta de homem!

DOROTHY DALTON — O senhor só pensa em sexo!

DR. J.B. — Lavo as mãos! Crítico do SAM! E deixa eu ver uma coisa: *(consulta o relógio)* Ih, está quase na hora do casamento!

(O dr. J.B. começa a distribuir chapéus.)

DR. J.B. — Vão-se enchapelando!

TIA ASSEMBLÉIA — Me dá o meu!

DR. J.B. — Tudo pronto?

TIA SOLTEIRONA — Falta o padre!

PADRE *(entrando)* — Também cheguei!

DR. J.B. — Ótimo! Vamos começar. Façam a "Marcha nupcial" com a boca.

(Os noivos, de braço, caminham numa cadência de marcha nupcial.)

PADRE — Ivonete de Albuquerque Guimarães, é por sua livre e espontânea vontade que vai contrair matrimônio com o crítico Dorothy Dalton?

IVONETE — Sim.

PADRE — Dorothy Dalton, crítico de teatro, foragido do SAM, é por sua livre e espontânea vontade que vai contrair matrimônio com Ivonete de Albuquerque Guimarães?

DOROTHY DALTON — Sim.

PADRE — Assim sendo, declaro-vos marido e mulher.

DOROTHY DALTON — Obrigado.

IVONETE — Meu pai!

DR. J.B. — Minha filha!

(Abraçam-se e beijam-se, pai e filha. O dr. J.B. volta-se para Dorothy Dalton.)

DR. J.B. — Meu genro, só lhe peço uma coisa: seja homem!

DOROTHY DALTON — Isola!

DR. LAMBRETA *(entra de lambreta pipocando)* — Já acabou a cerimônia?

DR. J.B. — Neste instante.
DR. LAMBRETA — Protesto!
DR. J.B. — Que piada é essa?
DR. LAMBRETA — Protesto, sim! Vem cá, padre! *(puxa uma colher)*
PADRE — Mas que é isso?
DR. LAMBRETA — Mostra a língua! *(aplica-lhe a colher)* Agora, vira!
PADRE — Pra quê?
DR. LAMBRETA — Eu disse vira!
DR. J.B. — Dr. Lambreta, isso aqui não é gabinete ginecológico!

(Dr. Lambreta está auscultando o padre.)

DR. LAMBRETA — Diga 33!
PADRE — Trinta e três.
DR. LAMBRETA — Vai ter neném!
PADRE — Quem?
DR. LAMBRETA — Você!
PADRE — Eu?
DR. LAMBRETA — Não sente mexer?
PADRE — Mentira!
DR. LAMBRETA *(espeta-lhe o dedo na barriga)* — Barriguinha de seis meses!
PADRE *(aos berros)* — Não acreditem! Eu nunca prevariquei!

(Com a colher em riste, dr. Lambreta sai caçando mães.)

DR. LAMBRETA — A senhora vai ser mãe! O senhor também!
TIA ASSEMBLÉIA — Também vou ter?
DR. LAMBRETA — Gêmeos!
TIA ASSEMBLÉIA — Que bom!

(Dr. Lambreta aproxima-se da tia Solteirona.)

TIA SOLTEIRONA — Eu não quero filho!
DR. LAMBRETA — O que é que você quer?
TIA SOLTEIRONA *(berrando)* — Quero 3.500 amantes!

(Aparecem dois enfermeiros. Vão-se aproximando. O velhinho recua. Os enfermeiros agarram o velhinho. Este é levado. Alegremente, vai pedalando o ar.)

DR. LAMBRETA — Crescei e multiplicai-vos!

(Saem de cena os enfermeiros e dr. Lambreta.)

PADRE — Estou sentindo mexer uma coisa aqui dentro!

MADAME CRI-CRI — O senhor evite do próxima vez!

(Padre foge.)

DR. J.B. — Viu, madame?

MADAME CRI-CRI — Oh, vi!

DR. J.B. — Tudo potoca desse bode ginecológico! Minha filha é mais pura do que nunca!

MADAME CRI-CRI — É da vida!

DR. J.B. — Mas, confesse, madame, que minha filha merecia outro marido!

MADAME CRI-CRI — Oh, non, non!

DR. J.B. — Por que não, madame?

MADAME CRI-CRI — Todas casam errado! Fácil encontrar um marido — difícil encontrar um homem!

FIM DO SEGUNDO ATO

TERCEIRO ATO

(Em cena: o dr. J.B., o psicanalista, o otorrino, madame Cri-cri, Diabo da Fonseca e Pardal.)

DR. J.B. — Vocês viram o miserável episódio do consultório!

PSICANALISTA — Vimos!

PARDAL — Uma calamidade em 25 atos e 32 apoteoses!

DR. J.B. *(anda de um lado para outro, como um búfalo medonho)* — Minha filha não estava grávida nem aqui, nem na China!

DIABO DA FONSECA — Cáspite!

DR. J.B. — E vocês? Querem saber mais alguma coisa?

OTORRINO — Queremos!

DR. J.B. — Fala!

OTORRINO — O senhor contou o casamento de sua filha com o Dorothy Dalton…

DR. J.B. — Que, como vocês perceberam, é um cretino total.

DIABO DA FONSECA — Apoiado.

OTORRINO — …mas não contou o mais importante, que é a noite de núpcias.

PSICANALISTA — O colega está com a razão!

DIABO DA FONSECA — Também acho!

DR. J.B. — Quer dizer que vocês sugerem…

OTORRINO — …que o senhor faça, para nós, a reconstituição da primeira noite!

DR. J.B. — Em todos os seus detalhes?

DIABO DA FONSECA *(esfregando as mãos)* — Queremos a minúcia!

DR. J.B. *(desencadeia a sua atividade)* — Então, vai ser já. Vamos recuar no tempo: estamos na noite de 27 de setembro do ano passado. Minha filha casou-se e vai começar a grande noite. Seu Pardal!

PARDAL — Pronto, mestre!

DR. J.B. — Chama os noivos!

(Pardal põe os dois dedos na boca e dá um assobio agudíssimo. Entram Ivonete e Dorothy Dalton.)

DOROTHY DALTON *(para a noiva)* — Tira a mão!

IVONETE *(dengosa)* — Mascarado!

DR. J.B. *(apontando o Dorothy Dalton)* — Quem diria que a besta do meu genro ia ser atropelado por um papa-filas!

PSICANALISTA (*para Dorothy Dalton*) — Beije tua noiva!

DOROTHY DALTON — Onde?

PSICANALISTA — Na boca!

DOROTHY DALTON — Beija você!

PSICANALISTA (*baixo e faunesco*) — Aproveita, seu burro!

DOROTHY DALTON — Na boca, não beijo!

DIABO DA FONSECA — Começa ou não começa?

DR. J.B. — Os noivos entram no quarto. Faz de contas que vocês estavam lá, orientando minha filha que, como vocês estão vendo, não sabia nem o que era beijo.

IVONETE (*gritando*) — Eu quero um amante!

DR. J.B. (*baixo, para a filha*) — Sossega o periquito! Olhe que você é ingênua! (*muda de tom*) Não está faltando mais nada?

IVONETE — A cama!

DR. J.B. (*baixo*) — Minha filha, não fala em cama! Na sua inocência, você nem sabe o que é cama! (*para os outros*) Seu Pardal! Traz uma cama, já!

PARDAL — Uma ou duas?

DR. J.B. — Que piada é essa?

PARDAL — Duas de solteiro ou uma de casal?

DR. J.B. — Vocês, que opinam?

MADAME CRI-CRI — Tanto faz!

DR. J.B. — Por quê, madame?

MADAME CRI-CRI — Na primeira noite vale tudo!

DR. J.B. — Pessoal! Vamos fazer força!

(Todos se erguem e vão buscar a cama.)

DIABO DA FONSECA — Cáspite!

DOROTHY DALTON — Cama pra quem?

IVONETE — Pra nós.

DOROTHY DALTON — Não estou com sono!

IVONETE — Vai mimi comigo!

DOROTHY DALTON — Audácia!

(Os outros estão chegando com a cama.)

DR. J.B. — Força!

PSICANALISTA — Como pesa!

DIABO DA FONSECA (*arquejando do esforço*) — Carambolas!

DR. J.B. — Bem, meus amigos: temos a cama, temos os noivos. Vocês, que são técnicos do sexo, respondam: falta mais alguma coisa?

OTORRINO — Que eu saiba, nada.

DR. J.B. — Então podemos começar? (*puxa o revólver, ergue-o como quem vai dar uma partida de natação*) Minha filha, quando eu der o tiro, começa, oficialmente, tua noite de núpcias. Atenção! Um, dois...

IVONETE — Papai, eu vou dormir com quem?

DR. J.B. — Com teu marido!

IVONETE — Deus me livre!

DR. J.B. — Mas é o normal, o direito!

IVONETE — Não quero marido, quero amante!

DR. J.B. — Explica a ela, psicanalista, explica!

PSICANALISTA — D. Ivonete, o senhor seu pai tem toda razão. Na primeira noite, é costume que se conceda ao marido certa prioridade...

MADAME CRI-CRI — O amante vem depois, vem com o tempo!

IVONETE — Quero agora!

OTORRINO — Posso falar?

DR. J.B. — Fala!

OTORRINO — Os senhores estão vendo que, num casamento, o golpe é: quartos separados!

MADAME CRI-CRI — Oh, bobagem!

OTORRINO — Perdão, madame! Insisto. A intimidade do leito em comum sugere grossas bandalheiras!

PSICANALISTA — Protesto!

OTORRINO — Como assim?

PSICANALISTA — O nobre colega já leu o Segismundo?

OTORRINO — Leio X-9!

PSICANALISTA — E acha que o amor é uma bandalheira?

OTORRINO — Entre marido e mulher, sim. Entre marido e mulher, deve haver respeito, sim, senhor. Ou bem o lar é lar ou é gafieira!

PSICANALISTA — O colega está-me ofendendo!

OTORRINO — Por quê?

PSICANALISTA — Eu sou casado!

OTORRINO — E daí?

PSICANALISTA — Olha pra mim!

OTORRINO — Estou olhando!

PSICANALISTA — O senhor me acha com cara de fazer bandalheiras com minha esposa?

OTORRINO — Vocês dormem no mesmo quarto?

PSICANALISTA — Talvez.

OTORRINO *(num berro)* — E na mesma cama?

PSICANALISTA *(berrando também)* — Na mesma cama!

OTORRINO *(noutro berro)* — Então, você é um bode!

(Os dois estufam o peito, um para o outro.)

PSICANALISTA — Repete, se é homem!

OTORRINO (*num berro*) — Bode!
PSICANALISTA (*num berro maior*) — Cabra!
DR. J.B. (*intervém como pacificador*) — Agora cumprimentem-se!

(*Psicanalista e otorrino apertam-se as mãos, com a maior dignidade.*)

PSICANALISTA — Muito prazer!
OTORRINO — Da mesma forma!
DOROTHY DALTON — Ih, vocês nem atam, nem desatam!
DR. J.B. — Que fogo é esse?
DOROTHY DALTON — Estou com pressa, gente! Vou falecer daqui a pouco atropelado por um papa-filas e a morte me excita às pampas!
MADAME CRI-CRI — O falecido tem razon!
DR. J.B. — Vamos começar outra vez! Tudo o.k.?
DOROTHY DALTON — Estou prontinho há séculos!
DR. J.B. (*ergue novamente o revólver, para a saída natatória*) — Um, dois...
PSICANALISTA — Um momento!
DR. J.B. — Outra vez?
PSICANALISTA — Resta um problema!
DR. J.B. — Mete lá!
PSICANALISTA — Luz acesa ou apagada?
DR. J.B. — Explica-te!
PSICANALISTA — Pergunto: na noite de núpcias é sadio, higiênico e moral deixar tudo aceso ou tudo apagado?
DR. J.B. — Fala, madame!
MADAME CRI-CRI — No tempo em que o mulher usava cavanhaque no sovaco, o gente fechava o luz!
PSICANALISTA — Eu desejava ouvir a opinião do nosso eminente e corrupto Belzebu. O Belzebu deve ser treinadíssimo. Você é partidário do amor nas trevas?
DIABO DA FONSECA — Eu sou virgem!
MADAME CRI-CRI — Oh, Diabinho da Fonseca!
DIABO DA FONSECA — Madame, a senhora é contemporânea do assassinato de Pinheiro Machado. E mulher só me interessa, madame, de 15 anos pra baixo!
MADAME CRI-CRI — Eu ter experiência internacional!
DIABO DA FONSECA — Desencosta!
DOROTHY DALTON — Mas com licença. Está quase na hora do meu atropelamento e eu ainda estou aqui!
DR. J.B. — O falecido tem mais uma vez razão! Seus palhaços!
PARDAL — Pronto, mestre!
DR. J.B. (*puxa outra vez o revólver e vai atirar para o alto*) — Já que vocês não dizem coisa com coisa, eu vou dar a saída no peito. E é já!

(Dá o tiro. Ivonete está sentada numa extremidade da cama, Dorothy Dalton na outra.)

PARDAL — Pode começar, d. Ivonete!

IVONETE — Com o meu marido, não!

PARDAL — Mas ó, d. Ivonete! Se não for com seu marido, há de ser com quem, d. Ivonete?

IVONETE — Com você, talvez!

PARDAL — Comigo?

IVONETE — Você!

PARDAL *(recua diante de Ivonete, que avança lentamente para ele)* — Mas eu sou um simples pé-rapado, um borra-botas, afinal de contas!

IVONETE — Sim ou não?

PARDAL — E, além disso, hoje tem uma estréia teatral, e eu vou substituir seu marido, vou fazer a crítica!

DR. J.B. — Isso mesmo! Chispa, Pardal!

PARDAL — Então, com licença, está na hora!

DR. J.B. — Volta, Pardal!

PARDAL — Chamou, ilustre?

DR. J.B. — Que *gaffe* é essa? Então, o senhor tem a coragem de ir para o teatro com esses modos varonis, essa masculinidade repelente?

PARDAL *(humilde)* — É que, desgraçadamente, eu sou como o chinês da anedota — homem pra chuchu!

DR. J.B. — Mas não devia! No Brasil, o bom gosto nunca foi qualidade de homem! Repare em certos críticos da nova geração: são como o nosso Dorothy Dalton. Procure imitá-los. Vamos fazer um teste!

PARDAL — Pois não, mestre!

DR. J.B. — Me chama de mestre com outra voz! Outra voz, Pardal!

PARDAL *(adquire os ademanes do Dorothy Dalton. Falando fino)* — Mestre!

DR. J.B. — Muito homem ainda! Capricha, seu Pardal! Vamos lá!

PARDAL *(dando adeuzinho)* — Mestre!

DR. J.B. — Não convence! Sente-se em você o fauno hediondo, que não respeita nem carrocinha de chicabon!

PARDAL — O azar é meu!

DOROTHY DALTON — Então, eu vou!

DR. J.B. — E tua noite de núpcias, seu zebu?

DIABO DA FONSECA *(soprando)* — Não ofende os zebus!

DR. J.B. — Queres largar tua esposa?

DOROTHY DALTON — Com tanto homem aí, o senhor cismou logo com a minha cara, é?

DR. J.B. — E você, minha filha, deixa? Não se incomoda?

IVONETE — Nem um tiquinho!

DR. J.B. *(escorraçando-o)* — Lavo minhas mãos. E desinfeta!

DOROTHY DALTON — *Au revoir! (sai)*

DR. J.B. — Minha filha, vamos conversar!

IVONETE — Ah, papai, o senhor é chato!

PSICANALISTA — O papel da família é ser chata ou, então, não é família, é mafuá!

DR. J.B. — Viu, minha filha? Meu dever de pai é ser chatérrimo!

MADAME CRI-CRI — Lógico!

DR. J.B. — Você está certa, pergunto, rigorosamente certa — vê bem! — que o Pardal é teu tipo?

IVONETE — Serve!

DR. J.B. — Só?

DIABO DA FONSECA — Posso dar meu palpite?

DR. J.B. — Com a palavra o Satanás!

DIABO DA FONSECA — Obrigado. *(para Ivonete)* A senhora já mediu bem as conseqüências do seu ato? Note bem: trair é mais importante que casar. Casar qualquer um casa, mas trair exige classe! Pensou bem?

IVONETE — Pensei.

DIABO DA FONSECA — Sirva-se, então!

DR. J.B. — Pardal!

PARDAL — Presente!

DR. J.B. — Submeta-se!

PARDAL — Sempre!

DR. J.B. — Quando eu disser três, já sabe! Um, dois...

(Neste momento, sai de debaixo da cama o dr. Lambreta.)

DR. LAMBRETA — Parem!

MADAME CRI-CRI — Dr. Lambreta!

PSICANALISTA — Fugiu do hospício?

DR. LAMBRETA *(espetando o dedo no peito do psicanalista)* — Hospício, os colarinhos!

DR. J.B. — Mas que é isso, dr. Lambreta?

DR. LAMBRETA — "Que é isso?" pergunto eu. O que é que vocês estão fazendo aqui?

DR. J.B. — Minha filha vai prevaricar.

DR. LAMBRETA — Quando?

DR. J.B. — Agora.

DR. LAMBRETA — Às escondidas?

DR. J.B. — Natural!

DR. LAMBRETA — Protesto!

DR. J.B. — Por quê, dr. Lambreta?

DR. LAMBRETA — Sua filha não casou com sanduíche, guaranás e convidados?

DR. J.B. — Casou.

DR. LAMBRETA — Portanto, exijo que ela prevarique com a mesma pompa. O que estraga o adultério é a clandestinidade. Não, senhor, não admito. Vamos oficializar o troço. Não falta mais ninguém?

DR. J.B. — Faltam os sanduíches!

DR. LAMBRETA — Vai sem sanduíche! E quem é o amante?

PARDAL — Eu.

DR. LAMBRETA *(para Ivonete)* — Com essa cara?

IVONETE *(cantarola dando os passos de dança infantil)* — Eu vou prevaricar, eu vou prevaricar!

DR. J.B. — Essa inocência mata!

DR. LAMBRETA — Vem cá, meu bibelô! Agora você, Diabo!

DIABO DA FONSECA — Eu?

DR. LAMBRETA — Você. Olha: você vai unir esses dois, mas capricha, hem? Vamos solenizar as núpcias ilícitas.

DIABO DA FONSECA — Ivonete de Albuquerque Guimarães, é por sua livre e espontânea vontade que deseja trair o seu marido, o crítico teatral Dorothy Dalton?

IVONETE — Mas claro!

DIABO DA FONSECA — Pardal não sei de quê, é por sua livre e espontânea vontade que deseja prevaricar com Ivonete de Albuquerque Guimarães?

PARDAL — Exatamente.

DIABO DA FONSECA — Declaro vos amantes, até segunda ordem. *(Pardal roça os lábios na testa de Ivonete)* Meus filhos, na união de um homem e de uma mulher, o que interessa não é a cama, não é o quarto, não é a sala, e sim o banheiro. "O banheiro", disse eu e repito.

DR. J.B. — Mais discurso, oh!

DIABO DA FONSECA — Pergunto: qual é o único cômodo metafísico da casa? O banheiro! Sim, meus caros amantes: o banheiro tem um trono, no uso do qual o homem vira um "Rei Lear". E digo mais: o banheiro é tão importante que é nele que morre o amor.

PSICANALISTA — Licença para um aparte?

DIABO DA FONSECA — Com prazer.

PSICANALISTA — O que V. Exa. está dizendo não é científico!

DIABO DA FONSECA — Pode não ser científico, mas é batata! Eu disse que o amor morre no banheiro e provo. Quando um cônjuge bate na porta do banheiro e o outro responde lá de dentro: "Tem gente!", não há amor que resista!

DR. J.B. — Já acabou?

DIABO DA FONSECA — Estou no fim. Portanto, nada de camas, nem de quartos separados. Separação sim, de banheiros. *(baixo, intencional)* Cada um deve ter seu trono exclusivo. Acabei.

DR. LAMBRETA — Eu vou-me embora!

DIABO DA FONSECA — Fique mais um pouco!

DR. LAMBRETA — Não posso. Quando eu me demoro, ela fica pipocando na cama.

DIABO DA FONSECA *(faunesco)* — Pipocando?

DR. LAMBRETA (idem) — Estou amigado com uma lambreta!

DIABO DA FONSECA — Boa?

DR. LAMBRETA — Bom sou eu. Ótima!

DIABO DA FONSECA — Cáspite!

DR. LAMBRETA — Adeus, macacada! *Au revoir! (sai)*

TIA ASSEMBLÉIA *(entra, furiosa)* — Já acabou?

DIABO DA FONSECA — O quê, madame?

TIA ASSEMBLÉIA — Pergunto se acabou a cerimônia.

DIABO DA FONSECA — Acabou!

TIA ASSEMBLÉIA *(frenética)* — Falta de respeito. Não me avisaram que a minha sobrinha ia prevaricar!

DR. J.B. *(rosnando)* — Os convites não ficaram prontos!

IVONETE — Titia!

TIA ASSEMBLÉIA — Meu anjo!

IVONETE — Tenho um amante, titia!

TIA ASSEMBLÉIA — Empresta, quer dizer, só um?

IVONETE — Que ótimo, não é, titia?

TIA ASSEMBLÉIA *(fremente)* — Ótimo coisa nenhuma, menina!

DR. J.B. — Não é bom?

TIA ASSEMBLÉIA — Desaforo muito grande! Onde já se viu? Enquanto minha sobrinha tem um, e eu nenhum, a madame, ali, teve 3.500! Não teve?

MADAME CRI-CRI — Tive.

TIA ASSEMBLÉIA — Viu?

DR. J.B. — Basta! Ninguém pia mais aqui! Vou apagar a luz para uma transição de tempo! Quando eu acender, estaremos no dia seguinte!

(Breve escuridão. Quando acende, de novo, a luz, está tudo mudado: Ivonete sentada no colo do diabo, madame no colo do psicanalista, tia Assembléia no colo de Pardal.)

PSICANALISTA — Estamos no dia seguinte?

DR. J.B. — Exato!

OTORRINO — Pelo que vejo houve o diabo na escuridão!

PARDAL — Nem fala! *(dá um súbito berro)* Fui traído!

OTORRINO — Eu também!

PSICANALISTA — E eu!

PARDAL *(para Ivonete)* — Você traiu seu marido comigo. A mim com o psicanalista!

PSICANALISTA — A mim com o otorrino!

OTORRINO — E eu com o Diabo da Fonseca!

IVONETE *(salta amarelinha)* — Que bom!

CORO DOS TRAÍDOS — E confessas?

IVONETE — Confesso!

PSICANALISTA *(soluçando como um bebê chorão)* — Aproveitou a escuridão e fez o circuito dos três.

DIABO DA FONSECA — Quatro.

PSICANALISTA — Dos quatro.

MADAME CRI-CRI — Oh, eu também tirei o meu casquinha!

TIA ASSEMBLÉIA *(para Pardal)* — Você é muito levado!

IVONETE *(fala com voz e modos de menina melíflua)* — Olha, papai: a Luci me disse que nenhuma mulher pode gostar do mesmo homem por mais de quarenta minutos. E, agora, silêncio, porque está na hora da novela e eu vou ouvir a novela.

MADAME CRI-CRI — Homem gosta de ser traído!

(Ivonete liga o rádio.)

REPÓRTER ESSO — Atenção! Atenção. Conforme o "Repórter Esso" anunciou em edição extraordinária, faleceu, esta madrugada, conhecido crítico teatral da nova geração e fugitivo do SAM, Dorothy Dalton. O extinto foi atropelado, segundo uns, por um papa-filas, segundo outros, por uma carrocinha de chicabon.

IVONETE *(trágica)* — Morreu?

(Todos se precipitam para a viúva.)

DR. J.B. — Parabéns!

OTORRINO — Que sorte!

DIABO DA FONSECA — Está pra nós!

PSICANALISTA — Que esta data se reproduza!

(Todos falam ao mesmo tempo.)

IVONETE — Papai, sou então viúva?

DR. J.B. — Viuvíssima!

IVONETE — Não me sento mais!

DR. J.B. — Que palpite é esse?

MADAME CRI-CRI — O viuvez é um bilhete premiado!

IVONETE *(recua diante dos outros, abismados)* — E quem foi meu amante, que suma, já!

(Diabo da Fonseca, Pardal, otorrino e psicanalista estão recuando. Colocam-se numa extremidade do palco.)

DR. J.B. — Minha filha, nem oito nem oitenta. Teu marido não era cretino?

IVONETE — Foi.

DR. J.B. — E não é?

IVONETE — Deixou de ser. Papai, a Luci me disse, espia só: o grande marido é o que morreu. O único que merece fidelidade. Papai, todos os amantes, que eu ia ter, que estavam programados, eu passo adiante.

TIA ASSEMBLÉIA — Chuta pra mim!

IVONETE — Toma, Assembléia!

(Vai saindo tia Assembléia, com Ivonete. Aproximam-se os outros, com o Diabo à frente.)

DIABO DA FONSECA — Cáspite!

PARDAL — Mestre!

DR. J.B. — Fala, Pardal!

PARDAL — Dá gosto ver uma dor assim, bacana!

DR. J.B. — Agora, vamos fazer uma nova transição de tempo. Passaram-se seis meses de viuvez. E minha filha que, na noite de núpcias, conseguiu trair o marido cinco vezes...

DIABO DA FONSECA — Quatro.

DR. J.B. — ...ou quatro, minha filha adquiriu um pudor bestial. *(baixo)* Toma banho de galochas!

MADAME CRI-CRI — Sua filha é o único pudor da América do Sul!

DR. J.B. — Chamei vocês, que são donos da matéria, e torno a perguntar: a viuvez tem cura?

OTORRINO *(para o psicanalista)* — Tem?

(Silêncio do psicanalista.)

DIABO DA FONSECA — Fala, psicanalista!

(Silêncio do psicanalista.)

OTORRINO — Não falas?

(Mais silêncio.)

DR. J.B. — Desembucha!

(Mais silêncio. Então, o dr. J.B. agarra o psicanalista pela gola e sacode-o.)

PSICANALISTA *(apavorado)* — Repito: pago os meus fornecedores com o meu silêncio. Sou o silêncio mais bem pago do Brasil.

DR. J.B. — Adiante. E tu, otorrino?

OTORRINO — Sugiro uns gargarejos, ou umas pinceladas.

DR. J.B. — Madame, a senhora que já viu coisas do arco-da-velha, promova uma solução, madame.

MADAME CRI-CRI — Toma nota.

DR. J.B. — Pode dizer.

MADAME CRI-CRI — Arranje um sujeito. Bem boçal.

DR. J.B. *(que está tomando nota)* — Boçalíssimo.

MADAME CRI-CRI — Analfabeto.

DR. J.B. — Continue.

MADAME CRI-CRI — Bonito.

DR. J.B. — Boçal, analfabeto e bonito. Que mais?

MADAME CRI-CRI — O sujeito vem, pega o seu filha e dá uma surra no seu filha!

DR. J.B. — Surra?

MADAME CRI-CRI — A mulher tem nostalgia do surra. Uns pancadinhas salvam o mulher do neurastenia conjugal.

DR. J.B. — Mas seria um amante e minha filha não trai o morto nem a muque. Resta o Diabo da Fonseca. Tens alguma idéia?

DIABO DA FONSECA — Talvez.

DR. J.B. — Oh, graças!

DIABO DA FONSECA — Primeiro eu vou telefonar.

DR. J.B. — Pra onde?

DIABO DA FONSECA — Agüenta a mão. *(está ligando)* É o inferno? Me chama o Carrapeta? *(tapa o fone e para os demais)* O Carrapeta é meu chapa. Alô? Carrapeta? Sou eu, Carrapeta. Vai-se navegando. Carrapeta, preciso de um favor teu, de mãe pra filho caçula. Examina aí no fichário se tem um crítico da nova geração, que foi atropelado por uma carrocinha de chicabon. Procura na letra C. Não é V. C, seu zebu! Escuta, Carrapeta: C e não V. Não tem na C? E na V? Achaste? *(põe a mão no fone e vira-se para os demais)* Estão pondo certos críticos teatrais da nova geração na letra V. *(destapa o fone)* Dorothy Dalton, sim, esse, esse mesmo!

DR. J.B. — Acharam?

DIABO DA FONSECA *(com a mão no fone)* — Batata! *(de novo para o inferno)* Faz o seguinte, Carrapeta, presta atenção: manda esse animal para cá. Agora mesmo. Manda pela Western. És uma mãe, Carrapeta. *(desliga)* Tudo arranjado!

DR. J.B. — Arranjado o quê?

DIABO DA FONSECA — Chame sua filha, incontinênti.

DR. J.B. — Pra quê?

DIABO DA FONSECA — Não discuta!

DR. J.B. — Pardal!

PARDAL — Mestre!

DR. J.B. — Chame minha filha!

(Sai correndo Pardal.)

DIABO DA FONSECA — Dei o maior golpe da minha vida. Vocês vão ver o que é classe. *(entram Ivonete e Pardal)* Dona Ivonete, acabei de fazer uma coisa que me dá direito de chamá-la "minha"!

PARDAL — Sua?

DIABO DA FONSECA — Minha!

PSICANALISTA — Nossa!

DIABO DA FONSECA — Minha!

OTORRINO — Nossa!

IVONETE *(gritando, feroz)* — De ninguém!

DIABO DA FONSECA — Tem certeza?

IVONETE — Eu pertenço a um túmulo!

DIABO DA FONSECA — Já que é assim, eu vou fazer, aqui, uma despretensiosa mágica: vem, Dorothy Dalton, vem das profundas do inferno, vem, aparece, Dorothy Dalton...

(Todos se voltam. Então, há uma explosão de magnésio e surge o Dorothy Dalton.)

DR. J.B. — Milagre!

DIABO DA FONSECA *(rápido, agarra Ivonete. Abraça a menina)* — Vê a minha classe: ressuscitei teu marido. Ele está vivo. Segura, apalpa. Vivo e imbecil como qualquer outro. Podes traí-lo, não é, e aqui, com teu querido Belzebu, não é, minha bichinha?

IVONETE — Vivo! *(aproxima-se do marido)*

DOROTHY DALTON — Que é que estão me olhando?

IVONETE — Cretino!

DOROTHY DALTON — Nunca me viram?

DIABO DA FONSECA — Minha, portanto!

PARDAL — Nossa!

PSICANALISTA — É sua, por quê? Você, seu Belzebu, nem devia entrar em casa de família!

DIABO DA FONSECA — Que família? A tua? A dele? E vou provar o seguinte, querem ver? Que é falsa a família, falsa a psicanálise, falso o jornalismo, falso o patriotismo, falsos os pudores, tudo falso! *(põe-se no meio do palco e berra)* Olha o rapa!

(Pânico no palco. O psicanalista, o otorrino, o Pardal, o diretor do jornal, a Solteirona, todos se atiram do palco para a platéia, num terror cósmico.)

DIABO DA FONSECA — Nem a Solteirona escapou: tem amantes aos borbotões. O diretor de jornal vende o Brasil; o redator-chefe vende a família. O psicanalista não cura nem brotoeja; o otorrino só lê Brucutu.

IVONETE — E nós?

DIABO DA FONSECA — Tu és a legítima messalina de rancho.

DOROTHY DALTON — Que chique!

IVONETE — Cartaz!

DOROTHY DALTON — Não sei por que vocês gostam tanto de mulher!

DIABO DA FONSECA — Madame Cri-cri é essa cordial hediondez em flor, com o seu tráfico de brancas. O Dorothy Dalton, o crítico da nova geração, é o abjeto confesso e inefável.

DOROTHY DALTON — A única coisa que eu admiro nas mulheres é que elas não cospem na rua.

DIABO DA FONSECA — E, agora, seu Dorothy Dalton: olha pra lá.

MADAME CRI-CRI — Eu vou chegando. Vou ver meus meninas. *(sai)*

DOROTHY DALTON *(vai ler um gibi)* — Minha vingança é que ela vai-te trair, direitinho.

DIABO DA FONSECA — Não faz mal. Bobo é aquele que ama sem esparadrapo. *(beijo final)*

FIM DO TERCEIRO E ÚLTIMO ATO

PEÇA EM TRÊS ATOS • 1973

ANTI-NELSON RODRIGUES

Programa de estréia de ANTI-NELSON RODRIGUES,
apresentada no Teatro do SNT, Rio de Janeiro,
em 28 de fevereiro de 1974.

BLÉC BÊRD
apresenta

ANTI-NELSON RODRIGUES

de Nelson Rodrigues

Elenco (por ordem de entrada em cena):

OSWALDINHO	José Wilker
TEREZA	Sonia Oiticica
GASTÃO	Nelson Dantas
SALIM SIMÃO	Paulo Cesar Pereio
HELE NICE	Iara Jati
JOICE	Neila Tavares
LELECO	Carlos Gregorio

Direção de *Paulo Cesar Pereio*
Cenários e figurinos de *Regis Monteiro*

PERSONAGENS

OSWALDINHO
TEREZA
GASTÃO
SALIM SIMÃO
HELE NICE
JOICE
LELECO
ELA
(mãe de Joice)

Em A mulher sem pecado, *a bela e jovem* LÍDIA *(Luciana Braga) é seduzida pelo chofer* UMBERTO *(Rocco Pitanga). Direção de Luiz Arthur Nunes. Teatro Nelson Rodrigues, Rio de Janeiro, 2000. (Foto de Guga Melgar)*

Da esquerda para a direita: Auristela Araújo (MADAME CLESSI), *Carlos Perry* (PEDRO) *e Luíza Barreto Leite* (MÃE DO NAMORADO), *em cena da primeira montagem de* Vestido de noiva, *dirigida por Ziembinski. Teatro Municipal do Rio de Janeiro, 1943. (Acervo Cedoc / Funarte)*

Ajoelhados diante da cruz, os noivos PEDRO *(Carlos Perry) e* ALAÍDE *(Lina Grey), na estréia de* Vestido de noiva *no Teatro Municipal do Rio de Janeiro, em 1943. (Acervo Cedoc / Funarte)*

*David Conde (*PEDRO*) entre as vestidas de noiva Cacilda Becker (*LÚCIA*), à esquerda, e Maria Della Costa (*ALAÍDE*), no Teatro Municipal de São Paulo, em 1947. (Acervo Cedoc / Funarte)*

Maria Della Costa (ALAÍDE), *David Conde* (PEDRO) *e Olga Navarro* (MADAME CLESSI) *em cena de* Vestido de noiva. *Teatro Municipal de São Paulo, 1947. (Acervo Cedoc / Funarte)*

Da esquerda para a direita: Maria Della Costa (ALAÍDE), *Cacilda Becker* (LÚCIA), *Margarida Rey* (MÃE DO NAMORADO) *e David Conde* (PEDRO) *no palco do Teatro Municipal de São Paulo, em 1947, durante temporada de* Vestido de noiva. *(Acervo Cedoc / Funarte)*

Em Pernambuco, Sebastião Vasconcelos (PEDRO) *e Diná de Oliveira* (MADAME CLESSI) *encenam* Vestido de noiva, *em montagem dirigida por Flamínio Bolline com cenários de Aloysio Magalhães. Teatro de Santa Isabel, 1955. (Acervo Cedoc / Funarte)*

Em 1965, nova montagem de Vestido de noiva, *com as atrizes Yoná Magalhães e Lola Brah. Teatro Municipal do Rio de Janeiro. (Acervo Cedoc / Funarte)*

*Dulce Rodrigues (*SÔNIA*) durante os ensaios do monólogo* Valsa nº 6, *que estreou no Teatro Serrador, Rio de Janeiro, em 1951, sob direção de Henriette Morineau. (Acervo Cedoc / Funarte)*

Denise Milfont vive SÔNIA *na montagem de* Valsa nº 6 *dirigida por ela e levada aos palcos de Brasília em 2003, durante o Festival Cena Contemporânea, no Centro Cultural Banco do Brasil. (Foto de Helmut Batista)*

O Teatro São Jorge, no bairro carioca do Catete, é inaugurado em 1957 com a primeira montagem de Viúva, porém honesta, *dirigida por Willy Keller. Na cena da foto, após ressuscitar o marido de* IVONETE *(Dulce Rodrigues),* DIABO DA FONSECA *(Jece Valadão) abraça a menina. (Acervo Cedoc / Funarte)*

Estréia de Viúva, porém honesta *no Teatro São Jorge, Rio de Janeiro, em 1957. Na foto, Jece Valadão* (DIABO DA FONSECA) *e Rodolfo Arena* (DR. LAMBRETA). *(Acervo Cedoc / Funarte)*

Em 1968, o Teatro Sérgio Porto, no Rio de Janeiro, abriga a montagem de Viúva, porém honesta *dirigida por Alvaro Guimarães. No elenco: Henriqueta Brieba, Luiz Augusto Marones, Maria Tereza Barroso, Vera Richter e Ruth Mezeck. (Acervo Cedoc / Funarte)*

OSWALDINHO *(José Wilker) seduz* JOICE *(Neila Tavares) na montagem de estréia de* Anti-Nelson Rodrigues, *dirigida por Paulo Cesar Pereio. Teatro do SNT, Rio de Janeiro, 1974. (Acervo Cedoc / Funarte)*

LELECO *(Carlos Gregorio)* e OSWALDINHO *(José Wilker) em cena de* Anti-Nelson Rodrigues. *Teatro do SNT, Rio de Janeiro, 1974. (Acervo Cedoc / Funarte)*

Em Anti-Nelson Rodrigues, *a mando de* GASTÃO *(Nelson Dantas)*, TEREZA *(Sonia Oiticica) acorda* OSWALDINHO *(Ronaldo Braga). Teatro Carlos Gomes, Vitória, 1974. (Acervo Cedoc / Funarte)*

PRIMEIRO ATO

(O fundo musical da peça é sempre o tango "A media luz"*. Casa de Oswaldinho. Rapaz de praia, moreno de sol, bonito e atlético. Abre um pequeno cofre de jóias. Escolhe entre pulseiras, colares, brincos. Entra Tereza.)*

TEREZA *(assombrada)* — Que é que você está fazendo aí?

OSWALDINHO *(atônito)* — Eu? Nada. *(ao mesmo tempo ele põe algumas jóias no bolso)*

TEREZA — As minhas jóias!

OSWALDINHO *(num rompante)* — A senhora sai, volta! Quem manda a senhora voltar?

TEREZA — Me dá as jóias, imediatamente.

OSWALDINHO — Até logo, mamãe!

TEREZA *(barrando-lhe a passagem)* — Ou pensa que vai sair daqui com as minhas jóias!

OSWALDINHO — Mamãe, quer sair da frente?

TEREZA — Chamo a polícia, a radiopatrulha, seu ladrão.

OSWALDINHO *(lento e maligno)* — Sou ladrão, e daí?

TEREZA *(soluçando)* — Cínico, cínico.

OSWALDINHO *(tirando um cigarro)* — Pois chame a polícia. Quer chamar? Chama.

TEREZA *(possessa)* — Eu te meto a mão na cara! *(Oswaldinho acende o isqueiro, mas ao ouvir falar em mão na cara, fica com o isqueiro aceso e tira o cigarro da boca)*

OSWALDINHO *(desfigurado)* — Não me encoste a mão. *(Oswaldinho oferece o rosto)* Agora, a senhora vai meter a mão na minha cara.

TEREZA — Sou sua mãe. *(estende para o filho as duas mãos crispadas)*

OSWALDINHO — Mas tem medo. *(trinca o riso)* Minha mãe tem medo!

TEREZA — Você fala como se. E se eu te esbofeteasse?

(Oswaldinho acende o cigarro, na sua curiosidade aterrada.)

TEREZA — Você faria o quê?

OSWALDINHO — Se quer saber, me esbofeteia. Pronto, me esbofeteia!

TEREZA *(de novo agressiva)* — E se fosse, não eu, mas teu pai?

OSWALDINHO *(desatinado)* — Não fale no meu pai!

TEREZA *(triunfante)* — Dele você tem medo.

OSWALDINHO *(cego de ódio)* — Medo desse sujeito? Eu? Meu pai que não se. Ou você não me conhece? Um sujeito que.

TEREZA *(numa histeria)* — Não chama seu pai de sujeito que Deus castiga!

OSWALDINHO — Meu pai é culpado, meu pai.

TEREZA *(desesperada)* — Teu pai é culpado de quê? *(a luz passa para outro lado do palco iluminando agora Gastão, marido de Tereza e pai de Oswaldinho. Tereza entra na luz. Diálogo anterior. Gastão tem um copo de uísque e roda com o dedo a pedrinha de gelo)*

GASTÃO — Não agüento mais as minhas insônias.

TEREZA — Mas os negócios não vão bem?

GASTÃO — Minha mulher, você parece até que. Estou falando de negócios?

TEREZA *(está passando escova nos cabelos)* — Pensei que.

GASTÃO — Há qualquer coisa errada nesta casa.

TEREZA *(arrebatada)* — Já sei. É Oswaldinho.

GASTÃO — É meu filho, teu filho!

TEREZA — Já começa você. Sempre a mesma coisa, sempre a mesma coisa!

GASTÃO — Não amola você também. Quando se trata desse rapaz, você fica cega. Sabe da última do seu filho?

TEREZA *(cortante)* — Não quero saber.

GASTÃO — Outro cheque sem fundo.

TEREZA — E sabe por quê?

GASTÃO — Porque é um irresponsável, sim, senhora!

TEREZA — E você? Gosta do seu filho? Gosta?

GASTÃO *(como se cuspisse as palavras)* — Você não toma jeito.

TEREZA — Mas não respondeu! Quero saber se você gosta do seu filho, se tem amor pelo seu filho. Responda! Tem?

GASTÃO — Estou falando de cheque sem fundo, mulher idiota!

TEREZA — Eu sei quem é idiota. *(muda de tom)* E sabe por que ele passa cheque sem fundo? Porque você é um milionário que chora cada tostão!

GASTÃO — Minha mulher. Um momento. Não vamos gritar. Você já reparou que nós perdemos a vergonha dos vizinhos, dos criados? Todo mundo, neste edifício, ouve as nossas discussões! Mas ouve. Estou falando baixo.

TEREZA *(contida)* — Você é um cavalo!

GASTÃO — Tereza, eu estou calmo. Claro que o banco telefonou e eu mandei cobrir o cheque, claro. Mas o que é mesmo que eu queria te dizer? Ah, já sei. Acontece com meu filho uma coisa que. Engraçado, cada olho de meu filho olha de uma maneira diferente. Um olho pode ser doce e o outro cruel, assassino.

TEREZA — Vê se diz coisa com coisa!

GASTÃO *(acariciante e ameaçador)* — Tereza, agora não estamos brigando, Tereza. Eu estou conversando. Percebeu?

TEREZA — Estou cheia!

GASTÃO (*meio alado, sem ouvi-la*) — Ontem meu filho me olhou como se. E não estou bêbedo, Tereza. Meu filho me olhou como se desejasse a minha morte. Fique sabendo que Oswaldo.

TEREZA (*sofrida*) — Você diz Oswaldo, nunca Oswaldinho. Não faz a seu filho a graça de um diminutivo. (*Tereza levanta-se e caminha na direção do filho que ainda está na sombra. Luz ainda sobre Gastão*)

GASTÃO — O pior são as minhas insônias, Tereza. Passo todas as noites em claro. E, se eu morrer, continuarei em claro, morto e sem sono.

(*Luz para Oswaldinho e Tereza.*)

TEREZA — Teu pai é culpado de quê?

OSWALDINHO — O culpado é meu pai que não morre! Meu pai não morre e eu tenho que roubar!

TEREZA — Sabe que. Às vezes, eu penso, ouviu? Chego a pensar que.

OSWALDINHO — Chega a pensar?

TEREZA (*agarrando-se ao filho*) — Oswaldinho, eu não acredito que você. Você não desejaria a morte do seu pai. Você é bom, Oswaldinho, você é bom!

OSWALDINHO — E meu pai?

TEREZA — Gastão tem loucura por você. (*rápido Oswaldinho agarra a mãe pelos dois braços*)

OSWALDINHO — Por que a senhora mente?

TEREZA (*soluçando*) — É verdade!

OSWALDINHO — Então, a senhora vai jurar, aqui, agora. Mas jurar pela alma de sua mãe. Vovó morreu de câncer. Jura pelo câncer de sua mãe que papai nunca desejou a minha morte?

TEREZA — Juro.

OSWALDINHO (*fora de si*) — E o caso da italiana? Aquela cara que andava comigo. A princípio, tomava pílulas. Mas pensou que podia se casar comigo.

TEREZA — Pára que eu não quero ouvir mais nada.

OSWALDINHO — Você vai ouvir tudo. A italiana resolveu ficar grávida. E veio falar com papai. Fazia chantagem com a gravidez. Depois, papai veio para casa e teve uma discussão com a senhora. Eu cheguei no meio da discussão. E ouvi o que papai disse. Ou não está lembrada? Disse que desejava que o pai da italiana me desse um tiro. Eu ouvi tudo. Ouvi meu pai dizer que, se eu morresse, seria o dia mais feliz (*desatinado*), o dia mais feliz da vida dele. Minto? Responde. Minto?

TEREZA *(sôfrega)* — Não foi bem assim. E seu pai se arrependeu. Juro que.

OSWALDINHO — Quer saber de uma coisa?

TEREZA *(súplice)* — Não me faça mal.

OSWALDINHO — Essa conversa está me enojando. A senhora quer, não quer, as suas jóias? *(Oswaldinho está tirando as jóias do bolso)*

TEREZA *(aterrada)* — Mas o que é isso?

OSWALDINHO — Vou lhe devolver tudo.

TEREZA *(desesperada)* — Escuta, Oswaldinho.

OSWALDINHO — Toma suas jóias.

TEREZA — Você não me entendeu. *(Tereza está rindo e chorando)* Não quero minhas jóias.

OSWALDINHO — A senhora me chamou de ladrão.

TEREZA — Ouve sua mãe. É o seguinte: — às vezes, as palavras falam demais. Dizem mais do que eu queria dizer. Mas agora eu estou dando. Juro por tudo. Juro por minha mãe, pela alma de minha mãe. Pode levar, Oswaldinho.

OSWALDINHO — Mamãe, você.

TEREZA *(interrompendo impulsivamente)* — Ainda bem que você me chama de você. Meu filho, quantas vezes lhe disse para não me chamar de senhora?

OSWALDINHO — Isso não interessa. O que interessa. Não chora, mamãe, não chora. O que interessa é que todos aqui me condenam.

TEREZA — Eu, não!

OSWALDINHO — Você também. Você me condena, meu pai me condena. Mas escuta. *(grita)* E pára de chorar!

TEREZA — Não estou chorando!

OSWALDINHO — Mas foi a última vez. E até logo, que eu não agüento mais.

(Tereza agarra o filho.)

TEREZA — Quero ainda te dizer uma coisa.

OSWALDINHO — Agora, não!

TEREZA *(grita)* — Oswaldinho! *(Tereza abraçada ao filho, escorrega ao longo do seu corpo. Está de joelhos, abraçada às suas pernas)*

OSWALDINHO — Que é isso? Não faça isso!

TEREZA *(com sua desesperada doçura)* — Assim eu sei que você vai me escutar.

OSWALDINHO — Mas levanta.

TEREZA — Não tenho vergonha de me ajoelhar para o meu filho. Oswaldinho, eu não tenho nada. Fracassei como mulher.

Teu pai não gosta de mim, nem gostou nunca. Meus namorados não gostavam de mim. Eu não tenho nada, mas tenho meu filho. Não me interessam os outros, teu pai pode ter as amantes dele, se meu filho gostar de mim. *(como uma loba ferida)* Eu preciso de você. *(doce e perdida)* Você gosta um pouquinho de mim? Não precisa muito. Um pouquinho. Gosta?

OSWALDINHO *(com uma pena, não isenta de asco)* — Gosto.

TEREZA *(ainda está abraçada às suas pernas)* — Ah, querido!

OSWALDINHO *(saturado)* — Agora levanta. *(Oswaldinho ajuda a mãe a erguer-se)*

TEREZA — Não me acha uma chata?

OSWALDINHO *(farto)* — Oh, mamãe!

TEREZA — Quando eu gosto, tenho medo de ser chata.

OSWALDINHO — Eu vou, que estão me esperando.

TEREZA *(sôfrega)* — Não leva as jóias?

OSWALDINHO — São suas. Não quero.

TEREZA *(apanha as jóias)* — Toma, meu filho, toma!

OSWALDINHO — Não insista, que.

TEREZA — Mas eu estou dando. Faço questão. Você faz o que quiser com as jóias. Não me interessa.

OSWALDINHO — Está bom. *(apanha as jóias e as embolsa)*

TEREZA *(com ardente humildade)* — Mereço um beijo?

(Oswaldinho roça com os lábios a testa de Tereza.)

TEREZA — Deus te abençoe.

OSWALDINHO — Tchau. *(Oswaldinho dá três passos, pára, retrocede)* Ah, mamãe. Eu tenho uma coisa para pedir à senhora. A você. Mas não sei se.

TEREZA *(arrebatada)* — A mim, você pode pedir tudo.

OSWALDINHO — É o seguinte: — Morreu o presidente da Fábrica de Confecções.

TEREZA — Enfarte.

OSWALDINHO — Estou cheio, mamãe, de receber gorjetas de papai, de você. Queria ter uma função numa de nossas empresas. Afinal, sou filho único, vou herdar tudo. Será que a senhora, *você*, mamãe, era capaz de.

TEREZA — Você quer ser o presidente?

OSWALDINHO — Quero. Presidente. Me formei pra quê? Você não acha?

TEREZA — Mas claro!

OSWALDINHO — E a senhora fala com papai?

TEREZA — Pode deixar por minha conta. *(a luz passa para a casa de Salim Simão, em Quintino. Ele, pai de Joice, é bonito, velho, com os cabelos de um branco sedoso, bem vestido, paletó cintado, colarinho e punhos engomados. Salim Simão está com Hele Nice, criada da casa, negra, de ventas triunfais, busto enorme. O dono da casa anda de um lado para outro, em largas e furiosas passadas)*

SALIM — E minha filha que não chega! A que horas ela telefonou, Hele Nice? Uma?

HELE NICE — Duas.

SALIM *(começa a chorar e pára)* — São cinco, Hele Nice, são cinco! E ela disse: — Volto já. E quedê?

HELE NICE — Dr. Salim, é a condução, dr. Salim!

SALIM — Mas quando minha filha sai, meu Deus, penso o diabo. Quando eu era solteiro, tinha uma vizinha que era uma moreninha linda! Estava na calçada, veio um táxi, trepou no meio-fio e achatou a menina contra o muro. Morreu na hora.

HELE NICE — Não fala assim, dr. Salim, pelo amor de Deus!

SALIM — É, vamos mudar de assunto. Mas o que é mesmo que eu estava dizendo? Já sei. Me mandaram fazer a nota e eu escrevi. O dono do jornal começou a ler e, de repente, deu um pulo. "Quem é que escreveu *entrementes*? Quero saber o nome do redator que escreveu *entrementes*!"

HELE NICE — Seu patrão era neurastênico!

SALIM — Me chamaram e eu fui lá. O dono do jornal espumava. "Foi você que escreveu *entrementes*? No meu jornal não sai *entrementes*. Tira essa bosta." Apanhei a matéria e botei lá outra palavra. Leu e picou a matéria e jogou para o alto como confete. "Riscou *entrementes* e pôs *outrossim*. No meu jornal, não sai *outrossim*." E disse mais: — "Você não pode escrever sobre o brigadeiro."

HELE NICE — Por que é que o senhor não passou uma esculhambação no cara?

SALIM — Hele Nice, não diz isso na casa de Joice. Esculhambação é a palavra mais feia da língua. Eu disse *bosta*, porque a minha filha não está em casa. Mas o dono do jornal demitia e nomeava ministro pelo telefone. Tinha uma coragem cívica formidável. E, todos os dias, apanhava uma surra da mulher. *(entra Joice)*

JOICE *(radiante)* — Grandes novidades.

SALIM — O susto que você me deu. *(antes de abraçar a filha, Salim beija-lhe a mão)*

JOICE — Ih, papai, você anda nervoso.

SALIM *(berrando)* — Você sai de manhã *(chora)* e volta agora. *(singularidade no comportamento de Salim: quando se exalta, e ele se exalta sempre, chora um pouquinho, logo se recupera)*

JOICE — Foi o emprego, papai.

SALIM — Almoçou? Não almoçou!

JOICE — Nem me lembrei!

HELE NICE — Vou fazer um pratinho.

JOICE — Agora estou com fome. Hele Nice, o que é que tem?

HELE NICE — Guardei o ensopadinho do almoço.

JOICE — Quero.

SALIM — Está muito bom.

JOICE — Faz um ovo. Espera aí. Ovo não, que me ataca o fígado. Só o ensopadinho. Traz correndo. *(sai Hele Nice. Para Salim)* Agora, podemos conversar. Arranjei o emprego.

SALIM — Estou com esse emprego por aqui!

JOICE *(como se o velho fosse um menino)* — Fica quieto, quietinho. Começo amanhã.

SALIM *(chorando e parando de chorar)* — E começa amanhã!

JOICE — Horário das oito às cinco.

SALIM *(dá passadas furiosas)* — Bonito! Das oito às cinco. *(chora e pára)* E que mais?

JOICE — Que mais? Ah, seiscentos cruzeiros para começar. *(entra Hele Nice com o prato)*

HELE NICE — Quentinho do fogo!

JOICE — Fome danada!

HELE NICE *(que pôs o pratinho na mesa)* — Senta aqui.

JOICE — Não estou com vontade de sentar. *(Joice apanha o prato e fica em pé, comendo o ensopadinho com o garfo)*

HELE NICE — Tem mamão.

SALIM — Meu amorzinho, esse emprego não interessa.

JOICE — Papai, se você visse como me trataram. É uma gente legal. Nem me conheciam e me receberam como se. Entende, papai?

SALIM — Minha filha, eu concordei. Mudei de opinião.

JOICE — Papai, o senhor hoje está muito levado. Menino impossível!

SALIM — Agora eu quero saber o seguinte: o que é que teu noivo diz?

JOICE *(sem entender)* — Meu noivo?

SALIM — Que é que ele diz do teu emprego?

JOICE — Nada.

SALIM *(furioso)* — É teu noivo e não diz nada?

JOICE — Quando conversamos, disse que o problema era meu.

SALIM — Só teu? Mas ele não é o homem do casal? Ao menos, tem ciúmes de ti?

JOICE — Confia em mim.

SALIM *(como num comício)* — Então, minha filha, escuta. Eu também confiava em tua mãe. Era uma santa. E quantas vezes fui pra esquina espiar se entrava homem na minha ausência? Minha filha, isso é a natureza das coisas. Agora você vai me dizer uma coisa: *(rápido e incisivo)* — Você ama seu noivo?

JOICE — Gosto.

SALIM *(exultante)* — Minha filha, não é isso. Gostar, a gente gosta de todo mundo. Pergunto se você ama? Não é gostar, é amar?

JOICE — Papai, quer saber de uma coisa? Não me sinto capaz de paixões. Não vou me apaixonar nunca.

SALIM — Isso não é amor.

JOICE — É meu jeito de amar.

SALIM *(anda de um lado para outro, furioso)* — Não, senhora. Ama coisa nenhuma. Você não fala no seu noivo. Nunca! Não toca no seu nome. Como se ele não existisse. Ele não existe.

JOICE *(divertida)* — Mas é com ele que vou casar.

SALIM — Joice, escuta, Joice. Ontem, estive observando. Meia hora sem uma palavra. Um silêncio sentado com outro silêncio. Passo meses sem ouvir um pigarro do teu noivo. Já me dava por satisfeito com um pigarro.

JOICE — Agora você vai me escutar.

SALIM *(chorando)* — Está rindo de mim. *(pára o choro)* Mas olha. Nenhuma mulher é obrigada a se casar. *(berra)* Sexo é pra operário!

JOICE *(começa a rir)* — Não estou rindo, papai! Juro que não estou rindo!

(Luz sobre Gastão e Tereza.)

GASTÃO — Minha mulher, queria que você me explicasse uma coisa. De manhã, passei pelo meu filho e ele disse: — A bênção, papai.

TEREZA *(triunfante)* — Não disse que meu filho é muito melhor do que você pensa?

GASTÃO — Mas por quê? Não entendo. Meu filho não me pede a bênção desde a última surra que apanhou de mim, há vinte anos. Vinte anos, não é? Tinha oito. Vinte anos, sim. *(muda de tom)* Mas deixa pra lá.

TEREZA — Gastão, preciso falar contigo.

GASTÃO — Sobre o nosso filho?

TEREZA — Sobre Oswaldinho.

GASTÃO — Pelo amor de Deus!

TEREZA *(contida)* — É uma conversa, não uma discussão!

GASTÃO — Tudo, menos bate-boca!

TEREZA (*ameaçadora*) — Quem falou em bate-boca?

GASTÃO — Converso contigo. (*duro*) Mas amanhã.

TEREZA — Tem que ser agora.

GASTÃO (*andando de um lado pro outro, na sua fúria impotente*) — As mulheres são tão burras, tão burras, que sempre escolhem a hora errada. No momento, estou até com certa boa vontade com Oswaldinho.

TEREZA (*radiante*) — Você disse o diminutivo.

GASTÃO — Disse o diminutivo, sou uma besta. (*muda de tom*) Mas escuta, Tereza. Com o meu filho, estou sempre com o pé atrás. Desta vez, confesso, eu fiquei pensando: "Quem sabe?"

TEREZA (*impulsivamente*) — Gastão, Oswaldinho não é o que você pensa.

GASTÃO — Mas, ouve. Um momento, Tereza, dois falando não dá.

TEREZA — Ah, meu Deus!

GASTÃO — Não queria estragar o momento. É uma ilusão. Mas compreende? Permita que eu tenha uma ilusão.

TEREZA (*sôfrega*) — Não é nada demais. É um pedido.

GASTÃO (*sardônico*) — Nada demais, só um pedido! Olha, Tereza. Vou mostrar como eu te conheço. Esse pedido, que você vai me fazer, é uma bomba. Ouve o que estou te dizendo.

TEREZA (*fremente*) — Posso falar?

GASTÃO — Um momento. Antes do pedido, quero te contar uma história. E você vai me dar sua opinião. É o seguinte: — Há um ano eu recebo, uma vez por semana, uma carta anônima.

TEREZA (*tensa*) — E daí?

GASTÃO — Está nervosa, Tereza?

TEREZA — Não seja idiota!

GASTÃO — A carta anônima começa sempre assim: "Meu prezado chifrudo." (*melífluo, adocicado*) E não pense que é o único insulto. Pelo contrário, esse é o insulto mais delicado. Nunca se disse de um homem, Tereza — nunca! — o que a carta anônima diz de mim. Me chama de pederasta, o diabo. Agora te pergunto: — Quem será, das nossas relações, o autor da carta anônima?

TEREZA — O que é que eu tenho com isso?

GASTÃO — Tereza, se eu sou chifrudo, você tem com isso, se tem! (*novamente sério*) Você quer arriscar um nome?

TEREZA — Não me interessa.

GASTÃO (*incisivo*) — Pois, então, olha. Não tenho provas. Mas sei quem é, sei! Queres o nome ou tens medo?

(*Pausa.*)

TEREZA — Quem é?
GASTÃO — Teu filho!
TEREZA *(histericamente)* — Seu sujo! Indecente! De você só tenho nojo, nojo!
GASTÃO *(severo)* — Faz agora o pedido.
TEREZA *(procura recuperar-se da crise de ódio)* — Meu Deus, meu Deus!
GASTÃO *(acende um cigarro, com a mão trêmula)* — Faz o pedido.
TEREZA *(de perfil para Gastão)* — Morreu o presidente da fábrica.

(Pausa.)

GASTÃO — Continua.
TEREZA *(virando, violenta)* — E eu te peço, por tudo que há de mais sagrado, que você dê o lugar ao nosso filho.
GASTÃO *(em voz baixa)* — O lugar de presidente de uma fábrica que vale, na pior das hipóteses, oito milhões?
TEREZA *(chorando)* — Pelo amor de Deus, Gastão! Nosso filho é engenheiro, merece!
GASTÃO *(fora de si)* — E você disse que era conversa, e não bate-boca!
TEREZA — Sou casada em comunhão de bens. Você tem uma metade e eu a outra. Posso querer um presidente.
GASTÃO — Está de porre! Está pensando que eu sou o quê? E como você é chata! Chata!
TEREZA — Pode me xingar. Não tenho medo dos seus berros.
GASTÃO *(no seu riso feroz)* — Agora eu compreendo por que me pediu a bênção. Não era a bênção, era a presidência. Desista.
TEREZA — Não desisto! E outra coisa. Se está com ódio de mim, por que não cospe na minha cara?

(Gastão, que andava de um lado para outro, estaca diante da mulher.)

GASTÃO — Como se cuspir na tua cara fosse a solução. *(muda de tom)* Não me desafie, Tereza! Não me desafie!
TEREZA — Por meu filho, eu, está ouvindo? Não tenho medo de ninguém! Sou capaz até de matar...
GASTÃO *(de costas para a mulher, falando com pouca voz)* — Que mulher é você? *(como se falasse para si mesmo)* É a tal que não ama, nem se deixa amar. Por causa dos nossos bate-bocas, eu fui hoje ao dr. Murad, tirar um eletro. *(vira-se para a mulher)* E o dr. Murad me disse: — Não se aborreça, não se aborreça. Não me aborrecer se tenho

essa mulher e esse filho? Fique sabendo que agora, neste momento, estou com uma dor aqui, com irradiação pelo braço esquerdo.

TEREZA — Nomeia ou não nomeia, meu filho?

GASTÃO — Minha mulher, tire isso da cabeça! Dar a presidência a um idiota?

TEREZA — Mais inteligente do que você.

GASTÃO — Enquanto eu for vivo, ele não vai ser presidente de coisa nenhuma. Nunca. Mas faz o seguinte: espera a minha morte, espera. Não sou eterno. Vou morrer um dia — todos não morrem?

(Tereza cai de joelhos no meio do quarto. Cobre o rosto com as duas mãos. Soluça. Luz passa para o quarto de Oswaldo. O rapaz está de calça de pijama, nu da cintura para cima. Dorme com o travesseiro por cima da cabeça. Entra Gastão com Tereza. Há um tablóide em cima da cama. Gastão apanha o jornal.)

GASTÃO — Olha a leitura do teu filho.

TEREZA — O que é isso?

GASTÃO — *O Pasquim*; tinha que ser *O Pasquim*.

TEREZA — Esqueça, Gastão. Eu te jurei. O negócio de briga acabou entre nós.

GASTÃO — Mas continua a dor no braço esquerdo.

TEREZA *(senta-se na cama)* — Oswaldinho! Oswaldinho! Acorda, meu filho.

OSWALDINHO *(revira-se na cama, resmunga)* — Me deixa dormir!

GASTÃO — Acorda teu filho, antes que me arrependa.

TEREZA — Oswaldinho, anda! Teu pai está aqui.

(O rapaz apóia as mãos na cama, sem se virar.)

TEREZA — Teu pai!

(Oswaldinho vira-se num movimento ágil, elástico.)

OSWALDINHO — Ah, papai! *(Oswaldinho sacode a cabeça para espantar a sonolência)*

TEREZA *(sôfrega)* — Teu pai quer te dar uma notícia.

OSWALDINHO — Notícia?

GASTÃO *(de costas para o filho)* — Oswaldinho, eu e tua mãe resolvemos que você será o novo presidente da fábrica.

(Pausa. O rapaz está maravilhado.)

OSWALDINHO — Mas eu? Eu!

TEREZA *(lança-se nos braços do filho, beijando-o)* — Você merece! *(Tereza ri por entre lágrimas)*

OSWALDINHO — Chorando, mamãe?

TEREZA — É o dia mais feliz da minha vida.

(Oswaldinho vira-se para o pai. Impulsivamente, apanha e beija a mão do pai.)

GASTÃO — Oswaldinho, agora você vai se vestir e vamos descer juntos. Quero apresentar você ao pessoal.

(Gastão abandona o quarto. Ficam Tereza e Oswaldo. Os dois falam baixo.)

OSWALDINHO — Mas como foi isso?

TEREZA — Vencemos! Vencemos!

OSWALDINHO — Quero saber como.

TEREZA — O que eu não faço por você. Teu pai não queria ceder. Mas eu disse a ele: — Se você não fizer isso, eu me mato.

OSWALDINHO — Mas era cascata!

TEREZA — Não era. Eu estava tão desesperada, mas tão! Meu filho, você não conhece tua mãe. Sou meio louca e.

OSWALDINHO — Puxei a você, mamãe.

TEREZA — Você não tem nada do seu pai.

OSWALDINHO — Aqui entre nós, meu pai está fazendo uma espécie de suborno comigo.

TEREZA — Meu filho. Não fala assim. Vamos reconhecer que. O fato é que ele te nomeou.

OSWALDINHO — O resto não interessa. Vou tomar banho correndo. Um beijo, mamãe. *(Oswaldinho atira um beijo para a mãe)*

(Luz passa para Gastão. Chega Tereza.)

GASTÃO — Tereza, sabe o que é que está me interessando, agora?

TEREZA — Veja o que vai dizer.

GASTÃO — É o seguinte: eu fiz o que você queria e que Oswaldo queria. Você está satisfeita comigo, ele está satisfeito comigo. Será que vão parar as cartas anônimas?

TEREZA — Não te entendo.

GASTÃO — Ora, Tereza. *(vivamente)* Vamos admitir que não chegue mais uma carta anônima. Se não chegar mais nenhuma carta anônima, ficarei sabendo que, de fato, o autor é meu filho.

(Luz passa para Oswaldinho, no escritório. Entra Leleco.)

LELECO (*com alegre intimidade*) — Pode-se entrar, chefe?
OSWALDINHO — Que tal, hem, Leleco?
LELECO (*abrindo o gesto*) — Presidente da Indústria "Beija-Flor de Confecções"!
OSWALDINHO (*esfregando as mãos*) — Estás besta?
LELECO — Bestíssimo. Você não avisa nada! Como foi isso?
OSWALDINHO — História muito comprida. Depois te conto.
LELECO — Estou nessa?
OSWALDINHO — Vou arranjar um aumento aí pra você. Já sei. Meu assessor. Assessor da presidência!
LELECO — Não mereço tanto.
OSWALDINHO — Agora eu posso. Mas há um porém.
LELECO — Qual é o papo?
OSWALDINHO — É o seguinte: estás mais sujo do que pau de galinheiro lá em casa.
LELECO — Que mágica besta!
OSWALDINHO — Pois é. Meu pai te chama de cáften!
LELECO (*amargo*) — Boa piada...
OSWALDINHO — Meu pai é tão antigo que diz cáften como antigamente. E não cafetão. O velho acha que você arranja mulher pra mim. (*muda de tom*) Mas estás chateado?
LELECO — Sei lá.
OSWALDINHO — Estou te estranhando. Desde quando tens escrúpulos, rapaz?

(Em silêncio, Leleco anda de um lado para outro.)

OSWALDINHO — Sabe quando é que eu gosto de você? Você se lembra do pai daquela menina? Aquele que te chamou de canalha. Você vira-se e pergunta: — É preciso não ser canalha? — O velho ficou com cada olho deste tamanho. Você o abotoou e disse: — Sou canalha, seu viado. — Na presença da filha o homem começou a chorar e correu. Ele e a filha.
LELECO — Oswaldinho, não é nada disso. Para você sou o mesmo. Mas conheci uma garota que é adventista e que. Isso só conversando com calma.
OSWALDINHO — Não interessa e bola pra frente. Presta atenção. Hoje, subiu no elevador, comigo e com papai, uma garota sensacional. Todo mundo ficou olhando, inclusive papai. Ela saltou aqui e trabalha aqui.
LELECO — É a Joice!
OSWALDINHO — Exato. Trabalha a teu lado. Na saída do elevador, ela passou na frente, e eu olhei o perfil do rabo. Sabe por

que eu não gosto da grã-fina? Porque tem bunda chata. Leleco, nunca senti por mulher nenhuma o que senti por essa garota. Incrível. Eu quero sair hoje com ela.

LELECO — Olha aqui, Oswaldinho.

(Tereza entra.)

OSWALDINHO — Ah, mamãe!

TEREZA — Preciso falar com você.

OSWALDINHO *(pra Leleco)* — Sai um instante, Leleco.

LELECO — Com licença.

(Leleco passa.)

TEREZA — Tenho horror desse sujeito...

OSWALDINHO — Por que horror, mamãe? É um pobre coitado. E além disso, hoje é o grande dia!

TEREZA *(sôfrega)* — Como foi tudo?

OSWALDINHO — Uma beleza! Muito melhor do que eu esperava. Dei um lance, mamãe. A idéia me veio de repente. A gente estava aqui e, então, eu disse a papai: — Vou falar com o pessoal. — Papai não entendeu. Pensou talvez que eu ia fazer algum discurso. Ficou, de longe, olhando e eu vim, de mesa em mesa, apertando a mão de todo mundo, inclusive dos contínuos.

(Tereza beija o filho.)

TEREZA — Tenho orgulho de você.

OSWALDINHO — Demagogia reles, mas o efeito, mamãe, foi formidável. Não sei se é porque sou moço.

TEREZA — E bonito!

OSWALDINHO — E a direção aqui só tem múmia. O fato é que os contínuos e a telefonista ficaram com os olhos cheios d'água.

TEREZA — Meu filho, passei aqui pra te falar um assunto muito sério. O seguinte: há um ano que, todas as semanas, teu pai recebe uma carta anônima.

OSWALDINHO *(com certa afetação)* — Carta anônima?

TEREZA — Dizendo horrores!

OSWALDINHO — As cartas anônimas não são amáveis. E papai desconfia de alguém?

TEREZA — Desconfia.

OSWALDINHO — De quem, por exemplo? *(pausa)* Pode falar. É bom que a senhora diga tudo.

TEREZA — De você, meu filho.

OSWALDINHO (*afetando uma alegre surpresa*) — De mim? Por quê, a troco de quê?

TEREZA — Eu não acredito.

OSWALDINHO (*rápido e incisivo*) — Tem certeza, mamãe?

(Os dois se olham, cara a cara.)

TEREZA (*quase sem voz*) — De vez em quando, você me assusta.

OSWALDINHO — Mas não sou eu.

TEREZA — Graças, graças. Mas ouve, meu filho. Teu pai acha que, agora, você está satisfeito com a presidência. E se as cartas anônimas pararem, está provado que é você.

(A luz passa para Leleco. Entra Oswaldinho.)

OSWALDINHO — Leleco, diz à tal Joice que.

LELECO — Não pode ser assim. Não é como as outras.

OSWALDINHO — Todas são como as outras.

LELECO — É preciso um romancezinho.

OSWALDINHO — Deixa de ser burro. Você mudou, rapaz. Esse negócio de cantar mulher não existe, sua besta. O sujeito leva para um hotel de alta rotatividade. E elas vão. E, então, faz o seguinte: manda essa pequena ao meu gabinete.

(Volta a luz para Tereza. Chega Oswaldinho.)

OSWALDINHO — Eu sei, mamãe, eu sei. Pode ir.

TEREZA — As cartas não podem parar.

(Sai Tereza. Senta-se Oswaldinho. Aparece Joice.)

JOICE — Dá licença.

CAI O PANO SOBRE O FINAL DO PRIMEIRO ATO

SEGUNDO ATO

(O segundo ato começa como o primeiro acaba, Joice na porta.)

JOICE — Dá licença?
OSWALDINHO — Pode entrar.
JOICE — Bom dia.
OSWALDINHO *(risonhamente)* — Já nos cumprimentamos.
JOICE *(nervosa)* — Pois é.
OSWALDINHO — Seu nome é Joice?
JOICE — Joice.
OSWALDINHO — Não é um nome comum.
JOICE — Na minha família tem duas Joices.
OSWALDINHO — Você é a primeira que eu conheço.
JOICE — A outra é minha prima.
OSWALDINHO — Nervosa?
JOICE — Eu?
OSWALDINHO — Parece.
JOICE — Absolutamente.
OSWALDINHO — Seu lábio *(ele põe o dedo no próprio lábio inferior)* está tremendo.
JOICE — Naturalmente, eu sou nova aqui e.
OSWALDINHO *(com certa doçura)* — Nova aqui, é?
JOICE *(impulsivamente)* — Não esperava ser chamada e. *(os dois estão de pé)*
OSWALDINHO — Sente-se.
JOICE — Com licença. *(sentam-se lado a lado)*
OSWALDINHO — Entramos nesta casa quase ao mesmo tempo? Se não me engano, a senhora começou na véspera?
JOICE — Sim, um dia antes.
OSWALDINHO — Aliás, preciso explicar. Não estranhe a mudança de tratamento. Pretendo chamá-la de *dona* e *senhora*, na presença dos outros. E de *você* e de *Joice*, quando estivermos sozinhos, como agora.
JOICE *(risonha)* — O senhor é quem sabe.
OSWALDINHO — Está satisfeita aqui?
JOICE — Bastante.
OSWALDINHO — Quer dizer que estão tratando você bem?
JOICE — Muito. São todos bons comigo, e eu estou achando ótimo.
OSWALDINHO *(ergue-se, anda de um lado para outro. Pára, de costas para Joice)* — Quanto é mesmo que você está ganhando?
JOICE — Seiscentos cruzeiros.

OSWALDINHO — Você é uma menina pobre. Se está aqui, é porque precisa.

JOICE — Realmente, preciso.

OSWALDINHO — Acha então que é pouco?

JOICE — Não sei se é pouco, se é muito. Só sei que é mais do que esperava.

OSWALDINHO *(com alegre escândalo)* — Que bela franqueza. *(muda de tom)* Mas vou lhe dar um conselho: — nunca diga ao seu patrão que esperava menos.

JOICE — Não sei mentir.

OSWALDINHO — Todo mundo diz que não sabe mentir e mente. Espero que você seja um caso único.

JOICE — Só minto em caso de doença. Quando mamãe ficou muito doente, ela me chamou e perguntou se era câncer. Jurei que não era e menti até o fim.

OSWALDINHO — Fez muito bem.

JOICE *(com certo enleio)* — Dr. Oswaldo.

OSWALDINHO — Fala.

JOICE *(de olhos baixos e, depois, erguendo o rosto e rindo)* — Já não estou mais nervosa.

OSWALDINHO — Quer dizer que estava?

JOICE — A princípio, um pouco.

OSWALDINHO — Ah, o que é mesmo que eu queria te dizer? Já sei. Quero explicar que este interrogatório tem um sentido. Não estou conversando de graça. Imagine que estou pensando em dar a você um lugar muito especial. Um lugar de confiança.

JOICE — A mim, dr. Oswaldo? De confiança? Mas o senhor nem me conhece! *(Oswaldinho senta-se, novamente, ao lado de Joice)*

OSWALDINHO — Com esta é a terceira vez que te vejo. Vamos ver se você se lembra.

JOICE *(alegremente)* — Tenho boa memória.

OSWALDINHO — Vamos lá. Quando é que eu te vi pela primeira vez?

JOICE — A primeira? Foi no elevador, no meu segundo dia de trabalho. O senhor entrou com outro senhor, que é o seu pai. A segunda vez, quando apertou a mão de todos os empregados. E a terceira, agora.

OSWALDINHO — Isso mesmo. O que você não sabe é o seguinte: — Quando você entrou no elevador, e eu olhei pra você, senti como se não fosse a primeira vez. Foi como se eu te conhecesse de vidas passadas. Não estou brincando, não! Foi negócio estranho pra burro.

(Entra Leleco.)

LELECO — Com licença, dr. Oswaldo.

OSWALDINHO — Volta depois.

LELECO — Estão aí os americanos.

OSWALDINHO — Que americanos?

LELECO — Aquela exportação. Das duzentas mil calças.

OSWALDINHO — Estou ocupado. Manda esperar. Não. Faz o seguinte: — diz pra vir depois do almoço. *(sai Leleco)*

JOICE — Não quer que eu volte depois?

OSWALDINHO — Fica aí. Mas compreendeu? Eu conheci você, quando vi seu rosto. Nós somos a nossa cara, percebe? *(incisivo)* Conheço você como se fôssemos íntimos.

JOICE — Eu também conheço o senhor.

OSWALDINHO — Duvido.

JOICE — Estou falando sério.

OSWALDINHO — Então, vamos lá. O que é que eu sou?

JOICE — O senhor é bom.

OSWALDINHO *(entre surpreso e divertido)* — Pareço bom?

JOICE — Não. *(rapidamente)* Parece mau, mas é bom.

OSWALDINHO — Pareço, mas não sou. Acho que você está complicando.

JOICE — Estou dizendo o que sinto.

OSWALDINHO — A minha bondade não interessa. Interessa a sua. O sujeito que olha pra você sente que você tem um coração. Ou minto?

JOICE — São os seus olhos!

OSWALDINHO — Gosto quando você ri, sabe por quê? Porque vejo as duas covinhas, que você tem aqui e aqui.

JOICE — Papai é que gosta de minhas covinhas!

OSWALDINHO *(cada vez mais tenso)* — Joice, você é uma menina.

JOICE *(completando)* — Uma menina comum.

OSWALDINHO *(vivamente)* — Não, senhora!

JOICE — Dr. Oswaldo, eu...

OSWALDINHO — Deixa eu falar. Você é uma menina, como não existe mais. Eu é que sou comum e mau como todo sujeito comum.

JOICE *(rindo, feliz)* — O senhor é que se finge de mau. *(erguendo-se)* Já acabou o interrogatório?

OSWALDINHO — Senta. Bem. No elevador, eu te conheci para sempre. Agora, quero conhecer um pouco de sua vida. Você tem pais vivos?

JOICE — Pai, sim. Mãe, não. Meu pai talvez o senhor conheça.

OSWALDINHO — Qual é o nome dele?

JOICE — Salim Simão.

OSWALDINHO *(repetindo)* — Salim Simão. *(num berro)* Espera lá! Não é o Salim Simão botafoguense, o personagem do Nelson Rodrigues?

JOICE — Esse mesmo. *(Oswaldinho gira sobre si mesmo, fazendo um alegre escândalo)*

OSWALDINHO — Quer dizer que o Salim Simão existe? Eu pensava que era assim como o Sobrenatural de Almeida, o Gravatinha, a Grã-fina das narinas de cadáver. E que coisa linda você ser filha do Salim Simão.

JOICE — Um pai maravilhoso! *(Luz sobre Leleco. Em seguida, aparece Oswaldinho)*

OSWALDINHO — Vem cá, Leleco!

LELECO — Os americanos,

OSWALDINHO — Não aporrinha com os americanos. *(muda de tom)* Vivo a dizer que ninguém canta mais ninguém. E estou há uma hora cantando essa menina. Começou a cantada. É uma conversa, lá dentro, de dois débeis mentais.

LELECO — Oswaldinho, essa menina. Você.

OSWALDINHO — Na presença dos outros, me chama de dr. Oswaldo, não avacalha a guerra.

LELECO — Não tem problema. Mas olha...

OSWALDINHO — Essa garota é um dos meus desejos fulminantes. Mas tem um negócio. Ou é ingênua ou finge muito bem. Ingênua coisa nenhuma. Uma vigaristazinha.

LELECO — Oswaldinho, a Joice é amiga da minha garota, adventista. As duas foram colegas na PUC.

OSWALDINHO — Ainda por cima da PUC.

LELECO — A minha garota diz que a Joice é maravilhosa.

OSWALDINHO — Estou te estranhando. Ou você está querendo se regenerar?

LELECO — Estou só avisando.

OSWALDINHO — Já avisou e agora ouve: — estou besta comigo mesmo. Está acontecendo uma coisa que nunca, ouviu? Pela primeira vez, cantando uma mulher, tive taquicardia. O coração disparou, entende?

LELECO — Oswaldinho, estou até aqui de serviço.

OSWALDINHO — Não chateia! Rapaz, a boca dessa menina. Uns dentes, umas gengivas. E o hálito com um gosto de boca, de beijo. Eu, ali, cara a cara com a garota e houve um momento. Um momento em que quase, quase, dei um beijo e.

LELECO — Oswaldinho, como teu amigo quero te avisar que.

OSWALDINHO — Ou você também virou adventista?

LELECO — Com a Joice, só casando, só casando.

(Luz sobre Joice. Oswaldinho volta ao gabinete.)

OSWALDINHO — Conversamos e. Ah, outra coisa. O Salim Simão é o quê?

JOICE — Jornalista.
OSWALDINHO — De que jornal?
JOICE — Aposentado. Trabalhou no *Correio da Manhã*. Também é advogado.
OSWALDINHO — Bom, Joice, estou cada vez mais convencido de que você dá para o nosso serviço.
JOICE — Estou nervosa, outra vez. Posso saber qual o serviço?
OSWALDINHO — Você vai ser minha secretária.
JOICE — Minha Nossa Senhora!
OSWALDINHO — Está espantada?
JOICE — Assustada.
OSWALDINHO — Não quer ganhar mais? Subir no emprego?
JOICE — Quero, mas. Assim tão de repente! Tenho medo de não ser a pessoa que. Deus me livre de decepcioná-lo. O senhor sabe: — este é o meu primeiro emprego. Ih, dr. Oswaldo!
OSWALDINHO — Já resolvi.
JOICE — Posso dar a resposta amanhã?
OSWALDINHO — Amanhã, não. Tem que ser agora.
JOICE *(apesar de tudo, radiante)* — Se tem que ser agora, aceito.
OSWALDINHO — Não quer saber o seu ordenado?
JOICE — Não é o mesmo?
OSWALDINHO — O dobro.
JOICE — Meu Deus!
OSWALDINHO — Não exatamente o dobro. Um pouco mais. Mil e quinhentos cruzeiros.
JOICE *(rindo e nervosíssima)* — Não sei como agradecer. Quando Leleco me chamou, nem me passou pela cabeça que. Não repare, mas.
OSWALDINHO — Agora me diz uma coisa: — você mora em...
JOICE — Quintino.
OSWALDINHO — Longe!
JOICE — Um pouco.
OSWALDINHO — A condução deve ser uma tragédia.
JOICE — Mas já estou acostumada. Nem ligo.
OSWALDINHO — Podemos fazer o seguinte. Hoje, vou para aqueles lados. Posso levar você.
JOICE — Não precisa se incomodar.
OSWALDINHO — Incômodo nenhum. Sou eu que estou oferecendo. É meu caminho.
JOICE — Desculpe, dr. Oswaldo, mas não posso aceitar.
OSWALDINHO *(com surda irritação)* — Não entendo esse bicho-de-sete-cabeças, por tão pouco. Se fosse casada,
JOICE — Sou noiva.
OSWALDINHO — É noiva e não dizia nada?
JOICE — Pensei que não interessasse.

OSWALDINHO — Tudo interessa. Naturalmente, seu noivo — é ciumento?

JOICE — Graças a Deus, nada ciumento.

OSWALDINHO — Nesse caso, posso levá-la. Não há problema.

JOICE — Há um problema, dr. Oswaldo: — eu. Se meu noivo não se incomoda, eu acho que não devo fazer certas coisas. Não quero que o senhor fique sentido comigo. Mas acho que não devo ir para a casa com o senhor, no seu automóvel. Não sei, mas acho.

OSWALDINHO *(formalizado)* — Muito bem.

JOICE — O senhor não ficou zangado comigo?

OSWALDINHO — Nem teria esse direito. Você anda com quem quiser.

JOICE — Dr. Oswaldo, ou volto com o meu noivo ou sozinha. Desculpe.

OSWALDINHO *(cortante)* — De nada.

JOICE — Posso ir?

OSWALDINHO — Já sabe. A partir de amanhã, você trabalha aqui. Vou providenciar a sua mesa. Pode ir.

JOICE — Com licença. *(Joice dá dois passos)*

OSWALDINHO — Uma última pergunta: — Você acredita em Deus?

JOICE — Sou testemunha de Jeová. *(Luz passa para a casa de Salim Simão. Pai e filha. Salim exaltado, anda de um lado para outro. Estaca diante da filha)*

SALIM — Esse aumento de ordenado tem que ser explicado direitinho!

JOICE — Eu falo, o senhor interrompe!

SALIM — Pois, então, fala.

JOICE — Sabe que ele conhece o senhor?

SALIM — Me conhece, está bom. Mas conta tudo o que houve.

JOICE — Tão atencioso, papai! Conversamos uma hora ou mais.

SALIM — Uma hora ou mais. Continua.

JOICE — Disse que ia me dar um cargo de confiança.

SALIM — Ah, não! Essa, não! Como de confiança, se ele nem te conhece?

JOICE — Conhece.

SALIM — Desde quando?

JOICE — Papai, quando o dr. Oswaldo tomou posse, foi cumprimentar os funcionários, um por um. E apertou a minha mão, perguntou se eu estava satisfeita.

SALIM *(aos berros)* — Aperta a tua mão e te dobra o ordenado, só porque apertou a tua mão?

JOICE — Calma, papai. Não seja assim. Dr. Murad não quer que o senhor se exalte!

SALIM — Pois eu me exalto! Estou com as mãos geladas! E você ainda não viu nada!

JOICE — Então, não fale mais.

SALIM *(arquejante)* — Fala! Ai meu Deus, fala!

(Entra Hele Nice.)

JOICE — Vem ouvir também, Hele Nice. Vou ganhar mais do dobro do ordenado.

HELE NICE — Benza-te Deus!

SALIM — Benza-te Deus coisa nenhuma!

JOICE — Oh, papai!

SALIM — Hele Nice! Você acendeu uma vela no banheiro. Tua vela não adiantou nada.

JOICE — Adiantou, sim, Hele Nice. Papai, quer me ouvir? O senhor é contra o meu aumento de ordenado?

SALIM — Sou! Contra certos aumentos de ordenado, sou! Responde: — tudo isso a troco de quê?

JOICE — Precisa de uma secretária.

SALIM *(anda de um lado para outro)* — O que é que se esconde ou nem se esconde por trás desse aumento? Me diz só uma coisa: — esse cara é moço ou velho?

JOICE — Moço ou velho? Bem. Tem 28 ou trinta.

SALIM — Hele Nice, 28 ou trinta!

JOICE — Mas é educadíssimo, fino, papai!

SALIM — Joice, minha filha! Quando se trata de mulher, qualquer homem é um canalha!

JOICE — Nem todos.

HELE NICE — O doutorzinho pode ser bão.

SALIM — Bem. Eu estou exagerando. Pergunto: — que idéia faz você de mim?

JOICE — Você é formidável.

SALIM — Formidável, ótimo. Minha filha, vou te contar coisas que você não sabia, mas que precisa saber. E você também, Hele Nice. Quando eu tive o enfarte, na casa do Luiz Alberto Bahia.

JOICE — Papai, já sei de tudo isso.

SALIM — De tudo, não. Vai saber agora. Tive aquela dor e apaguei. A Mariazinha Bahia teve que inventar um médico. Quando acordei, estava na Casa de Saúde. Digo: — "Vou morrer." Mas não queria morrer sem me confessar. Uma das minhas visitas era o Gildo Lopes. Vai vendo o dedo de Deus. O Gildo Lopes tinha sido padre. Um dia, ele, jesuíta, viu uma menina na primeira fila e se apaixonou pela menina. Deixou de ser padre e casou-se. E quando vi o Gildo Lopes, na Casa de Saúde, agarrei o Gildo Lopes e disse: — "Me confessa, meu irmãozinho!"

JOICE — Papai, escuta aqui. O que é que o senhor quer provar?

SALIM *(arquejante)* — Não me interrompe. Estou contando isso pra teu bem. O Gildo Lopes tomou a minha confissão. E sabe o que eu confessei, eu, Salim Simão? Confessei os meus 18 abortos. Dezoito! Nos meus vinte, vinte e poucos anos, até trinta, não havia pílulas. As garotas que eu pegava ficavam grávidas e eu mandava tirar. Eu só sabia dizer: — "Tira, tira." E uma das crianças que não nasceram podia ter sido você, minha filha. E as minhas pequenas iam abortando. E, por isso, quis que o Gildo Lopes me absolvesse dos 18 abortos. *(Salim está chorando. Joice vem beijá-lo)*

JOICE — Ainda acho o senhor formidável, papai. Mais formidável do que nunca.

HELE NICE — Santo está aí.

JOICE — Agora, põe o Isordil sublingual. *(Salim procura nos bolsos)*

SALIM — Onde está o diabo do Isordil? Achei. *(Salim põe o comprimido na boca)*

JOICE — Agora não fala mais. Descansa.

SALIM *(pula)* — Como não falo mais? Preciso me desabafar! *(muda de tom)* Onde é que eu estava mesmo? *(desatinado)* Olha a esclerose, olha a esclerose. *(triunfante)* Já me lembro. Eu ia falar do maldito aumento de ordenado. No meu tempo, o homem cantava mulher. Eu cantei as 18 garotas dos abortos. Houve um romancezinho. Deus há de ter reconhecido: — "Ao menos essa besta faz romance." Hoje, não há mais o romancezinho. Ninguém quer perder tempo. Os homens dobram o ordenado.

JOICE — Você está falando de mim? Pra mim?

SALIM — Joice, o dinheiro corrompe. Qualquer um. E esse sujeito quer te corromper.

JOICE — Papai, você me conhece? Tem certeza que me conhece? Olha pra mim, papai. Não vira o rosto. Olha.

SALIM *(olhando-a, finalmente)* — Estou olhando.

JOICE — Você acredita ou não acredita em mim? *(Salim está fazendo, automaticamente, o sinal-da-cruz)* O senhor acha. Chamei você de *senhor*. Você acha que o dinheiro vai me corromper?

SALIM *(quase sem voz)* — Não, não. *(E, súbito, rompe num desespero maior)* Tua mãe, quando você fez 15 anos, veio me dizer: — "*O perigo é o beijo na boca. Nenhuma mulher resiste ao beijo na boca.*" Tua mãe tinha medo que um beijo na boca te perdesse.

JOICE — Essa conversa está fazendo um mal, papai.

SALIM *(chorando e parando de chorar)* — Perdoa, meu amorzinho. *(novamente enfurecido)* Vou acabar, mas quero te lembrar: — os formidáveis como eu fazem o que fiz. Quero que você não se esqueça: — *O sexo é uma selva de epilépticos.* Mas não é isso que eu queria dizer. O que eu queria dizer é que "*o sexo nunca fez um santo. O sexo só faz canalhas*".

(Salim baixa a cabeça e faz o sinal-da-cruz. Luz passa para o quarto de Gastão e Tereza. Tereza está deitada. Entra Gastão e olha, um momento, a mulher adormecida.)

GASTÃO — A pior forma de solidão é a companhia da minha mulher. A pior forma de solidão é a companhia do meu filho.

TEREZA *(na embriaguez do sono)* — Gastão?

GASTÃO — Eu.

(Tereza vira-se para o outro lado.)

GASTÃO — Fui ao dr. Stans Murad. Fez novo eletro. Está ouvindo? Tereza?

TEREZA — *(resmunga)*

GASTÃO — O novo eletro tem as mesmas alteraçõezinhas do anterior.

(Gastão já tirou o paletó. Arranca a gravata, a camisa. Está nu da cintura para cima.)

GASTÃO — E continua a dor no peito, com irradiação para o braço esquerdo. Tereza, acorda, Tereza!

TEREZA *(perdida de sono)* — Que horas são?

GASTÃO — Três da manhã. O dr. Stans Murad quer que eu faça coronariografia. Eu é que não quero. Se eu tenho que morrer, prefiro morrer sem saber que morro. Quero morrer de repente, tão de repente, no meio de uma frase, de um gesto. Você vai me chorar, Tereza, hem, Tereza? *(sacode a mulher)* Tereza!

TEREZA — Fecha essa luz!

GASTÃO — Não fecho nada. Tereza, escuta. Uma vez, eu vi um filme italiano. Era uma história de bandido. História feroz, sem nenhuma vergonha do dramalhão. E lá havia o velório genial, o velório que cada um deseja para si. O bandido estava na mesa do necrotério, e cravejado de balas. E, de repente, chega a mãe do defunto. Minha mulher, está ouvindo? Qualquer grande dor tem gritos que ninguém ouviu, jamais. Mas nenhuma mãe, em nenhum idioma, berra, uiva, como a mãe daquele morto. Era a mais siciliana das sicilianas. Ao ver o cadáver, esganiçou todos os gritos do seu espanto. Ah, Tereza, Tereza. Na minha poltrona, eu tive uma sensação de deslumbramento. E aquela mãe devoradora começou beijando o dedo grande do pé. Não beijou apenas, o que seria pouco para sua fome. Ela sorvia os dedos, um por um, como aspargos. Ah, meu Deus, aquela boca continuou beijando — a sola do pé, o calcanhar, as canelas. Nada restou que não fosse beijado. E eu sei que também vou morrer, não varado de balas. Deus quer que eu tenha enfarte, que é a morte da moda. Essa dor manhosa no braço esquerdo não me engana. Eu sei que é minha morte que está doendo mansamente. Eu penso no bandido. *(Gastão está no meio do palco)* Mas sei que não vou ser chorado assim, beijado assim, amado assim. *(Pausa. A mulher continua dormindo profundamente. Vem Gastão, deita-se ao lado da mulher)*

GASTÃO — Se não ouviste a minha morte, ouve o meu sonho. Um sonho de uma semelhança espantosa com a realidade. Sonhei que meu filho vinha me dizer: — "Sou eu que escrevo as cartas anônimas, eu!" E começou a chorar como um menino. Depois, caiu aos meus pés e beijou os meus sapatos. Tereza, se meu filho fizesse isso, eu estaria salvo, não morreria mais. E se morresse, seria beijado como o maravilhoso defunto siciliano.

TEREZA — Apaga essa luz. Apaga essa luz.

(Luz passa para o gabinete de Oswaldinho. Ele, sozinho, bebe uísque. Está semibêbado. Entra Leleco.)

OSWALDINHO — Ah, é você?

LELECO — Qual é a última?

OSWALDINHO — Pensei que fosse a minha secretária suburbana.

LELECO — Começou cedo. Bebendo às oito da manhã.

OSWALDINHO — Arranja um copo e bebe comigo.

LELECO — Deixei de beber.

OSWALDINHO — Que máscara é essa?

LELECO — Por que máscara?

OSWALDINHO — Já sei. Deixou de beber por causa da tal adventista. Não foi a adventista?

LELECO — Talvez.

OSWALDINHO *(com o riso encharcado)* — Então, você mudou. *(violento)* Mas pra cima de mim, não, Leleco. *(muda de tom)* Você contou tudo à adventista?

LELECO (*com sombria paixão*) — Tudo.

OSWALDINHO (*com exultante sarcasmo*) — Nem tudo, Leleco. Pensa bem: — nem tudo.

LELECO (*acuado*) — Tudo.

OSWALDINHO (*persuasivo*) — Mas não falaste do fotógrafo francês?

LELECO — Fotógrafo francês? Não me lembro.

OSWALDINHO — Você se lembra, Leleco. (*rápido e incisivo*) Disse a mim que ia fazer uma experiência homossexual com o fotógrafo francês. E você seria a mulher.

LELECO — Como você é sórdido!

OSWALDINHO — Matei tua fome e tu me chamas de sórdido? Você se lembra do orgulho que eu e você tínhamos da nossa sordidez? E como é mesmo aquela xaropada que você contava pra todo mundo?

LELECO — Também não me lembro.

OSWALDINHO — Mentiroso. Essa você não esquece, nem a tiro. Aliás, é de tiro mesmo que se trata. Conta, Leleco.

LELECO — Não quero contar.

OSWALDINHO — Ou conta você ou conto eu.

LELECO (*no seu ódio contido*) — Era a história da...

OSWALDINHO — Perdeu a coragem?

LELECO (*impulsivamente*) — Eu vi meu pai assassinar minha mãe. Deu três tiros no peito de minha mãe. Eu tinha oito anos e vi tudo. Minha mãe estava de calcinha e *soutien*.

OSWALDINHO (*com triunfante crueldade*) — Mas tem o resto. Ou minto?

LELECO (*arquejante*) — Chega.

OSWALDINHO — Não chega. Teu pai foi absolvido e a absolvição do teu pai foi a segunda morte de tua mãe. E, porque tua mãe foi assassinada e teu pai absolvido, você odiava todo mundo.

LELECO — Inclusive eu.

OSWALDINHO — Mas vou te provar que tua adventista não adiantou de nada. Você continua o mesmo, Leleco. Se não fosses o mesmo, tu me metias a mão na cara. Mas você preferiu contar a história de tua mãe. Mas ainda é tempo de me meter a mão na cara. (*com outro tom*) Vamos mudar de assunto. Ontem, eu é que tive vontade de encher de bofetadas a cara da minha secretária suburbana. Mas reconheço que todas as grã-finas que eu conheço não chegam aos seus pés. Já reparou que o rabo da grã-fina não tem perfil? Um rabo chato, sem perfil. A Joice, pelo contrário. (*entra Joice. Traz uma braçada de rosas e um livro grosso*)

JOICE — Com licença. Bom dia.

OSWALDINHO — Vai, Leleco. *(para Joice)* Até que enfim.

JOICE — Desculpe, mas a condução é que.

OSWALDINHO *(sardônico)* — Rosas?

JOICE — Vou arranjar um jarro, dr. Oswaldo.

OSWALDINHO — Bem se vê que você mora em Quintino.

JOICE — Não gostou das rosas?

OSWALDINHO — Não se trata de gostar ou não gostar. Apenas, acho você mais importante. Quero conversar com você sobre você.

JOICE — Eu vou um instantinho apanhar o jarro.

OSWALDINHO — Você está com a idéia fixa das rosas. Com licença. Me dá essas rosas. *(Oswaldinho tira as rosas da menina e as põe em cima de um móvel)* Vou logo avisando: não estou bêbado.

JOICE *(doce)* — Eu sei, dr. Oswaldo.

OSWALDINHO — Sabe, sabe. Mas sabe porque você é minha secretária e porque eu te dobrei o ordenado. Portanto, não estou bêbado.

JOICE — Dr. Oswaldo, eu disse que.

OSWALDINHO — *Eu disse que* e pára! Menina! Diz coisa com coisa!

JOICE — Desculpe.

OSWALDINHO — Desculpe por quê? Eu é que bebi e é você que parece bêbada? E o que é isso? Esse livro grosso? *(Oswaldinho toma o livro. Começa a rir)* A Bíblia! Tinha que ser a Bíblia! Não é, minha "testemunha de Jeová"? E se eu rasgasse, hem?

JOICE — Eu sei que o senhor não fará isso!

OSWALDINHO — Você me desafia?

JOICE — Quer me devolver a Bíblia?

OSWALDINHO — Calma. Dizem que aqui tem uns troços bonitos. Deixa eu ver. Aqui. O que é que diz? — *Versículo 24 — Todo o pão é doce para o homem fornicário, que não cansará de pecar até o fim. Este tal será punido nas ruas públicas e posto em fugida como um potro de égua; e onde ele menos o espere, será apanhado.* Até que o negócio tem bossa. E outra coisa: — esse homem fornicário está me dando uma idéia. Boa idéia. Vou trancar a porta. Não podemos ser interrompidos. *(Oswaldinho caminha até a porta e fecha. Volta para Joice)* Agora estamos sozinhos. *(lento e cruel)* Tem medo de mim?

(Silêncio.)

OSWALDINHO — Perdeu a fala. Responde. Assim. Cara a cara comigo. Tens medo de mim?

JOICE — Não tenho nenhum medo do senhor.

OSWALDINHO — Essa falsa coragem não me convence. Mas vá lá. Não tem medo. Você ontem me disse que eu era bom. Ainda me achas bom?

JOICE — Acho. O senhor é bom.

OSWALDINHO — Mas bom como? Porque te dobrei o ordenado e posso te dar outros aumentos?

JOICE — O senhor é bom e infeliz.

OSWALDINHO *(com escárnio)* — Também sou infeliz. Mas isso é puro palpite ou você sabe alguma coisa?

JOICE *(doce e triste)* — Um homem que precisa beber às oito horas da manhã é infeliz, muito infeliz.

OSWALDINHO *(num repelão)* — A droga dessa Bíblia está me atrapalhando. *(Oswaldinho atira a Bíblia no chão)* Agora não existe mais uma Bíblia entre nós. *(Joice apanha a Bíblia)*

OSWALDINHO — Vamos conversar melhor. Outra coisa. É ridículo nós estarmos sozinhos, e você a me chamar de *senhor*, de *doutor*. Pode me chamar de você.

JOICE — Prefiro chamá-lo de senhor.

OSWALDINHO — Era uma colher de chá que eu estava te dando. Se você não gosta de ser bem tratada, bola pra frente. Me diz uma coisa, só uma coisa: — Você já teve alguma experiência sexual? *(silêncio)* Estou esperando a sua resposta.

JOICE — Dr. Oswaldo, eu não preciso responder, nem quero responder.

OSWALDINHO — Pelo menos diga, diga na minha cara que tem horror de mim.

JOICE — Horror nenhum, nenhum. Tenho pena, tanta pena, estou morrendo de pena do senhor.

(Oswaldinho vai beber mais um pouco de uísque. Volta incendiado. Fala com o dedo na cara da menina.)

OSWALDINHO *(com a língua presa)* — Você tem pena? Quem é você pra ter pena de mim? Você finge tudo! Toma ares, mas pra cima de mim, não. Sua suburbana! Quer ver como eu te ponho no olho da rua, agora mesmo? Sai daqui com tuas rosas e tua Bíblia.

(Sem palavras, Joice apanha as rosas e a Bíblia.)

OSWALDINHO — Você é tão cínica que é capaz de sair dizendo "Deus o abençoe". *(Joice pára. Antes de sair, vira-se para o rapaz)*

JOICE — Deus o abençoe.

CAI O PANO SOBRE O FINAL DO SEGUNDO ATO

TERCEIRO ATO

(Quarto de Oswaldo. Ele está de bruços, na cama, nu da cintura para cima. Entra Tereza.)

TEREZA *(surpresa, comovida)* — Que milagre, você a essa hora!

OSWALDINHO — De ressaca, minha mãe.

TEREZA — Quer tomar alguma coisa?

OSWALDINHO — Já tomei o diabo.

TEREZA — Então deita, meu filho.

OSWALDINHO — Sabe por que é que eu vim tão cedo?

TEREZA — Diz.

OSWALDINHO — Quero conversar com você sobre uma garota.

TEREZA — Está gostando de sua noivinha?

OSWALDINHO — Em primeiro lugar eu não sou noivo, minha mãe.

TEREZA — Quase noivo.

OSWALDINHO — Como a senhora está por fora. Nunca fui tão pouco noivo como agora, neste momento.

TEREZA — Então, vamos mudar de assunto. *(consoladora)* Você está triste?

OSWALDINHO — Esse papo de tristeza é frescura. Eu não fico triste, mamãe.

TEREZA — Quem é a garota?

OSWALDINHO — Você não conhece.

TEREZA — Bonita?

OSWALDINHO — Suburbana.

TEREZA — Você não dizia que mulher, só grã-fina?

OSWALDINHO — Dizia, e daí?

TEREZA — Mudou de opinião?

OSWALDINHO — Sei lá. Quer saber onde mora a garota? Já ouviu falar em Quintino?

TEREZA — Onde a tua babá morava?

OSWALDINHO — É. Essa garota.

TEREZA — É bonita?

OSWALDINHO — Bonita, não. É mais linda do que bonita. E eu só penso nela. *(Oswaldinho fala, e está vestindo a camisa)* Minha mãe, tenho medo de mim mesmo. Essa garota tem que ser minha. Nem que seja uma vez só.

TEREZA — Você sabe, não sabe, que pode contar tudo à sua mãe?

OSWALDINHO — Você fala como se eu fosse contar um crime. Mamãe, vi essa menina quatro vezes.

TEREZA — E tão de repente?

OSWALDINHO (*com certo sofrimento*) — Tão de repente! Isso mesmo. Tão de repente!

TEREZA — Mas se você quer, não há problema.

OSWALDINHO — E ela?

TEREZA — Não acredito, meu filho, que nenhuma mulher possa resistir a você. Alguma mulher já te resistiu?

OSWALDINHO — Não. Até agora, eu tive todas as mulheres que desejei. (*com novo tom e impulsivamente*) Mas essa não é como as outras.

TEREZA (*feroz*) — Como todas!

OSWALDINHO — Você não sabe, você não viu. Com as outras, fui cínico e gostaram do meu cinismo; fui sórdido e gostaram da minha sordidez. Fiz com mulher coisas que nem posso confessar. (*Oswaldinho, já de camisa e gravata, sobe na cama. Ferocidade exultante*) Eu digo pra elas: "Agora roda de quatro. Vai. Roda de quatro." E elas fazem voltas de quatro. (*com o dedo ele descreve as voltas*) Houve uma que rodou meia hora. Começou a chorar. Ficava aquela baba pendurada. (*com sofrimento*) Mas a garota de Quintino não é assim. Ou será?

TEREZA (*no seu fanatismo de mãe*) — Como eu gosto de te ouvir falar assim. Você sabe, não sabe? Que eu te aceito como tu és. Te amaria, mesmo que você fosse assassino, ladrão, bicha.

OSWALDINHO — A única coisa que não serei nunca é bicha. Nudez masculina não suporto nem a minha.

TEREZA — E o nome da menina?

OSWALDINHO — Que importa o nome? O que importa é que, diante dela, eu não sei o que pensar, o que dizer. Por quê? É o que não entendo.

(*Luz para uma das ruas da cidade. Vem Joice, com as rosas e a Bíblia. Em sentido contrário caminha Oswaldinho.*)

OSWALDINHO — Você?

JOICE — Dr. Oswaldo!

OSWALDINHO — Vinha pensando em você. E aposto que você vinha pensando em mim. Não vinha pensando em mim?

JOICE — Ora, dr. Oswaldo.

OSWALDINHO — Posso lhe fazer uma pergunta?

JOICE — Estou com um pouquinho de pressa.

OSWALDINHO — Um minutinho só.

JOICE — Qual é a pergunta?

OSWALDINHO — Você chorou?

JOICE — Estou tão sentida, tão magoada.

OSWALDINHO (*impulsivamente*) — E com toda razão.
JOICE — Eu não queria ter razão, preferia não ter razão.
OSWALDINHO — Chorando outra vez.
JOICE — O senhor quer fazer o favor de segurar aqui, um instantinho?
OSWALDINHO — Me dá. (*Joice passa para Oswaldo a Bíblia e as rosas. A menina tira um lencinho e assoa-se ligeiramente*) Quer que eu segure?
JOICE — Já vou-me embora.
OSWALDINHO — Não sem conversar comigo. (*já passou as rosas e a Bíblia para Joice*)
JOICE — Dr. Oswaldo, o senhor já disse tudo que tinha pra dizer.
OSWALDINHO — Não disse nada. Agora é que vou dizer tudo. Vamos sentar.
JOICE — A gente conversa aqui mesmo.
OSWALDINHO — Olha ali, naquela leiteria. Um minuto. Eu preciso dar uma explicação.
JOICE — O senhor não me tratou assim quando me despediu.

(*Luz passa para o interior da leiteria. Oswaldinho e Joice sentam-se.*)

OSWALDINHO — Não é melhor aqui?
JOICE — Eu não acho.
OSWALDINHO — É melhor, sim. Olha aqui.
JOICE Não vou me demorar.
OSWALDINHO — Já vi que você é rancorosa.
JOICE — Nunca ninguém me tratou assim.
OSWALDINHO — Você toma o quê?
JOICE — Um copo de leite.
OSWALDINHO — Não vou tomar nada. (*entra o contra-regra, vestido mesmo de contra-regra. Traz um copo de leite*) Que coisa linda! Você é fiel às rosas e à Bíblia.
JOICE — O senhor não aceitou as rosas e queria rasgar a Bíblia.
OSWALDINHO — Quer me fazer um favor?
JOICE — Depende.
OSWALDINHO — Não vamos tocar mais nesse assunto. Eu não tive razão nenhuma, reconheço isso. Vamos pôr uma pedra?
JOICE — Vamos.
OSWALDINHO — Em primeiro lugar: você contou pra alguém que eu a tinha despedido?
JOICE — Dr. Oswaldo, eu saí do escritório; vim para o Passeio Público, me sentei num banco e fiquei lá quatro horas.
OSWALDINHO — Chorando?

JOICE — Se chorei, o problema é meu. Mas entende? Não vi ninguém. Estava fazendo hora para encontrar meu noivo. Ele ia saber antes de papai.

OSWALDINHO — Se ninguém sabe, melhor. Faz de contas que não houve nada. Amanhã você volta ao trabalho.

JOICE — Não dá certo, dr. Oswaldo.

OSWALDINHO — Está com raiva de mim?

JOICE — Não é raiva.

OSWALDINHO — É o quê?

JOICE — Dr. Oswaldo, sabe por que eu gosto do meu noivo? Porque nunca, em momento nenhum, meu noivo elevou a voz para me dizer "Deus o abençoe". Foi ironia?

OSWALDINHO — Joice, hoje, quando você saiu do escritório, voltou para me dizer "Deus o abençoe". Foi ironia?

JOICE — Ironia com o nome de Deus?

OSWALDINHO — Então, você volta amanhã?

JOICE — Tenho que ir.

OSWALDINHO *(violento)* — Tenho que confessar que estava bêbado?

JOICE — Não se humilhe. *(muda de tom)* Vou pensar.

OSWALDINHO — Quero a sua palavra. Mas diz uma coisa. A que horas você vai se encontrar com o seu noivo?

JOICE — Seis.

OSWALDINHO — São cinco. Falta uma hora.

JOICE *(nervosa)* — Mas não é isso, dr. Oswaldo. Não me sinto bem de estar aqui, com o senhor. Sou noiva.

OSWALDINHO — Você diz *noiva* como se fosse para sempre. *(com sofrimento)* Quer dizer que. Você acredita então em amor eterno?

JOICE — Acredito.

OSWALDINHO — E se acabar?

JOICE *(impulsivamente)* — Se acabar não era amor. *(muda de tom)* Dr. Oswaldo, o senhor quer saber de uma coisa? Desde garotinha que eu sou assim e quero assim. O senhor pode achar graça.

OSWALDINHO *(incisivo)* — Graça nenhuma.

JOICE — Mas eu sempre quis que o mesmo homem fosse meu namorado, meu noivo e meu marido. Até hoje só dancei com o meu noivo e não danço com mais ninguém.

OSWALDINHO — Nem comigo?

JOICE — Nem com o senhor. Desculpe, mas eu sou assim mesmo e. *(vivamente)* Nem devia estar aqui com o senhor. Podem ver e.

OSWALDINHO — Você tem medo do que os idiotas possam pensar?

JOICE — O senhor não entendeu. Não são os idiotas. Sou eu mesma. Só vim porque *(com mais* élan*)* tive tanta pena do senhor.

OSWALDINHO — Joice, eu gostaria de ser bom com você e com Salim Simão.

JOICE — Com papai?

OSWALDINHO — Com seu pai.

JOICE — Por quê?

OSWALDINHO — Faço questão de conhecer o Salim Simão.

JOICE *(ergue-se)* — Já vou, dr. Oswaldo, até logo.

OSWALDINHO — Quer dizer até amanhã?

JOICE — Depende.

OSWALDINHO — Quero a sua palavra.

JOICE — Não posso prometer nada. *(Oswaldo, que se levantara, volta a sentar-se com uma sensação de derrotado. Joice vai e vem)*

JOICE — Deus o abençoe.

(Luz passa para a casa de Salim Simão. Este em cena. Hele Nice entra, esbaforida.)

HELE NICE — Dr. Salim, o patrão da Joice está aí!

SALIM — Onde?

HELE NICE — No portão.

SALIM *(em pânico)* — Manda entrar. Apanha esse jornal no chão. *(Hele Nice apanha o jornal)* Me dá aqui. *(toma o jornal. Sai Hele Nice. Ouve-se a sua voz)*

HELE NICE — Por aqui.

(Oswaldinho entra.)

OSWALDINHO *(estendendo-lhe a mão)* — Muito prazer. Oswaldo Guimarães Menezes.

SALIM — Salim Simão. Tenha a bondade.

OSWALDINHO — Vi o endereço no fichário e passei aqui para combinar um serviço extraordinário com d. Joice.

SALIM — Mas sente-se.

OSWALDINHO — Dona Joice está?

SALIM — Pois é. Foi ao culto com o noivo.

OSWALDINHO — Não tem problema.

SALIM — Mas o senhor diz o que é e eu darei o recado.

OSWALDINHO — Aliás, mais dia menos dia, eu ia fazer-lhe esta visita. Eu pensava, é interessante, que o Salim Simão fosse mais um personagem do Nelson Rodrigues. E quando d. Joice me disse, eu quis duvidar. Não é possível.

SALIM — Muita gente me pergunta se eu existo mesmo.

OSWALDINHO — E, além disso, eu tenho um outro motivo para estar aqui. Precisava mesmo conversar com o senhor.

SALIM — Comigo?

OSWALDINHO — Exato. Eu teria uma proposta que. Não sei. Mas que talvez interessasse ao senhor.

SALIM — Podemos conversar. Vem cá, Hele Nice. *(para Oswaldinho)* Ainda por cima, chama-se Hele Nice. O senhor aceita um cafezinho?

OSWALDINHO — Um cafezinho, eu aceito.

SALIM — Faz um fresquinho e forte. Mas antes vem cá, Hele Nice. Conta aqui pro doutor o que é que você mais deseja na vida.

HELE NICE — Eu queria que Joice fosse jurada de televisão.

OSWALDINHO — Opa!

SALIM — Esse mundo está perdido! Agora, o cafezinho. Rápido!

OSWALDINHO — O senhor, dr. Salim, é advogado e jornalista.

SALIM — Fui as duas coisas e aposentei-me de ambas.

OSWALDINHO — Mas o senhor ainda é moço.

SALIM — Sou uma múmia, com todos os achaques das múmias. Tive um enfarte — daqueles. E quase não estava aqui batendo este papo.

OSWALDINHO — Eu gostaria de conhecer, por dentro, a vida de jornal. Deve ser interessante.

SALIM *(andando de um lado para outro e já rosnando)* — Interessante! O senhor está me provocando. Olha que, segundo o Nelson Rodrigues, eu sou um extrovertido ululante. *(num furor maior)* Tive quarenta anos de *Correio da Manhã*. Cinco com o dr. Edmundo Bittencourt e 35 com o dr. Paulo Bittencourt. É dose, não é dose? Entrei para o jornal com 17 anos, e vi a mulher do dr. Paulo bater com o salto do sapato na cara do gerente.

(Hele Nice entra com as duas xicrinhas.)

SALIM — Está bom de açúcar?

OSWALDINHO — Obrigado.

SALIM *(tomando cafezinho)* — E os pesadelos que eu devo ao *Correio*. Tive um ontem que bateu todos os recordes. Imagine o senhor que eu sonhei que me sentava na cadeira do dr. Paulo Bittencourt. E, de repente, os piolhos me atacaram. Começaram a me roer. Ao mesmo tempo, eu sentia coceiras hediondas. E eu não conseguia sair da cadeira do dr. Paulo. Acordei, gritando, com Joice ao meu lado: "Que foi, papai!?" E eu, apavorado: "A cadeira do Paulo." E o dr. Edmundo Bittencourt? Conhece o dr. Edmundo Bittencourt?

OSWALDINHO — Não conheço.

SALIM — É hoje nome de praça. *(andando de um lado para o outro, em furiosas passadas)* Mais importante do que o barão do Rio Branco. E fez o diabo neste país. Um dos maiores lances do dr. Edmundo Bittencourt foi o duelo com Pinheiro Machado. E melhor ainda, o caso de João de Deus, um crioulão — voz de Paul Robinson — sempre de fraque e chapéu-coco. Era pré-fundador do *Correio da Manhã*. Desde o primeiro número do jornal, o João de Deus ia para a porta, esperar o patrão. E dizia, abrindo o gesto: "Boa noite, dr. Edmundo." O Edmundo cuspia um "boa-noite" e pronto. Até que, um dia, o Edmundo chega, ventando fogo. Ao ouvir o "boa-noite" do revisor do jornal, espetou-lhe o dedo nas fuças: "Rua, negro! Não aceito cumprimento de urubu. Está despedido, urubu." Dois dias depois, o João de Deus morria de paixão.

(Salim vem à boca de cena.)

SALIM *(clamando)* — Praça Edmundo Bittencourt, não! Praça Urubu! Ah, meu jovem, minha paixão foi o jornal. O jornal e o tango.

OSWALDINHO — O senhor diz tango argentino?

SALIM — Eu sou da geração do tango. Gardel, Lepera, Mano a Mano.

HELE NICE — Dr. Salim dança muito bem.

SALIM *(na sua modéstia nostálgica)* — Dançava. *(para Oswaldinho)* O senhor foi mexer nas minhas lembranças. Se eu não me controlo, contaria certas coisas que afinal.

OSWALDINHO — Mas estou ouvindo o senhor com o maior interesse.

SALIM *(na sua euforia retrospectiva)* — O senhor sabe como começou meu amor pela mãe de Joice? Num baile do Botafogo. A orquestra tocou um tango e eu a tirei para dançar. Todos os outros casais pararam. Entende? Para que a gente dançasse sozinha. Quando acabou, palmas que só vendo. E a mãe de Joice estava apaixonada por mim. O tango era "*A media luz*". Mas agora o senhor desculpe, mas eu vou até o fim. Ah, vou. O senhor vai ver o que foi o tango na nossa vida. Ela era uma mulher fechada, de pouco falar, introvertida mesmo. Sua única ilusão era o tango que nós dançávamos, às vezes, aqui em casa, e sozinhos. No tango, eu sentia o amor que ela escondia de mim. Um dia, caiu doente. Era o câncer. Todo mundo escondeu. No dia em que ela morreu. *(Salim começa a chorar e pára)*

(Luz para o quarto em que agoniza a mãe de Joice. Ela está na cama, um rosto que é uma caveirinha.)

SALIM *(em desespero)* — Meu amorzinho, você vai ficar boa.

ELA — Vou morrer, Salim.

SALIM — Sabe o que o médico me disse? Que você está muito melhor.

ELA — Você jura?

SALIM — Juro.

ELA — Pela vida da Joice?

SALIM — Por que Joice?

ELA — Não jurou pela filha. Salim: ninguém me disse, mas eu sei que é câncer.

SALIM *(chorando)* — Não, não, meu bem, não.

ELA *(no esforço de falar)* — Agora eu queria. Queria que você dançasse o nosso tango. Pela última, última vez.

SALIM — Oh, querida!

(Salim deixa a agonizante e dança "A media luz" *como se fosse, realmente, Rodolfo Valentino nos* Quatro cavaleiros do Apocalipse.*)*

SALIM *(ultrapatético no seu canto)* — *Corriente, tres quatro ocho, segundo piso, ascensor... (etc. etc.)* Entende, dr. Oswaldo?

OSWALDINHO — Claro, dr. Salim.

SALIM — Não sei se me excedi.

OSWALDINHO — Em absoluto, dr. Salim. Achei tão humano, tão...

SALIM — Ridículo.

OSWALDINHO — Pelo amor de Deus! E pelo contrário!

SALIM — Um momento! Não tenho medo do ridículo. Só os imbecis têm medo do ridículo. Já reparou que toda grande dor é ridícula?

OSWALDINHO — Não no seu caso. Em absoluto.

SALIM — Mas estou perdendo tempo comigo mesmo. O que interessa é minha filha. *(excitadíssimo)* O que é que o senhor achou da minha filha?

OSWALDINHO — Acho uma menina admirável. É uma moça como não existe mais.

SALIM — Não é?

(Salim anda de um lado para outro, desatinado.)

SALIM — Isso mesmo! Não existe mais! Não conheci, em toda a minha vida, uma menina igual a Joice. É uma personalidade. Outra coisa. Eu sei que o mundo está pior que Sodoma e Gomorra. E vou lhe dizer mais.

OSWALDINHO — Concordo, plenamente.

SALIM — Eu não tenho escrúpulo de lhe dizer que minha filha é virgem. Estou sendo mais uma vez ridículo. Paciência.

HELE NICE — Dr. Salim, olha o remédio.

SALIM *(arquejante)* — Onde é que está o Isordil sublingual? Ah, está aqui. As minhas mãos estão geladas.

(Salim coloca o Isordil debaixo da língua.)

SALIM — Mas onde é que eu estava mesmo? A esclerose está braba. Tenho lapsos. Me diga uma coisa. O senhor me deixou curioso. Qual é a proposta?

OSWALDINHO — Proposta?

SALIM — O senhor não falou numa proposta, que talvez me interessasse?

OSWALDINHO — Ah, sim, como não? *(incisivo)* Eu acho que o senhor é o homem que a minha fábrica precisa. Eu estava procurando um jornalista — alguém que cuidasse da publicidade. E pensei no senhor.

SALIM — Em mim?

OSWALDINHO — O senhor é jornalista, tem experiência, amizades na imprensa. E nós pensamos em fazer promoções como a Bangu fazia. Precisamos de um elemento como o senhor para colocar notas nas colunas sociais. O senhor ganharia inicialmente, digamos: três mil por mês para dar uma assessoria.

(Luz passa para o gabinete de Oswaldinho. Em cena, apenas a Joice. Ela está colocando, no jarro, as rosas do dia. Entra Oswaldinho. Como Joice está de costas, não percebe a sua presença.)

OSWALDINHO — Que rosas lindas!

JOICE *(confusa)* — Gostou?

OSWALDINHO — Muito. Mas gostei de ver você aqui. Bom dia.

JOICE — Bom dia.

OSWALDINHO — Quer dizer que você fica?

JOICE — O que é que o senhor acha?

OSWALDINHO — Desconfio que você fica.

JOICE — Desconfiou certo.

OSWALDINHO — Estamos então de bem?

JOICE — Nunca estive de mal.

OSWALDINHO — Nem sentida?

JOICE — Mas sem raiva.

OSWALDINHO — Nem um pouquinho?

JOICE — De raiva, não. Tive pena de mim e do senhor. Mais do senhor do que de mim.

OSWALDINHO — Me diz uma coisa. O que é que você fez ontem?

JOICE (*com malícia*) — O senhor é curioso!

OSWALDINHO — Encontrou-se com o seu noivo?

JOICE — Não lhe disse?

OSWALDINHO — Bem. E aí?

JOICE — Doutor Oswaldo, isso não interessa ao senhor.

OSWALDINHO — É o que você pensa.

JOICE — Fomos ao culto.

OSWALDINHO — E depois?

JOICE — Não houve depois. Depois, meu noivo me levou em casa. De ônibus. Tem um poste na esquina da minha rua. Nós saltamos.

OSWALDINHO — Vocês foram de braços?

JOICE — Por que é que o senhor está me fazendo essa pergunta?

OSWALDINHO — Curiosidade. Foram de braços?

JOICE — De mãos dadas.

OSWALDINHO — Posso lhe dizer uma coisa?

JOICE — Não vou sofrer?

OSWALDINHO — É uma confissão.

JOICE — Vamos ver.

OSWALDINHO — Sabe que eu fiquei com ciúmes?

JOICE — Ah, dr. Oswaldo!

OSWALDINHO (*com sofrimento perceptível*) — Ciúmes das *mãos dadas*.

JOICE — Posso lhe fazer um pedido?

OSWALDINHO — Mas eu ainda não acabei. Ontem, quando fui à sua casa.

JOICE — O que o senhor foi fazer lá em casa?

OSWALDINHO — Seu pai não lhe contou? Mas olha. Depois conversaremos sobre isso. Quando fui para sua casa, ia pensando: — está com o noivo.

JOICE — Doutor Oswaldo, quer me fazer um favor? Vamos falar do serviço?

OSWALDINHO — Um momento.

JOICE — Aqui, dr. Oswaldo, o senhor é chefe e eu apenas a secretária.

OSWALDINHO — Negativo, negativo. Ninguém é apenas chefe, nem apenas secretária. Estou errado?

JOICE — Está errado.

OSWALDINHO — Escuta aqui. O chefe também é um homem e a secretária também é uma mulher. Você teve pena de mim, não teve pena de mim? Teve.

JOICE — Ora, dr. Oswaldo.

OSWALDINHO — Se a coisa fosse apenas profissional, você não teria pena de mim, nunca.

JOICE — O senhor finge que não entende.

(Luz passa para Leleco. Oswaldinho aparece.)

LELECO — Oswaldinho, preciso muito falar com você.

OSWALDINHO — Primeiro, escuta. Rapaz, me aconteceu uma, esta madrugada. Estou até agora besta. Fui dormir com a mulata do Assirius. Conversamos. Não adiantou nada. Tomei três doses de uísque. E nada, rapaz. Eu só pensava na Joice. De manhã a mulata ainda me disse: "Você precisa se tratar." Começo a desconfiar que não vou ser homem para nenhuma outra mulher, só para Joice.

LELECO — Posso falar?

OSWALDINHO — Fala.

LELECO — Oswaldinho, quero a minha demissão.

OSWALDINHO — Você bebeu, rapaz?

LELECO — Olha. O que você quer com a Joice, eu não vou deixar.

OSWALDINHO — Você pensa que pode impedir?

LELECO — Faço um escândalo.

OSWALDINHO — Desde garotinho você só faz o que eu deixo ou o que eu mando. Você se esquece que me deve tudo — te dei dinheiro, comida, roupa. Você herdou até as minhas cuecas.

LELECO — Eu sou outro, Oswaldinho. Te dou um tiro.

OSWALDINHO — Vou te provar que sou muito mais do que tua adventista.

(Sem que o outro espere, Oswaldinho começa a esbofeteá-lo. Leleco recua circularmente, debaixo das bofetadas. Leleco começa a chorar.)

LELECO — Não me bata! Não me bata!

OSWALDINHO — Chora, Leleco, chora!

(Leleco está no chão. Sem querer, fica de quatro.)

OSWALDINHO — Anda, vai trabalhar.

(Luz no gabinete de Oswaldinho. Joice e Oswaldinho.)

OSWALDINHO — Agora, que estamos sozinhos, quero que você me chame de *você*.

JOICE — Importa muito que eu chame o *senhor* de você?

OSWALDINHO — Se importa, ou não importa, é comigo. Quero assim.

JOICE — Dr. Oswaldo, prefiro chamá-lo de senhor.
OSWALDINHO — Hoje, você fez uma coisa que eu não esperava.
JOICE — O que é que eu fiz?
OSWALDINHO — Voltou.
JOICE — Voltei, porque o senhor me pediu.
OSWALDINHO — Ou há outra razão?
JOICE — É possível.
OSWALDINHO — Posso saber qual?
JOICE — Saberá quando chegar a hora.
OSWALDINHO — Joice, estamos perdendo tempo. Eu posso fazer muito por você. E por seu pai.

(Luz para Salim e Joice.)

SALIM — Joice, você tem que deixar esse emprego. O dinheiro compra tudo.
JOICE — Mas não comprou você.
SALIM *(num rompante)* — Comprou. Põe isso na tua cabeça: por um momento, o dinheiro me comprou. Quando o dr. Oswaldo me ofereceu três mil, por mês, eu fiquei deslumbrado. Você entende? Depois é que eu pensei: "Ele está me comprando e comprando minha filha." Mas você não sabe como que me doeu perder os três mil cruzeiros.
JOICE — Papai, o senhor não acredita em mim?
SALIM — Acredito, mas tenho medo.
JOICE — Você acha que alguém vai me comprar? E que eu vou me vender? É essa a idéia que você faz de mim?

(Salim cai aos pés de Joice.)

JOICE — Levanta, papai!
SALIM *(aos berros)* — Não é diante de ti que me ajoelhei, mas diante de todo o sofrimento. *(Salim ergue-se furioso)* Mas onde é que eu li isso, meu Deus! *(para Joice)* Sou indigno de me ajoelhar aos teus pés!

(Luz para Gastão e Tereza. Os dois estão no quarto.)

TEREZA *(numa maldição feroz)* — Oh, que inferno!
GASTÃO — É assim que você me recebe?
TEREZA *(andando de um lado para outro)* — Minha vida agora é contar o tempo — os minutos. Eu fico imaginando: "Daqui a pouco, ele chega. Está vindo pra cá. Está chegando." Ouço o teu automóvel. Sinto os teus passos na escada. Vai falar do meu filho. Ainda me pergunta se é

assim que eu te recebo! Pois escuta, Gastão. Você tem amantes. Fica com tuas amantes. São mais bonitas do que eu, mais moças do que eu. E agora, fala do meu filho, fala, fala!

GASTÃO — Tereza, esta é a carta anônima que recebi hoje. Quando cheguei ao escritório, estava em cima da mesa. Li uma vez e reli não sei quantas vezes. Teu filho repete. Desta vez, arranjou um insulto novo. Ouve.

TEREZA *(histérica)* — Não quero ouvir, seu débil mental!

GASTÃO — Mas vai ouvir. Essa vai ouvir. Olha a última parte: "Se Oswaldinho não é teu filho, quem será o pai do teu filho, quem será o pai do teu filho, hem, seu pederasta gagá?"

TEREZA — Se meu filho te odeia, como mereces o ódio do meu filho!

GASTÃO — E o teu, Tereza? O teu ódio? Ou você não me odeia?

TEREZA — Não me faça dizer a verdade!

GASTÃO — Não diga nada, minha mulher. Tereza, eu estou apodrecendo. Mas não é isso que interessa. O que interessa é que, ontem, tive outro sonho com teu filho. Sonhei que eu entrava no quarto e via meu filho, de joelhos, com os meus dois sapatos, um em cada mão. E ele beijava um sapato e, depois, o outro sapato. E, de repente, eu acordei. *(com violência)* Não quero mais ser odiado, por meu filho e por você. E sabe o que vou fazer? Vou dar, em vida, a herança de Oswaldo e a tua.

TEREZA *(atônita)* — Isso quer dizer o quê?

GASTÃO — Quer dizer que dinheiro compra até amor verdadeiro. Tereza, quero que, ao morrer, meu cadáver tenha de você e do meu filho uma coisa parecida com amor. Dou tudo em vida e só quero para viver um salário de contínuo. Serei contínuo, ouviu, Tereza? *(batendo no peito)* Com ordenado para não morrer de fome e basta! Contínuo, mil vezes contínuo! E você e Oswaldo terão pena de mim, porque dinheiro também compra misericórdia. Pago antes a misericórdia. Está paga a misericórdia. *(gritando)* Eu, o pederasta gagá, quero ser chorado pelo meu filho!

TEREZA *(com voz estrangulada)* — Cala essa boca, bruxo danado! É por isso que meu filho diz: "O culpado é meu pai que não morre!"

(Luz passa para o gabinete de Oswaldinho. Presente Joice. Oswaldinho entra.)

OSWALDINHO — Joice, eu precisava conversar com você depois do expediente. Todo pessoal já saiu e acabei de mandar o último contínuo embora. Estamos sozinhos.

JOICE — E o serviço extraordinário?

OSWALDINHO — Acreditou num pretexto tão infantil?

JOICE — Dr. Oswaldo, eu acreditei no senhor.

OSWALDINHO — Para você ficar.

JOICE — Dr. Oswaldo — antes que me esqueça —, não aceito um aumento de ordenado que ainda não mereço.

OSWALDINHO *(maligno)* — É tão fácil recusar pouco dinheiro!

JOICE — O que é que o senhor quer dizer com isso?

OSWALDINHO — Quero dizer que assim como você não aceita o aumento, seu pai também não quer o emprego?

JOICE — Exatamente.

OSWALDINHO — Que bela família!

JOICE — Faça ironia comigo e não com meu pai. Meu pai é um santo.

OSWALDINHO — E você, segundo o Leleco, outra santa.

JOICE — Dr. Oswaldo, estou aqui fora do expediente, por sua causa. Pode me dizer o que quer de mim?

(Bate o telefone.)

OSWALDINHO *(furioso com a interrupção)* — Diz que eu não estou.

JOICE *(ao telefone)* — Indústria Beija-Flor de Confecções. Quem? Pois não. Para o senhor.

OSWALDINHO — Não estou!

JOICE *(tapando o fone)* — Sua mãe. *(Oswaldinho arranca o telefone)*

OSWALDINHO *(grosseiríssimo)* — Alô? Alô? Mamãe, você só telefona na hora errada. Eu tinha dito à menina que não estava e muito menos pra você. E não vai chorar, não senhora. Me deixa em paz, minha mãe, me deixa em paz. Até logo. Não quero conversa.

(Oswaldinho bate com o telefone.)

JOICE *(atônita)* — O senhor trata assim sua mãe?

OSWALDINHO *(furioso)* — E daí? *(ameaçador)* Você vai se meter na minha vida? Olha aqui. Você se esquece que está sozinha comigo, num andar inteiro, trancada comigo?

JOICE — Não tenho medo nenhum!

OSWALDINHO *(desatinado e gritando)* — Pois tenha, tenha medo! *(voz grave, rouca de ódio)* Você não me conhece, não sabe quem eu sou!

JOICE — Eu o conheço.

OSWALDINHO — Duvido.

JOICE — O senhor não me engana.

OSWALDINHO *(num desesperado sarcasmo)* — Você me conhece tanto que me acha bom!

JOICE — É bom!

OSWALDINHO *(baixo, mas violento)* — Sou, não sou? Então, vou te contar uma, que você não precisava saber. Essa você vai levar para casa. Há dez anos, dez anos, que eu escrevo a meu pai uma carta anônima. Começa assim: "Meu prezado chifrudo". Ontem, eu mudei e escrevi assim: "Meu ilustre chifrudo." Ilustre! E ainda ponho *(aos berros)* "saúde e fraternidade". Você entende, menina? Há dez anos, eu mato meu pai. Está morrendo, eu o vejo morrer. Porque ele não tem uma prova, mas sabe, sabe que sou eu. A única certeza que o meu pai tem na vida é que eu sou o autor das cartas anônimas. *(com nova exaltação)* Mas se eu faço isso, posso, não posso? Estamos num décimo andar, sozinhos. E eu posso te agarrar pelos cabelos, morder tua boca, violar você!

JOICE *(estraçalhando as palavras com os dentes)* — Agora eu vou falar.

OSWALDINHO *(arquejante)* — Fala, então!

JOICE *(desesperada)* — Eu estou onde estou. Parada. Não fujo, nem grito. *(num berro)* Não grito! E vou lhe dizer que o senhor é muito mais infeliz do que eu pensava. O senhor não sabe o que vai acontecer. Um dia, não sei quando, o senhor vai beijar o chão que o seu pai pisar.

OSWALDINHO — Está falando como a fanática de Quintino! Acabaste?

JOICE — Ainda não acabei. Preciso lhe dizer, também, que tenho um noivo, amo meu noivo.

OSWALDINHO — Quer dizer que você é inconquistável.

JOICE — Conquistada pelo meu noivo.

OSWALDINHO — Se você fosse outra, só sairia daqui violada. Mas não toquei num fio do teu cabelo. Porque *só acontecerá entre nós o que você quiser e se quiser*. O que eu quero de você é uma hora. Entendeu?

JOICE — Não entendi.

OSWALDINHO — Entendeu tudo, mas vou explicar assim mesmo. Quero uma hora que não vai influir nada no teu noivado, no teu casamento. Ninguém saberá nada. Nem teu noivo, nem teu pai. Entendeu agora?

JOICE — Continue.

OSWALDINHO — Você iria amanhã a um apartamento. Eu estaria a sua espera. Você passaria, lá, uma hora, só. E te dou, por uma hora, cinco mil cruzeiros. Um cheque.

JOICE — O que é que o senhor está dizendo?

OSWALDINHO — Cinco mil cruzeiros, por uma hora.

JOICE — O senhor me pagaria como se eu fosse uma prostituta? Eu iria por dinheiro?

OSWALDINHO *(no seu desespero)* — Dez mil cruzeiros! Te dou o cheque, lá.

JOICE — Dr. Oswaldo, desde menina que eu espero por um amor. Quero que o senhor compreenda. Um amor que continuasse para além da vida e para além da morte.

OSWALDINHO — Quinze mil cruzeiros por uma hora. E eu sairia de sua vida.

JOICE — O senhor disse que é fácil recusar pouco dinheiro. Acho pouco, dr. Oswaldo. Eu recuso.

OSWALDINHO — Cinqüenta mil cruzeiros. Por uma hora, Joice, cinqüenta mil cruzeiros. Joice, você entra e sai sozinha. Edifício residencial. Leva o cheque na hora.

JOICE — O senhor me chamou de fanática de Quintino. Uma fanática não se vende.

OSWALDINHO — Cem mil cruzeiros. Cem mil cruzeiros.

JOICE — E em casa? Como vou explicar a meu pai e ao meu noivo os cem mil cruzeiros?

OSWALDINHO — Você diz que. Por exemplo, você diz que eu fiz um bolão da Loteria Esportiva. Você entrou e nós ganhamos. Esperamos um rateio bom e justificamos o dinheiro.

JOICE — Dr. Oswaldo, eu já queria sair.

OSWALDINHO *(febril)* — Minha mãe me deu jóias caríssimas. Um só colar vale uma fábula. Joice, trezentos mil cruzeiros.

(Joice está de costas para ele.)

OSWALDINHO *(falando quase ao seu ouvido)* — Trezentos mil cruzeiros. Você vai? O endereço está aí, andar, número do apartamento. Quatro horas. Não precisa responder. Eu te espero lá, com o cheque. Trezentos mil cruzeiros. Até amanhã?

JOICE — Adeus.

(Luz para a casa de Salim. Em cena, ele e Hele Nice. Salim dança o tango de sua vida, “A media luz”. *Entremeia o canto com falas.)*

SALIM — *Corriente, tres quatro ocho.*

HELE NICE — O senhor dança como um artista!

SALIM *(em pleno movimento)* — Dancei — dançava. Agora não dou mais no couro.

HELE NICE — O senhor é como eu. Também sou muito modesta.

SALIM — *E toda media luz. (sempre dançando)* O que há com a minha filha? Como estava linda! *Crepusculo interior*. Tão bonita que eu tive medo *a media luz de amor*. Hoje, me acordou com um beijo. Me tratou com um carinho, com um amor.

HELE NICE — Joice tem loucura pelo senhor.

SALIM (*sempre dançando*) — Na hora de sair, disse *adeus*, e não *até logo*, como se não voltasse nunca mais. Não gosto que minha filha diga *adeus*. (*numa súbita exaltação, com toda voz*) *Corriente, tres quatro ocho, segundo piso ascensor...* (*etc. etc.*)

(*Luz passa para o apartamento onde Oswaldinho espera Joice. Na sua angústia, anda de um lado para outro, estaca, olha o relógio.*)

OSWALDINHO (*em desespero*) — Não vem mais! (*nesse momento, a campainha toca. Oswaldinho se arremessa. Abre a porta. Entra Joice*)

OSWALDINHO — Você veio! Se soubesse a minha felicidade! (*quer puxá-la para si. Ela se desprende com violência*)

JOICE (*crispada*) — Não me toque.

OSWALDINHO (*atônito*) — Você fala como se tivesse horror de mim!

JOICE — O cheque.

OSWALDINHO — Até aqui você não tem um gesto de...

JOICE — O cheque.

OSWALDINHO (*desesperado tira o talão de cheques, enche*) — Qual é o seu nome todo?

JOICE — Joice Menezes Simão.

(*Oswaldinho completa o cheque e passa à menina.*)

JOICE (*lendo em voz alta*) — Trezentos mil cruzeiros. Joice Menezes Simão. Tanto de fevereiro de 1973. Oswaldo de tal. (*numa raiva minuciosa, ela rasga o cheque em mil pedacinhos*)

OSWALDINHO — Que é isso? Não faça isso!

(*Joice o emudece, atirando-lhe no rosto o papel picado como confete. Petrificado, ele a teria deixado ir sem um gesto, sem uma palavra. Ela, porém, na sua raiva de mulher, esbofeteia-o ainda. Depois apanha o seu rosto entre as mãos.*)

JOICE (*soluçando*) — Seu idiota, não quero teu dinheiro, quero teu amor.

(*Joice beija Oswaldinho na boca, em delírio.*)

OSWALDINHO — Minha, minha, para sempre.

(*Beijo na boca como nos filmes antigos.*)

BAIXA O PANO SOBRE O FINAL DO TERCEIRO E ÚLTIMO ATO

APÊNDICE

TEATRO DESAGRADÁVEL

Nelson Rodrigues

Pedem-me que resuma minhas idéias e experiências teatrais. Não me custa um esforço nesse sentido. Escrevi minha primeira peça — *A mulher sem pecado* — em 1940 e andei, de porta em porta, atrás de um benemérito que quisesse encená-la. Eu era, então, bem mais modesto. Admitia todas as hipóteses, menos a de ser, com o tempo, um autor discutido ou, como sugerem pessoas amáveis, "o autor mais discutido do Brasil". Justa esta humildade, pois minha inocência teatral era imensa.

Tentava, pela primeira vez, um texto dramático. Para meu azar ou sorte — não sei bem — já *A mulher sem pecado* inspirou debates. O que era a peça? Uma repetição exasperante. Os espectadores se entreolhavam, assustados e desconfiados.

O drama não andava; o primeiro ato era uma coisa; o segundo, a mesma coisa; o terceiro, *idem*. Lembro-me que, na estréia, coloquei-me, estrategicamente, para ouvir os comentários. Constatei que o público, na maioria absoluta dos casos, saía indignado. Por vários motivos: porque a peça não tinha ação; era mórbida; inverossímil; os mais gentis admitiam que fosse cansativa ou monótona; os mais sinceros, usavam a expressão "chata". Esta, a reação do público. Já a crítica portou-se com mais ferocidade. Li comentários particularmente agressivos contra a avó doida, personagem que se conserva, durante os três atos do drama, sem fazer nada. Minto — esta senhora tinha uma atividade bastante singular, qual seja a de enrolar um eterno paninho. Mas não dizia uma palavra, não ensaiava outro gesto além do mencionado, nem saía de uma confortabilíssima poltrona. Ninguém entendeu esta imobilidade. E certo crítico interpelou-me, de público, achando que, inclusive, o papel era um desaforo atirado à face da intérprete. Esboçou-se mesmo um movimento de classe contra a desconsideração à colega. Fiquei preocupado e quase autorizei a intérprete a virar umas cambalhotas, em cena.

Não foram estas, porém, as únicas objeções. Reclamava-se contra a interferência de uma morta na ação. Uma morta que aparecia fisicamente, para atormentar o marido! Surgiu uma blague — "A peça era espírita". Mas *A mulher sem pecado* não conseguiu um ruído considerável. Era imoral, sim, mas de uma imoralidade bem-comportada. Não dava para assustar ninguém.

Já, então, além dos detratores, havia, também, os entusiastas. Uns e outros, frenéticos. Se os primeiros me achavam idiota, os segundos usavam o termo "gênio". E, fazendo um balanço, verifiquei que minha primeira experiência fora bastante animadora. Eu fizera *A mulher sem pecado* com a intenção de conhecer a minha própria capacidade teatral e de operar uma sondagem no público. Ora, diziam o diabo do público. Atribuíam ao público todas as culpas. E se usava uma lógica muito sutil e que posso assim resumir: "Se não havia nem autores, nem peças geniais, o culpado era o público." Raciocínio que parecia, a mim, vagamente suspeito. Devo acrescentar que, na época, eu não acreditava em mim. Em compensação, acreditava muito menos no teatro brasileiro e na nossa dramaturgia. No meu exagero, dividia os nossos autores em duas classes, a saber: a dos falsos profundos e a dos patetas. Esta última sempre me pareceu a melhor, a mais simpática. Julgamento, como se vê, sumário e injusto, pois sempre tivemos alguns valores solitários e irrefutáveis. Em face desse estado de coisas, senti no semifracasso de *A mulher sem pecado* algo como uma apoteose. E resolvi realizar o *Vestido de noiva*.

Na minha primeira peça — a título de sondagem — introduzira uma defunta falante, opinante, uma meia dúzia de visões, uma personagem incumbida de não fazer nada, uns gritos sem dono. Eram algumas extravagâncias tímidas, sem maiores conseqüências. Mas tanto bastou para que alguns críticos me atirassem o que lhes parecia ser a suprema injúria: me compararam a Picasso, a Portinari etc.

Fiz *Vestido de noiva* com outro ânimo. Esta peça pode não ter alcançado um resultado estético apreciável, mas era, cumpre-me confessá-lo, uma obra ambiciosa. A começar pelo seu processo. Eu me propus a uma tentativa que, há muito, me fascinava: contar uma história, sem lhe dar uma ordem cronológica. Deixava de existir o tempo dos relógios e das folhinhas. As coisas aconteciam simultaneamente. Por exemplo: determinado personagem nascia, crescia, amava, morria, tudo ao mesmo tempo. A técnica usada viria a ser a de superposições, claro. Antes de começar a escrever a tragédia em apreço, eu imaginava coisas assim: "A personagem X, que foi assassinada em 1905, assiste em 1943 a um casamento, para, em seguida, voltar a 1905, a fim de fazer quarto a si mesma..."

Senti, nesse processo, um jogo fascinador, diabólico e que implicava, para o autor, uma série de perigos tremendos. Inicialmente, havia um problema patético: a peça, por sua própria natureza, e pela técnica que lhe era essencial e inalienável, devia ser toda ela construída na base de cenas desconexas. Como, apesar disso, criar-lhe uma unidade, uma linguagem inteligível, uma ordem íntima e profunda? Como ordenar o caos, torná-lo harmonioso, inteligente?

Tal problema, evidentemente, só interessava ao autor. De qualquer maneira, completei *Vestido de noiva*. Como sucedera com *A mulher sem pecado*, fui levar o novo original de porta em porta. Tive pena de mim mesmo e pior do que isso: tive consciência de que meu ridículo era dessas coisas tenebrosas e definitivas. Recebi, muitas vezes, este conselho: "Você precisa perder a mania de ser gênio incompreendido." Ao que eu cortesmente respondia: "Pois não! pois não!" Mas insisti, com uma tenacidade em que havia algo de obtuso. E insisti porque acreditava, sobretudo, numa coisa: na forma de *Vestido de noiva*, no seu processo de ações simultâneas, em tempos diferentes. Alguns intelectuais me estimularam, inclusive Manuel Bandeira.

Baseei-me, então, numa hipótese amável: em caso de um espetacular fracasso de bilheteria, haveria um certo êxito literário.

Veio a estréia. E com o maior pasmo, vi-me diante do que, com certa ênfase, poderia chamar de consagração. Chamaram à cena o autor; fomos depois, eu e elenco, à americana, celebrar o triunfo, numa ceia eufórica. Em 1943, ninguém sabia, aqui, da existência de Eugene O'Neill; o único autor que se usava, com abundância, era Pirandello. Qualquer coisa que não fosse uma *chanchada* ignominiosa era pirandelliana; qualquer autor que não fosse um débil mental virava um Pirandellozinho indígena. Tive também, com *Vestido de noiva*, a minha hora pirandelliana. Paravam-me no meio da rua para que eu confirmasse esta influência: "Você lê muito Pirandello, não lê?"

Eu, cínico, dizia que sim. A pessoa partia, radiante. Mas ai de mim! Com *Vestido de noiva*, conheci o sucesso; com as peças seguintes, perdi-o, e para sempre. Não há nesta observação nenhum amargor, nenhuma dramaticidade. Há, simplesmente, o reconhecimento de um fato e sua aceitação. Pois a partir de *Álbum de família* — drama que se seguiu a *Vestido de noiva* — enveredei por um caminho que pode me levar a qualquer destino, menos ao êxito. Que caminho será este? Respondo: de um teatro que se poderia chamar assim — *desagradável*. Numa palavra, estou fazendo um *teatro desagradável, peças desagradáveis*. No gênero destas, incluí, desde logo, *Álbum de família*, *Anjo negro* e a recente *Senhora dos afogados*. E por que *peças desagradáveis*? Segundo já se disse, porque são obras pestilentas, fétidas, capazes, por si sós, de produzir o tifo e a malária na platéia.

Álbum de família não conheceu o destino para o qual foi escrito — o palco. Antes de levar a malsinada tragédia a uma companhia, ocorreu-me um escrúpulo — submeti-me à censura. O primeiro censor concluiu que nenhuma linha da peça devia ficar de pé. Condenou-a em bloco. Estava assim proibida a encenação. *Álbum de família* só pôde ser apresentado ao público na forma de livro. Em torno desta minha peça, operou-se um grande e furioso movimento crítico. Em todo o Brasil, escreveu-se sobre o drama que, segundo Leitão de Barros, estava colocado num "plano ginecológico". A maioria foi passionalmente contra.

Só algumas figuras, abnegadas e corajosas, conferiram ao *Álbum* uma categoria artística — os srs. Prudente de Moraes Neto, Manuel Bandeira, Sérgio Milliet, Santa Rosa, Pompeu de Sousa, Accioly Netto, Monte Brito, Lêdo Ivo, as sras. Dinah Silveira de Queiroz, Lúcia Miguel-Pereira e poucos mais.

Os detratores da peça se colocavam em pontos de vista curiosos.

Por exemplo: dizia-se que havia incesto demais, como se pudesse haver incesto de menos. Esse critério numérico foi adotado por quase todo mundo. Alguns críticos estariam dispostos a admitir um incesto ou dois; mais não. Outros assinalavam minha "insistência na torpeza"; terceiros, arrasavam a "incapacidade literária"; ficou patenteada também a inexistência de um "diálogo nobre". Este último defeito, por si só, parecia excluir *Álbum de família* do gênero trágico. Onde já se viu uma tragédia sem "*diálogo nobre*"? E não foi tudo. Houve, ainda, acusações de morbidez, imoralidade, obscenidade, sacrilégio etc. etc.

Nunca me esqueço de certas indignações com efeito retroativo. Eram pessoas que, na base de *Álbum de família*, negavam rancorosamente *Vestido de noiva* e *A mulher sem pecado*. Como autor, pus-me a pensar: não havia nessa oposição nenhuma atitude crítica, que se caracterizasse pela isenção e lucidez. Era como se os detratores se julgassem diretamente ofendidos e colocassem um problema teatral, estilístico, estético, em termos passionais. Como explicar de outra maneira o tom dos debates, a violência, a paixão por vezes obtusa, os desaforos? Afinal de contas, uma pessoa pode gostar ou não de uma obra de arte. Mas sem direito de ficar furiosa.

Como autor, fiquei à margem de tudo. Não articulei uma frase, não usei um contra-argumento. E, no entanto, muitos dos críticos eram de uma fragilidade de meter dó. Eu poderia alegar, a favor de *Álbum de família*, várias coisas, inclusive que, para fins estéticos, tanto fazia um, dois, três, quatro, cinco incestos ou meia dúzia. Podiam ser duzentos. Na verdade, visei um certo resultado emocional pelo acúmulo, pela abundância, pela massa de elementos.

Outro autor, ou eu mesmo, podia fazer do incesto uma exceção, dentro da peça, um fato solitário. Mas não quis, por um motivo muito simples: porque esta *exclusividade*, esta *exceção*, não pertencia à concepção original do drama, à sua lógica íntima e irredutível. Por outras palavras: para a minha visão pessoal e intransferível de autor, o número exato de incestos eram quatro ou cinco e não dois ou três.

O nível estilístico das falas foi outro problema. Todo mundo observou que o diálogo "não era nobre". Com efeito, não era, nem precisava sê-lo. Sempre me pareceu ingênuo discutir os meios de que se serve um autor para atingir certo efeito emocional. Evidentemente, os meios são lícitos se o efeito é atingido. No *Álbum de família*, porém, colocou-se mal a questão. Afirmou-se que o diálogo não era nobre. E nada mais. Ora, o problema que se apresentava ao crítico era menos simples, ou seja: saber se através desse diálogo se podia chegar a uma grande, irrefutável altura dramática.

Que se diga isso de mim, pobre autor brasileiro, apenas esforçado, está certo. Mas contra Eugene O'Neill se articulam as mesmas objeções. Nega-se O'Neill estilisticamente. Consagrou-se a sua força poética, a sua potencialidade dramática, o seu sentimento trágico da vida. Mas sua linguagem é considerada pobre, vulgar, sem correspondência com a vocação teatral. E, recentemente, um crítico americano reconhecia que as cenas de Eugene O'Neill são inesquecíveis, as situações de uma potência incomparável, os personagens eternos. Mas o estilo, a frase, nem tanto. Não ocorreu ao crítico que se as cenas, as situações, os personagens têm esse relevo é porque tudo está estilisticamente certo.

Anjo negro é a última das minhas peças representadas. Mais feliz do que *Álbum de família*, porque foi encenada — graças a uma decisão pessoal do sr. ministro Adroaldo Mesquita da Costa —, produziu, no entanto, a mesma irritação.

Ora, o *Álbum de família*, peça genesíaca, devia ter por isso mesmo alguma coisa de atroz, de necessariamente repulsivo, um odor de parto, algo de uterino. Já o *Anjo negro* pôde se manter num plano menos espantoso. Ainda assim, o furor crítico excedeu todas as expectativas. O drama de Ismael foi considerado mórbido, imoral, monstruoso. Também se afirmou que me repito nos assuntos e personagens.

Passada a tempestade, vejo que muitas das opiniões, que se levantaram contra mim e meu drama, são procedentes. Com efeito, *Anjo negro* é mórbido; e eu, mórbido também. Aliás, jamais discuti ou refutei a minha morbidez. Dentro de minha obra, ela me parece incontestável e, sobretudo, necessária. Artisticamente falando, sou mórbido, sempre fui mórbido, e pergunto: será um defeito? Nem defeito, nem qualidade, mas uma marca de espírito, um tipo de criação dramática.

Fosse *Anjo negro* uma peça sadia, e não vejo em que teria melhorado a sua hierarquia estética. Centenas e centenas de dramas, poemas, romances, quadros, repousam seu valor estético numa morbidez rica, densa, criadora, transfigurante. Parece-me idiota ir-se ao teatro expressamente para ver uma peça mórbida; ou, então, para não ver uma peça mórbida.

Anjo negro é monstruoso? Inclino-me por uma resposta afirmativa. Se considerarmos os seus fatos, paixões e personagens, sob um arejado critério de dona-de-casa ou de lavadeira — o drama será mostruosíssimo. Com efeito, Virgínia mata três filhos, e semelhante operação está longe de ser meritória. A maioria dos críticos se baseou no "onde já se viu fazer uma coisa dessas?" Ora, cada um faz seu juízo como quer, entende ou pode. De qualquer maneira, parece-me precário o crítico que se enfurece contra os personagens e se põe a insultá-los. Imagino uma pessoa que, perante *O avarento*, de Molière, invalidasse a peça, sob a alegação de que o personagem é um pão duro, um unha de fome. Ou, então, que, em face de *Otelo*, se pusesse a berrar, da platéia: "Canalha!"

De um certo ponto de vista, Otelo não deixa de ser um canalha. E talvez, até, o crítico tenha razão. Pois os meus personagens possuem a glória invejabilíssima de irritar a crítica. Virgínia sofreu as mais graves restrições de ordem moral. Ismael, *idem*. Até o *homem de seis dedos* foi destratado. E, no entanto, eu, como autor, possuo outros pontos de vista. Sempre me pareceu que, para fins estéticos, tanto faz um canalha, como um benemérito. Acrescentarei mais: é possível que a importância dramática do canalha seja mais positiva. Se Virgínia fosse uma mãe exemplar, uma heroína do tanque e da cozinha, não haveria o drama.

O caso de Ismael foi interessante. Alegou-se, por exemplo, que não existia negro como Ismael. Entre parênteses, acho que existem negros e brancos piores do que Ismael. Mas admitamos que a acusação seja justa. Para mim, tanto faz, nem me interessa. *Anjo negro* jamais quis ser uma fidelíssima, uma veracíssima reportagem policial. Ismael não existe em lugar nenhum; mas vive no palco. E o que importa é essa autenticidade teatral. Outra objeção contra o drama e o autor: insistência de um tema que já foi usado em outras obras minhas. Seria um sintoma de fadiga, um colapso — quem sabe se definitivo — de imaginação criadora? Não, segundo o meu suspeito modo de ver as coisas. Aliás, de todos os meus possíveis defeitos, este é o que menos me preocupa. Ser autor de um tema único não me parece nem defeito, nem qualidade, mas uma pura e simples questão de gosto, de arbítrio pessoal. Por outro lado, um autor que volta a um assunto só se repete de modo muito relativo. Creio mesmo que não se repete nada. Cada assunto tem em si mesmo uma variedade que o torna infinitamente mutável. Sobre o ciúme, o mesmo autor poderia escrever 250 peças diferentes, sendo 250 vezes original. Sobre o amor, também. Sobre a morte, *idem*.

Críticos fizeram uma observação restritiva: minha obra toda gravita em torno de "sexo, sexo, sexo". Sendo isso verdade, qual o inconveniente? Já disse que não vejo como qualquer assunto possa esgotar-se e muito menos o sexual.

Todavia, no caso particular desta observação, há uma malícia sensível. Já não importa tanto o fenômeno da repetição e sim a natureza e a gravidade do tema. O assunto sexual ainda dá motivo a escândalo. Amigos e conhecidos meus interpelam-me na rua: "Você só sabe escrever sobre isso?"

Isso é o amor. Há nesta pergunta um fundo de indignação, que eu não devia compreender e que talvez não compreenda mesmo. Afinal de contas, por que o assunto amoroso produz esta náusea incoercível? Por que se tapa o nariz ao mencioná-lo? E, sobretudo, por que investem contra mim, como se fosse eu o inventor do sexo e como se ele não existisse na vida real, nem tivesse a menor influência na natalidade, aqui e alhures? São perguntas que formulo e desisto de responder.

Peçam tudo, menos que eu renuncie às atrocidades habituais dos meus dramas. Considero legítimo unir elementos atrozes, fétidos, hediondos ou o que seja, numa composição estética. Qualquer um pode, tranqüilamente, extrair poesia de coisas aparentemente contra-indicadas. Isso é tão óbvio, que me envergonho de repeti-lo.

E continuarei trabalhando com monstros. Digo monstros, no sentido de que superam ou violam a moral prática e quotidiana. Quando escrevo para teatro, as coisas atrozes e não atrozes não me assustam. Escolho meus personagens com a maior calma e jamais os condeno. Quando se trata de operar dramaticamente, não vejo em que o bom seja melhor que o mau. Passo a sentir os tarados como seres maravilhosamente teatrais. E no mesmo plano de validade dramática, os loucos varridos, os bêbedos, os criminosos de todos os matizes, os epilépticos, os santos, os futuros suicidas. A loucura daria imagens plásticas e inesquecíveis, visões sombrias e deslumbrantes para uma transposição teatral!

Certa vez, o sr. Carlos Drummond de Andrade falou em "obras-primas fulgurantes... e podres". Infelizmente, minhas peças não são obras-primas. Se o fossem, teriam direito de ser podres.

Texto publicado no primeiro número da revista Dionysos, *editado pelo Serviço Nacional de Teatro em outubro de 1949.*

FLOR DE OBSESSÃO

Nelson Rodrigues, Justino Martins,
Leo Schlafman, Pedro Porfírio e Ib Teixeira

JUSTINO MARTINS: Você estava me contando alguma coisa sobre uma experiência vital acontecida recentemente. Como foi isso, Nelson?

NELSON RODRIGUES: Eu tenho tido várias crises de saúde que foram verdadeiras catástrofes individuais. Então sonhei com todos os mortos da família. Sonhei com o Carlos Lacerda, um sonho que considero profético, que foi poucos dias antes de sua morte. Mas deixa isso pra lá. Sonhei com uma senhora que foi minha vizinha e que eu não sabia que tinha morrido. E outros mortos. Minha cunhada Maria Natália, meu irmão Paulo, Mílton, Mario Filho. Eu verdadeiramente os ouvia e, esperando, e, quando adquiri uma faísca de consciência, disse pra todo mundo que me cercava que eu estava no limite, no extremo limite da vida. Eles me olhavam, e disse a eles: "Voltei!" E realmente tinha voltado, tinha voltado em outro plano de vida porque havia tido uma experiência do eterno, uma espécie de consciência absoluta, de absoluta tranqüilidade. Eu sei que fui cristão. Quando eu tinha meus oito anos, ia para a igreja, mas, na verdade, jamais gostei de igrejas cheias de gente, que me pareciam falsas, exibicionistas. Eu queria a igreja vazia, sem ninguém, sem padre. Eu achava que o padre — isso muito antes de aparecerem os padres de passeata — interrompia a nossa comunicação com Deus. Na minha opinião, Deus só freqüenta — e disso tenho certeza absoluta — a igreja vazia. Só reconhece como sua a igreja vazia...

JUSTINO MARTINS: Essa experiência maravilhosa não teria sido uma questão de imaginação e de esperança?

NELSON RODRIGUES: O negócio é o seguinte: seria uma experiência de meu outro "eu", do meu elenco de "eus". Eu estava para morrer naquele momento e foi Deus que, por um fio, não se esqueceu de mim, pois então eu teria morrido. Realmente, ele pôs a mão na minha cabeça e eu voltei, voltei do eterno.

LEO SCHLAFMAN: Ainda agora eu estava lendo uma entrevista sua a Clarice Lispector, publicada na *Manchete*, em 1968, e na qual você dizia que não se considerava artisticamente realizado. Em forma textual você afirmou: "Eu me considero inversamente um fracassado." Pois bem, o que falta a você para se realizar artisticamente?

NELSON RODRIGUES: Bom, eu digo que o homem é inesgotável, que o homem se constitui de vários "eus" etc. etc. Por isso, eu considero que o único sujeito realizado é o Napoleão de hospício. É realizado porque não teve nem Waterloo, nem Santa Helena.

PEDRO PORFÍRIO: Nelson, você gostaria de viver agora ou na Idade Média?

NELSON RODRIGUES: Em primeiro lugar, eu não vejo nada de ruim na Idade Média, como você está insinuando. Foi uma etapa da história da humanidade, simplesmente. A Idade Média tinha seus valores formidáveis. A par disso, já afirmei que tinha uma alma da *belle époque*. Hoje estamos assistindo a uma destruição de valores. Nunca a maldade humana, a perversidade humana, a ferocidade humana foram tão violentas como em nossa época. Eu digo o seguinte: se houvesse uma guerra nuclear e o mundo acabasse, não se perderia grande coisa. Aliás, de todas as épocas eu acho que a pior é exatamente a nossa.

IB TEIXEIRA: Você foi definido por Manuel Bandeira como o maior poeta dramático da literatura portuguesa. Alguma vez desejou ser formalmente poeta?

NELSON RODRIGUES: Eu considero que o artista é poeta até dormindo porque essa é a sua expressão. Ele se exprime pela poesia. Assim, considero as minhas peças, embora o dr. Alceu tenha dito que elas são obscenas e trágicas... Mas isso não tem importância. O que quero dizer é que a única coisa que sou é poeta. Não sou mais nada.

PEDRO PORFÍRIO: Mas você é muito amargo.

NELSON RODRIGUES: Como?

PEDRO PORFÍRIO: Muito amargo em face da vida.

NELSON RODRIGUES: Meu coração, meu anjo: a amargura é o elemento do artista. A amargura dá uma dimensão fantástica ao artista.

LEO SCHLAFMAN: Suas peças costumam ter produção imediata?

NELSON RODRIGUES: Durante vinte anos fui apresentado como o único autor obsceno do teatro brasileiro e isso impressionava o público, dava o Ibope. Mas a verdade é que eu era representado com o maior desprazer pelo elenco. Os meus intérpretes achavam ignominioso o meu teatro, um caso de polícia. Não tinham o menor entusiasmo em me representar. De fato, faziam uma exceção para *Vestido de noiva*, que o sujeito não entendia nada, mas que impressionava. E isto porque tinha aquela coisa de soneto antigo, de soneto que eu poderia dizer shakesperiano, mas nem tanto. A dignidade do soneto assim como a forma de *Vestido de noiva* impressionam.

JUSTINO MARTINS: Quando você pensa nos seus defeitos, nas suas virtudes, nas suas manias e nas coisas surpreendentes que você faz, como explica essas coisas? Você faz psicanálise ou exame de consciência?

NELSON RODRIGUES: Eu faço o que você disse, exame de consciência. Agora, eu tenho a minha obra. A minha obra é que me salva.

JUSTINO MARTINS: É uma análise?

NELSON RODRIGUES: Eu não diria que é uma análise porque o psicanalista não existe no meu caso. A minha obra é que me salva. É possível que sem a minha obra — se eu não fosse tudo isso — eu já tivesse levado a breca. Eu podia estar na esquina rasgando dinheiro caso não tivesse essa possibilidade de expressão. Este é o meu caso.

IB TEIXEIRA: Tradicionalmente você tem tido vários adversários. A censura, a vaia do público etc. Como você encara a vaia? A vaia lhe perturba?

NELSON RODRIGUES: Eu fui vaiado duas vezes no Teatro Municipal. Primeiro com *Senhora dos afogados* e depois com *Perdoa-me por me traíres*. Nessa última, o então vereador Wilson Leite Passos, lá do seu camarote, puxou um revólver, como se desejasse fuzilar o meu texto. Houve tudo, realmente, naquela noite do Municipal. Eu vi uma santa senhora, loura, grã-fina, muito perfumada, com um audacioso decote, montada em sua cadeira, gritando: "Tarado! Tarado! Tarado!" O gozado é o seguinte: conheci várias pessoas que me consideravam um tarado e diziam que eu fazia sesta em caixão de defunto. Outras alegavam que eu era necrófilo, mas a tal santa senhora estava mais exaltada. Ela, que tinha uma biografia de deixar na poeira a Paulina Bonaparte, a Messalina e outras tais, me vaiava com toda a força da sua "virtude". Aliás, os realmente virtuosos, gente honesta pra burro, esses é que gostavam de minhas peças. Falavam comigo, adoravam o texto, elogiavam etc. Mas as depravadas tinham um santo horror. Isso eu aprendi com o meu teatro.

IB TEIXEIRA: Nelson, diga uma coisa: um dos seus personagens diz que "o amor entre marido e mulher é bandalheira. Deve haver respeito, sim senhor: ou bem o lar é lar, ou gafieira!" Eu quero saber: isso é pra valer mesmo? E como você encara o casamento e o divórcio?

NELSON RODRIGUES: Vocês vão ficar inteiramente frustrados: sou a favor do divórcio porque, embora sendo verdade que todo amor é eterno, se acaba, não era amor. Se duas pessoas querem se divorciar, não estão se amando, então devem acabar sumariamente com a hedionda comédia. Quanto à grossa bandalheira entre marido e mulher, eu quero dizer o seguinte: há a lua-de-mel e, segundo um amigo meu, o amor acaba em três anos. Fica, no máximo, na melhor das hipóteses, uma estima, uma amizade. Então, se depois disso, os dois querem continuar a ligação carnal, isso soa como um incesto. Até que acabe a euforia dos baixos instintos, como dizia um repórter de polícia.

LEO SCHLAFMAN: Lendo as memórias do Tennessee Williams, a gente percebe o cuidado e o escrúpulo com que, nos Estados Unidos, eles escolhem os atores para representarem as peças, a tal ponto que, antes de encenar *Um bonde chamado desejo*, enviaram o Marlon Brando para perguntar se o autor o considerava um ator adequado. Você também interfere na produção e direção de suas peças a ponto de escolher os artistas com esse mesmo rigor?

NELSON RODRIGUES: Eu sou um autor de boas maneiras. Procuro não ser chato, mas faço as observações que considero indispensáveis, as objeções etc. Agora, a grande Diva tem uma formidável vocação para estropiar um pouco o texto. Pois, geralmente, o ator ou atriz têm um talento que nada tem a ver com a inteligência. Por isso o sujeito pode ser um idiota ou um safado e ao mesmo tempo ser um grande ator. Por outro lado, também existe o canastrão. O grande público gosta do canastrão. O sujeito que dá um berro e cai o lustre. O público acha isso formidável. Eu me lembro uma vez que o Eduardo Frazão, grande canastrão português, notabilíssimo, bilheteria certa, deu uma dessas entradas de centauro no palco, deu aquele berro sem sair do lugar. E então, lá da torrinha, berrou um português: "Bendito o ventre que te pariu!" O público não gosta do grande ator. O grande ator é metido a frio, a contido, a cerimonioso, não berra. A voz gelada, ele acha que isso é que está certo. Isso é bom gosto, que nada tem a fazer no teatro.

Trechos de uma entrevista concedida à revista Manchete, *em agosto de 1977, extraída do livro* Nelson Rodrigues, meu irmão, *de Stella Rodrigues. Rio de Janeiro: Editora José Olympio, 1986, p. 115-125.*

A MULHER SEM PECADO

Tomás Santa Rosa Júnior

A atmosfera criada pela obsedante paixão da verdade, do personagem central (Olegário), é a das profundezas submarinas, onde os seres vivem num quase estatismo e cujos movimentos lerdos e pacientes são sempre uma perigosa ameaça.

Nessas flutuações entre a realidade do sentimento e as visões da demência, se debate o espírito de um homem que procura verificar com os instrumentos da tentação e do pecado a pureza da mulher.

Ele gera, alimenta e provoca a traição. O que estava plasmado no seu cérebro pervertido se corporifica e se reaviva.

Desta luta assombrosa da imaginação, Nelson Rodrigues tira uma peça viva, cuja realidade surpreende pela verdade.

É essa "ligação mágica, atroz, com a realidade e com o perigo" que Antonin Artaud requeria do novo teatro, renegando os "textos considerados definitivos e sagrados" para "reencontrar a noção de uma espécie de linguagem única a meio caminho entre o gosto e o pensamento".

É o que penso ter encontrado Nelson Rodrigues, nessa sua peça, cheia de uma expressão cruel, porém humana: real, mas sob o magnetismo da imaginação; objetiva e concreta, apesar dos fantasmas do delírio demente, pois tudo o que o cérebro concebe é existente.

Os meios de expressão de *A mulher sem pecado* vêm arejar a técnica do teatro brasileiro com as suas duplicidades de imagens e ação (o pensamento de Olegário), as vozes interiores (uso do alto-falante) e os fantasmas (ela e o mendigo).

Melhor do que o *Estranho interlúdio*, de O'Neill, em que o monólogo íntimo é revelado pela própria voz do personagem, esse elemento que surge no espaço (voz através do alto-falante) completa o ritmo interior da trama dramática, aproximando-a da ação cinematográfica.

Texto publicado no volume 1 do Teatro quase completo de Nelson Rodrigues. *Rio de Janeiro: Edições Tempo Brasileiro, 1965.*

A ARTE DE SER FIEL AOS EXTREMOS E ÀS CONTRADIÇÕES

Eric Nepomuceno

Em 1940, ninguém dizia que Nelson Rodrigues era um gênio. Ele mesmo se considerava inteligente, mas acrescentava: "Tirando quatro ou cinco iniciados, ninguém mais sabe disso." Vivia a rotina de um escrevinhador buscavidas, ganhando quinhentos mil réis por mês do jornal *O Globo* e outros trezentos mil da UNE — a União Nacional dos Estudantes.

Já era uma contradição extrema e ambulante oscilando entre esses dois empregos, mas sua verdadeira preocupação era a corda bamba em que vivia: a cada mês o salário acabava, e sobravam apenas contas a pagar.

Foi então, aos 28 anos, que resolveu escrever para teatro por um motivo muito mais urgente do que nobre: dinheiro.

Naquela época, ninguém recebia direitos autorais. O governo, através do Serviço Nacional de Teatro, assegurava aos autores dinheiro certo: o pagamento equivalente ao preço integral de 18 ingressos por sessão. Como havia sessões todos os dias, e às vezes duas por noite — sobretudo nas sextas e sábados —, conseguir que o governo montasse uma peça era a saída mais simples, rápida e segura para que Nelson Rodrigues conseguisse escapar do eterno sufoco.

As peças escolhidas pelo Serviço Nacional de Teatro ficavam apenas duas semanas em cartaz. Só quem pretendia continuar escrevendo se preocupava com a bilheteria. Atrair muito público era assegurar a chance da montagem de uma próxima peça. Coisa de quem queria fazer carreira. A preocupação de Nelson Rodrigues era outra: conseguir um padrinho que encaminhasse seu texto ao SNT, e 15 dias depois da estréia passar no caixa e recolher o dinheiro.

Para ele só faltava, então, um detalhe: escrever. Sua idéia inicial era conseguir repetir, uma única vez, os passos de Magalhães Júnior, um autor da época e que ganhava rios de dinheiro criando um *vaudeville* atrás do outro. "Pensei: se ele está ganhando uma nota firme, por que não posso escrever alguma coisa no gênero?", recordaria Nelson Rodrigues anos mais tarde.

Poderia escrever uma daquelas comédias de costumes, de texto leve e fácil. Mas o resultado foi um texto que não tinha nada de leve, nada de frívolo, nada de cômico. "Já na segunda página, percebi que o que saía era uma coisa tenebrosa", contou ele tempos depois.

Não chegou a ganhar a tal nota firme, a peça não fez sucesso, a crítica foi apenas condescendente (menos o crítico de *O Globo*, seu colega de redação, que baixou o malho e acabou sendo demitido). Só mesmo alguns dos tais quatro ou cinco iniciados souberam ver que, a partir daquele texto, uma coisa muito séria começava a acontecer no marasmo que era o teatro brasileiro.

O texto se chamava *A mulher sem pecado*. E eis aqui outra das clássicas contradições de Nelson Rodrigues: apesar de não ter sido um sucesso, a partir daquela estréia, no dia 9 de dezembro de 1942, aconteceram duas mudanças radicais e definitivas: nem a vida do autor, nem o teatro brasileiro seriam do jeito que tinham sido até aquele instante.

Voltando de bonde para casa após a estréia, naquela mesma noite Nelson Rodrigues decidiu escrever uma segunda peça — *Vestido de noiva*. O que veio depois é a própria história do teatro brasileiro.

É importante registrar, porém, que todas — absolutamente todas — as características, as claras digitais do mundo único e universal de Nelson Rodrigues, já estavam em *A mulher sem pecado*.

O tema? A desconfiança, o ciúme, a obsessão. Nada que não tivesse sido tratado uma e mil vezes antes.

A trama? Linear, um tanto esquemática, traçada de maneira formal, sem grandes sobressaltos aparentes, seguindo a estrutura de um bom folhetim. Não é um argumento especialmente inventivo ou inovador.

Então, qual a chave, qual a diferença fundamental que faz com que esta obra seja considerada o marco inicial da moderna dramaturgia brasileira?

A chave, a diferença, têm nome e sobrenome: Nelson Rodrigues. A atmosfera que ele cria e que envolve o espectador, a minúcia com que remexe as profundezas do ser humano, sua inacreditável capacidade de mergulhar no inferno sem perder em nenhum momento um diabólico ar angelical: as contradições, sempre. A ousadia, o atrevimento.

Mais e melhor que ninguém, ele foi capaz de embaralhar todos os sentimentos que compõem a alma humana, buscar nas miudezas o elemento crucial de um painel que nos mostra tal como somos, e deixar claro a que ponto podemos chegar. Dilui fronteiras que não se tocam, atropela os limites da obsessão e do absurdo, da mesquinharia e da generosidade, da piedade e do egoísmo, da esperança e da ruindade, do pudico e do solidário, numa mescla desaforada e sem norte — tudo isso numa linguagem clara, enxuta, num ritmo traiçoeiro que envolve os desprevenidos e os conduz a uma atmosfera sufocante, da qual ninguém consegue se livrar a tempo. Uma atmosfera que, oculta por uma aparência suburbana, é irremediavelmente universal.

Já neste seu primeiro — e definitivo — texto para teatro, Nelson Rodrigues deixa a sensação de que jamais conheceu qualquer medida. Tudo é desmesurado, desaforado, exagerado. Tudo é suavemente absurdo e docemente trágico. A fragilidade do real desconcerta. A falta de medidas só encontra paralelo na vida real, e essa ninguém consegue desmentir.

Montar *A mulher sem pecado* 58 anos depois daquela noite de 9 de dezembro de 1942 poderia significar um risco enorme. Mas esse risco desaparece na medida em que o texto mostra que já nasceu clássico.

Basta olhar ao redor para perceber que as misérias e miudezas da alma humana persistem, imbatíveis. “Eu tenho um inferno dentro de mim”, diz Olegário. E quem não?

Mas Olegário vai mais longe, mergulha mais fundo, num torvelinho sem fim. Precisa disso. Olegário exaspera, humilha e espezinha seu grande amor até conseguir fazer com que sua maior desconfiança, seu maior terror, se realize: “Ninguém é fiel a ninguém.”

Nada do que Nelson Rodrigues diz é verdade, nada é mentira. As mazelas da alma humana existiram desde sempre, e continuam a atormentar e a reproduzir fantasmas.

Ele soube reconhecer e narrar isso tudo. E se desmentir sempre.

Tinha, sim, um inferno na alma. Mas foi fiel, de uma fidelidade absoluta — a si mesmo, aos seus demônios. Aos demônios de todos nós. E por isso, sobrevive.

Texto publicado no programa da montagem de A mulher sem pecado *realizada em 2000 e dirigida por Luiz Arthur Nunes.*

VESTIDO DE NOIVA I

Manuel Bandeira

Em dezembro do ano passado, indo à redação de *O Globo*, recebi de Nelson Rodrigues, a quem fui então apresentado, um convite para assistir à sua peça de estréia — *A mulher sem pecado*.

Confesso que me dirigi à noite para o Teatro Carlos Gomes sem grande entusiasmo. Sou, como o Ribeiro Couto, "um homem que vai pouco a teatros". Não que não goste. Ao contrário, tenho o teatro no sangue. Representei muito quando menino, e sabia conquistar uma platéia. Mas o nosso teatro, com todo o seu repertório "para rir", é uma coisa melancólica demais. Ora, eu costumo fazer a minha higiene mental... Não tolero o tom declamado dos nossos atores, a sua insuportável indiscrição de efeitos. Houve tempo em que gostei das revistinhas populares do Rocio. Parecia-me que dali podia sair um teatro brasileiro. Afinal as revistinhas do Rocio esgotaram-se sem dar em nada.

A mulher sem pecado interessou-me desde as primeiras cenas. Senti imediatamente no autor a vocação teatral. O diálogo era de classe — rápido, direto, e por ser assim, facilitava aos atores a dicção natural; a personagem mais importante — o marido doentiamente ciumento —, um falso paralítico em sua cadeira de rodas, criava em torno de si uma vida intensa, a que vinham dar maior relevo as duas personagens mudas, figuras quase que exclusivamente plásticas, sugestionadoras de mistérios inquietantes. A mentalidade mórbida do ciumento acusava-se, coerente e convincente, em cada réplica. Afinal a mulher sem pecado acabou pecando... por culpa do marido. E a peça, que vinha bem conduzida, acabou também pecando, e também, por culpa do marido, que, no terceiro ato, num verdadeiro *coup de théâtre*, levanta-se muito lampeiro de sua cadeira de falso paralítico. Pode-se fingir uma loucura, como o Henrique IV de Pirandello, mas uma paralisia! Mas a peça ficará de pé com o protagonista paralítico de verdade. E até mais justificado no seu tirânico ciúme.

Ao sair do teatro, tomei conhecimento da reação do público, que de lá saiu discutindo, discordando, discorrendo. Remexido enfim. Bom teatro, o que sacode o público. Nelson Rodrigues sacode-o, e tem força nos pulsos. Agora o autor de *A mulher sem pecado* anuncia a sua segunda produção. Intitula-se *Vestido de noiva*. Nelson Rodrigues deu-me o prazer de a conhecer *avant la lettre* pela leitura do manuscrito. Pediu-me, como um favor, que a lesse com a maior atenção — "religiosamente". Mau! Pensei comigo: que será quando vista em cena uma peça que, lida, exige tamanha atenção? Fiquei até com medo de não a ter compreendido, acabada a leitura. Nelson acudiu medroso também.

— O caso é assim — disse-lhe — duas irmãs. Uma furta o namorado da outra e casa-se com ele. Mas a outra era "boa" também e o cunhado continua com ela o namoro. Os dois insensatos chegam a desejar a morte da primeira. Chegam mesmo a desejá-la mediante um crime. Mas não foi necessário o crime: a que sobrava é atropelada por um automóvel no Largo da Glória e vai para o pronto-socorro. É operada. Morre. Bate o remorso na irmã, que começa a ter visagens. Mas a perturbação foi passageira. O remorso não resiste a uma breve estação de cura fora do Rio. E ela acaba casando com o cunhado, e estava até "um amor" no seu vestido de noiva. Pelo menos é o que diz a sogra, a d. Laura, que aliás tinha dito a mesma frase no dia do casamento da nora morta.

Mas é tão simples!, dirá o leitor. Não é não. O espectador tomará conhecimento do conflito entre as duas irmãs através do delírio da atropelada. Aqui é que se revela a força a um tempo realística e poética de Nelson Rodrigues. Nunca delirei alto em minha vida, e peço a Deus que me livre disso. Mas o subdelírio me é muito familiar: qualquer febrinha deslancha na minha cachola aquela mistura estapafúrdia de realidade e sonho, tão terrível, mas tão cheia de sentido poético. A criação de Nelson Rodrigues é admirável.

O progresso de *A mulher sem pecado* para *Vestido de noiva* foi grande. Sem dúvida, o teatro desse estreante desnorteia bastante porque nunca é apresentado só nas três dimensões euclidianas da realidade física. Nelson Rodrigues é poeta. Talvez não faça nem possa fazer versos. Eu sei fazê-los. O que me dana é não ter como ele esse dom divino de dar vida às criaturas da minha imaginação. *Vestido de noiva* em outro meio consagraria um autor. Que será aqui? Se for bem aceita, consagrará... o público.

Texto publicado no jornal A Manhã *em 6/2/1943.*

VESTIDO DE NOIVA II

Manuel Bandeira

Tive a honra de ser apresentado a Edoardo Guarnieri, o admirável regente, cujo valor, se não passou despercebido aos nossos críticos, todavia ainda não foi devidamente sentido pelo grande público. Se o fosse, a Pró-Música, por ele fundada há alguns anos, não seria a irmã pobre que é entre as sociedades congêneres. Grupo esforçado, no qual figura a grande Paulina d' Ambrósia, tão ligada a todos os movimentos criadores da nossa atividade musical desde os saudosos tempos de Glauco Velasquez.

Conversando com Guarnieri sobre os nossos compositores, argumentou ele contra a opinião dos que só querem ver em Villa-Lobos um caso de genial intuição. Entre outras coisas disse que mais de uma vez, tendo em mãos uma partitura do autor das "Bachianas", julgara a música inexeqüível, e, no entanto, logo ao primeiro ensaio da orquestra, tudo se mostrava perfeitamente realizável, prova da musicalidade, da instrumentalidade, da orquestralidade da peça.

Lembrei-me das palavras do regente ao assistir à representação do *Vestido de noiva* pelos Comediantes. Já tive ocasião de escrever neste jornal sobre o drama de Nelson Rodrigues. Conhecia-o, então, só de leitura. No meio da emoção que me despertavam aquelas cenas de tão profunda penetração no subconsciente humano, eu me perguntava, incerto como Guarnieri com a partitura de Villa-Lobos, se a peça de Nelson resistiria à prova do palco.

A resposta está dada com os aplausos entusiásticos do público que enchia o Municipal em duas noites que se podem classificar de memoráveis na história do nosso teatro. *Vestido de noiva* ganhou cem por cento com a realização cênica, e não se diga que foi apenas um triunfo da *mise-en-scène* de Santa Rosa e Ziembinski, e direção de Adaucto Filho, do talento dos amadores, entre os quais cumpre destacar a atuação das duas protagonistas, as sras. Evangelina Rocha Miranda e Stela Perry. O drama em si adquiriu extraordinário relevo, concretizou-se em inesquecíveis imagens plásticas, assumiu aos nossos olhos iluminados uma realidade, ou antes, uma super-realidade mais forte, mais prestigiosa, mais humana. Tudo que parecia audácias facilmente descontáveis na imaginação excepcional do autor estava ali, magnificamente orquestrado no jogo de cena. E a história daquela moça que tomou o noivo da irmã, é atropelada por um automóvel, e revive em estado de choque as lembranças do seu passado e as fantasias de sua imaginação alargou-se desmesuradamente, criando força de símbolo, pondo a cada um de nós como que surpreso e medroso diante dos mistérios do nosso próprio coração.

Nelson Rodrigues está de parabéns: é um autêntico homem de teatro, e mais — um grande poeta. Na segunda tentativa atingiu a altura da obra-prima.

Texto publicado em O Cruzeiro *em 10/6/1944.*

VESTIDO DE NOIVA

José Cesar Borba

Vestido de noiva é uma obra-prima e o sr. Nelson Rodrigues está preparado para produzir outras obras-primas.

Entre os espectadores do Municipal que aplaudiram *Vestido de noiva* e se identificaram tão profunda e sinceramente com o delírio de Alaíde, a personagem da peça, quero crer que só uma insignificante minoria, poucas pessoas, já tinha experimentado diretamente aquela flutuação no tempo e no espaço, resultando a confusão entre o sucedido e o imaginado, a realidade e o sonho, o presenciado e o pressentido. Mas, durante duas horas, todos estivemos dentro do mesmo delírio, acompanhando o passado e o destino de Alaíde através das suas lembranças desregradas. Dir-se-á que estivéssemos em nós mesmos, em nosso consciente, quando o espetáculo começou, e que aproveitamos, sorrateiramente, o escurecimento total para pôr em liberdade o nosso instinto de fuga. O teatro inteiramente às escuras, escuro o palco, escura a platéia, escuros os rostos, as roupas, os corpos dos nossos vizinhos, cada um, automaticamente, ia fugindo do outro, ia se desprendendo do seu consciente, ia se recolhendo ao mistério da imaginação, ao mistério da crise do subconsciente. Separávamo-nos do nosso vizinho do lado, na platéia, para ficarmos mais perto de Alaíde, no palco. Não exclamaríamos, como ela, "Clessi... Clessi", porque tínhamos outros nomes para dizer, outras imagens embaraçadas e vagas para quem apelar dramaticamente, à procura de um guia, de um Virgílio que nos conduzisse nesse inferno a que nos vimos subitamente jogados. Alaíde sofre um acidente no Largo da Glória: um automóvel em disparada colhe o seu corpo. Disso resulta que todos nós, espectadores de *Vestido de noiva*, saímos igualmen te acidentados: sua memória em disparada colhe a nossa alma, num verdadeiro abismo onde já encontramos a sua, alma de Alaíde. Ela se debate entre madame Clessi — o desejo; entre Pedro, Lúcia, a mãe e o pai — imagens do cotidiano, retorcidas, recurvadas, anormalidades pela imaginação; entre o namorado de Clessi, o homem de capa e o limpador, a mãe do namorado, as três mulheres do cabaré, os homens inatuais e a mulher inatual — figuras esbatidas, mal constatadas, afins entre si, misturadas a outras figuras, com estas confundidas — sobretudo com a figura constante do marido, espécie de imagem vigilante, do temor e do remorso.

Muitas dessas imagens se evaporam, algumas se fixam gravemente, insistentes e gritantes, como a figura de Lúcia, a princípio simplesmente uma mulher-de-véu, que a força da obsessão de Alaíde vai despindo e revelando, como uma espécie de sopro selvagem, de ventania intensa, afastando a névoa, espalhando as nuvens que envolvem a paisagem. Enquanto a sua alma assim se debate, fragilmente, por cima do seu corpo ou em volta do acontecimento do desastre, movimentam-se médicos, repórteres, *speakers*, jornaleiros gritando a crônica policial.

Essas imagens fluem; umas, das procuras deliberadas de Alaíde (as três mulheres do cabaré); outras, da sua existência doméstica (o pai e a mãe); mas as mais estranhas e características fluem de um velho diário e de um maço de fotografias de uma grande mundana, encontradas no sótão da sua casa, antiga habitação daquela mulher. A história mais à flor da peça, o enredo ou a intriga assim geralmente chamados, estão construídos em *Vestido de noiva* num núcleo extremamente frágil: uma moça que roubou o namorado da irmã. A obra do sr. Nelson Rodrigues é poderosa justamente porque ele alcançou a valorização desse frágil, elevando-o à categoria de uma tragédia. Esse pormenor do dia da mundana e das suas fotografias, escondidas no sótão, e de que se faz uma referência sucinta para esclarecer o interesse de Alaíde por madame Clessi, é, porém, o verdadeiro núcleo, o ponto de apoio em que está construído *Vestido de noiva*. Tem um valor e um interesse, antes de tudo, poético, de uma poesia que, nas artes de representação, vem constituindo uma peculiaridade quase exclusivamente do cinema. É poético não só do ponto de vista teatral, mas sobretudo do ponto de vista literário: há um sabor bastante proustiano nesse pormenor de *Vestido de noiva*. Ele contribui para o desenvolvimento da peça com uma extrema plasticidade. A alguns pode parecer um detalhe obscuro ou remoto: o autor deliberadamente o colocou assim, mas não há dúvida de que um sentimento mais íntimo dessa tragédia logo o remove para o primeiro plano: é o elemento de maior influência em toda a história, decorrendo dele o caráter mais fundamentalmente psicológico de *Vestido de noiva*. A personalidade de Alaíde define-se em função desse encontro com as confissões e com as fotografias de madame Clessi. O acidente da Glória interrompe um momento dessa entranhada curiosidade pela mundana que, ultrapassando a descoberta dos seus documentos íntimos, se desdobrava em duas fases posteriores: a leitura dos jornais sobre o seu assassínio, na Biblioteca Nacional, e a visita ao cabaré, de que resultou a lembrança das três mulheres. Essa lembrança é apresentada com um tom de visível hostilidade: a indiferença das três mulheres diante de Alaíde, a rispidez ou o desdém com que atendem às suas perguntas; o ridículo da sua presença em um ambiente estranho; a sua angústia procurando madame Clessi, que era uma espécie de procura de si própria, dos seus instintos, do seu cansaço da vida do lar, da sua predisposição para a aventura. Pois o conhecimento de madame Clessi remontava exatamente ao despertar de Alaíde para a tentação de uma vida de mulher casada, honesta, bem instalada numa boa família e no respeito da sociedade. A sociedade é representada expressivamente na figura de d. Laura, uma simples "ponta" em *Vestido de noiva*, cuja primeira intérprete não precisa senão de uma única "deixa" para dizer o seu papel: duas ou três frases de um convencional curto e amável. Mas essa personagem que volta à cena mais uma vez não deixa nunca de provocar na platéia o *humour* que decorre de todo símbolo inteligente.

Vestido de noiva — a começar pelo título, tão sugestivo para a imaginação feminina — é uma peça onde as mulheres predominam: são femininas as três personagens principais. Acredito que haja no sr. Nelson Rodrigues essa tendência para analisar certos problemas e sentimentos por natureza delicados e secretos, como os das mulheres. *A mulher sem pecado* era um exemplo disso: o autor, de algum modo, se convertia num defensor daquela pobre esposa torturada pelo ciúme doentio do marido, que a levou, contra todas as predisposições, à infidelidade e à fuga com um amante improvisado e insignificante, num misto de desespero e libertação. O final de *A mulher sem pecado* é algo impressionante e grandioso: a voz da mulher proclamando o seu adultério vai num crescendo, acompanhando o remorso do marido, até o suicídio deste. Em *Vestido de noiva* o sr. Nelson Rodrigues expõe um caso oposto, ou pelo menos o sugere: o de um marido bom, "bom a toda hora e em toda parte" e cuja bondade inspira nojo à mulher, um nojo que ela própria não sabe a que atribuir, mas que é o resultado de uma invencível monotonia: a monotonia do casamento para quem, como Alaíde, possui uma natureza vaidosa, sagaz e egoísta. Em *Vestido de noiva* o casamento aparece simultaneamente nos seus dois aspectos: o aspecto orquestral e litúrgico da cerimônia, com ave-marias, longos véus, convidados etc., e no aspecto íntimo: a luta por um mesmo homem, conquistado com vilania, mas por quem a vitoriosa, depois de casada, esgota inteiramente a curiosidade. Estimulada na sua inquietude e no seu desejo de aventura pelo encontro com os documentos de uma grande mundana, acaba instigada a uma existência brilhante, perigosa e excitante como a dessa mulher, madame Clessi. Mas não realiza essa experiência, fareja apenas as suas possibilidades. Ninguém, de certo, perceberá nessa situação qualquer extravagância, qualquer deliberado propósito de escândalo da parte do autor, ainda quando se chegue à conclusão de que ele não está se ocupando de um caso *sui generis*, que a sua personagem Alaíde não é uma excêntrica, uma original ou uma pervertida: é um símbolo, uma caracterização e um expoente das tentações humanas. Num plano mais geral, representa a própria imagem da fuga, gosto e nostalgia do que é fluente e indefinido, do que é uma incógnita e um apelo. Clessi é uma personalidade distinta de Alaíde: Alaíde é quem a procura, é quem se recolhe à personalidade da outra, como uma projeção e um desdobramento da sua própria individualidade, mas uma projeção e um desdobramento forçados, isto é, violentos, contra todas as convenções e preconceitos, de uma violência que deixa o ímpeto inicial de confundir-se com a mundana no terreno do irrealizado, do apenas pressentido, do impraticável pela distância e pelos obstáculos.

Esses contrachoques e arestas da tragédia interior de Alaíde é que brilham e iluminam a sua "psicologia abismal". O milagre do sr. Nelson Rodrigues, que atinge quase as raias da genialidade, foi ter permanecido presente e neutro como um poeta ou um microscopista, registrando as reações da sua personagem, participando dos seus sofrimentos e da sua mutilação com um máximo de serenidade, de consciência e de firmeza. Permitindo-se descrever de dentro para fora, começa a história de Alaíde depois que ela já está refletida e ampliada na sua alma, e em conseqüência de uma crise da memória ela acha-se enriquecida de refrões, de recuos, de lapsos e aglutinações. Sofrendo tropeços e embaralhações, num meio caminho entre o inconsciente e o subconsciente, desviando-se às vezes da rota segura e verdadeira, a personagem vai em demanda do passado e consegue alcançá-lo em toda a plenitude, uma plenitude mista do vivido e do imaginado. Se o sr. Nelson Rodrigues desenvolve e aprofunda essa visão em declive, por outro lado sabe dominar as complexidades que aumentam com esse processo, fazendo de cada cena, de cada diálogo, de cada minúcia psicológica um modelo de harmonia, de equilíbrio e de lógica. E como grande poeta que é, substancialmente encontra nessa penetração pelo mundo subconsciente o poderoso e inesgotável potencial fantasmagórico que converte em formas de uma poesia extremamente plástica, musical e sugestiva

— como o velório de Clessi. Essa poesia, que segue o ritmo de *Vestido de noiva*, que está intrínseca na sua concepção artística, é que faz a aderência dos espectadores à atmosfera da peça, a partir da escuridão total em que se descerra o pano até a última cena, do *bouquet*, em que as figuras imóveis, ao sopro da música, vão deixando na platéia um último e inesquecível lampejo de todo o caráter extremamente sugestivo de *Vestido de noiva*: o amor e a morte, duas presenças, duas forças, duas realidades.

Texto publicado no volume 4 do Teatro completo de Nelson Rodrigues: Tragédias cariocas II. *Rio de Janeiro: Editora Nova Fronteira, 1990.*

VALSA Nº 6

Nelson Rodrigues

Diariamente eu lanchava no Alvadia. A partir de certo momento e durante uma semana, passei a sentir uma euforia completa, um inexplicável bem-estar físico. Surpreso, procurei explicar-me o fenômeno, até que seis ou sete dias depois descobri que a satisfação, a felicidade cuja origem desconhecia eram provocadas pela música de Chopin, fundo sonoro do filme *À noite sonhamos*, na ocasião exibido no Império. Creio ter nascido aí o desejo de transpor a experiência pessoal para o palco, atingir no teatro resultado semelhante: o espectador, sem saber como e por quê, sentiria profunda tensão e prazer estéticos, mesmo sem compreender a peça, nos elementos de lucidez e consciência. *Valsa nº* 6 é menos parecida com outro monólogo do que uma máquina de escrever com uma máquina de costura. Coloquei uma morta em cena porque não vejo obrigação para que uma personagem seja viva. Para o efeito dramático, essa premissa não quer dizer nada.

Depoimento de Nelson Rodrigues publicado no Jornal do Brasil *em 4/12/1981.*

VALSA Nº 6

Antonio Guedes

> *A narrativa não é o relato do acontecimento, mas precisamente esse acontecimento, a aproximação desse acontecimento, o lugar onde este é chamado a produzir-se, acontecimento ainda por vir e graças a cujo poder de atração a narrativa pode esperar, também ela, realizar-se.*
>
> *Maurice Blanchot*

A trajetória deste personagem se faz pelo desvelamento dos nomes e dos fatos que povoam a sua memória. Nomes sem rosto; fatos sem gênese. Seu próprio rosto é, para ele, uma incógnita. O personagem *se relaciona* com o nome de Sônia. Seu passado não se desenha com precisão. Mas quem é este personagem que se mostra no encadeamento de ações e lembranças por ele criado, sem com isto formar uma unidade que o constitua para si próprio? Uma coisa é certa: existe um personagem no presente, no momento em que a cena se apresenta, no momento em que ele cria situações. E ao vê-lo, vemos Sônia. Vemos um personagem partido em mil pedaços, mas inteiro em cada instante.

A rigor, só temos palavras. Palavras que sugerem imagens com as quais tentamos constituir o fato cênico. A peça é toda feita de fatos que são, contraditoriamente, aquilo que falta para que Sônia se constitua em uma unidade, pois a ordem dos tempos confunde-os tornando difícil acreditar na veracidade dos fatos contados. E é este personagem que conduz a ação. Um personagem que não se reconhece em si mesmo. A cena se constrói a partir dele: de suas palavras e de seus gestos. A cena não se preocupa com a descrição de um mundo fictício. Ficção é todo o conjunto que envolve a cena: a atriz com suas palavras e gestos, a música, o conto. Sim, porque trata-se de um conto, um conto cuja narrativa ultrapassa — ou fica aquém (?) — do objetivo de contar uma história. O conto, o ato de contar, é a criação de um espaço onde, ao narrar os fatos, estes aparecem como o momento presente de dizer e não o resgate de instantes passados na vida deste personagem.

Assim, o trabalho da atriz segue uma direção que não permite uma fluência na criação de um personagem ilusório. Ela *representa* a *idéia* de um personagem. Sônia preenche todo o espaço cênico; está diluída por todo o palco. Podemos dizer que Sônia é o espetáculo em todos os seus movimentos e transformações.

Se a presença do ator é o estar, em dado instante, na cena, a presença de Sônia é o estar viva na articulação deste ator e não no passado a ela atribuído. Portanto, Sônia é cada gesto e cada palavra da atriz que, por sua vez, é, em cada gesto, movimento de Sônia. O personagem é o movimento de presentificação de uma história; é o aparecer do conto. A cena na *Valsa nº 6* é a construção deste presente indeterminável, porque fugaz, através do ator que representa um personagem que não é outra coisa senão a realidade fictícia de Sônia.

Texto publicado no programa da montagem de Valsa nº 6 *dirigida em 1989 por Antonio Guedes.*

VALSA Nº 6

Sura Berditchevsky

Há oito anos precisamente venho trabalhando com jovens adolescentes em teatro. *Valsa nº 6*, a meu ver, é uma síntese da linguagem rodriguiana com especial foco na adolescência. Como diretora, procurei atualizar tanto a vivência que tive com Nelson Rodrigues nos seus últimos anos de vida quanto a experiência que adquiri na relação com meus alunos.

Nesse trabalho, contamos com a colaboração de um analista que nos ajudou na compreensão da dinâmica do personagem e da família do ponto de vista arquetípico, permitindo-nos penetrar no universo psicológico de Nelson Rodrigues.

Um ano após a morte de Nelson, ainda sinto viva sua presença.

Texto publicado no programa da montagem de Valsa nº 6 *dirigida em 1981 por Sura Berditchevsky.*

MENSAGEM DE *VIÚVA, PORÉM HONESTA*

Nelson Rodrigues

Eu vos digo que ninguém entenderá *Viúva, porém honesta*. Não por culpa da peça, mas do teatro, que é a mais cretinizante das artes. Somos inteligentíssimos diante de um quadro, de um edifício, de um verso ou de um concerto. Diante de uma obra dramática, porém, mergulhamos na mais torva e crassa das perplexidades. Não sabemos o que dizer, não sabemos o que pensar. Como explicar essa mediocridade súbita e inapelável?

Vejamos. A experiência teatral do homem se resume a uma meia dúzia de fixações desesperadoras. Há qualquer coisa de arara na pertinácia com que, através dos séculos, repetimos: "os gregos, os gregos, os gregos, os gregos, os gregos." Explica-se: o teatro deflagra o Berilo Néves, contido e inconfesso, que existe no íntimo de qualquer um. Diante do palco, até o gênio é suscetível de erros brutais. Um deles reduziu as situações dramáticas a 37. Vejam vocês: 37! Não há nada mais idiota do que essa pobreza numérica. Por que 37 e não oitocentas mil? Também Wagner foi outro Berilo Néves ao anunciar que o teatro é a síntese das artes. Ora, a fusão de todas as artes não faz arte nenhuma. Teríamos de admitir que o teatro nunca existiu, que jamais existirá.

Mas repito: como quereis entender *Viúva, porém honesta* se uma experiência milenar ensina que toda a obra dramática implica um equívoco geral: do autor, do intérprete, do espectador? Erra o que escreve, o que realiza e o que assiste. Em todo caso, já que comprastes a entrada, vamos conversar em termos estritamente formalísticos. Todos vieram aqui na presunção de que *Viúva, porém honesta* quer dizer alguma coisa. Ninguém admitiria uma peça teatral que não quisesse dizer absolutamente nada. E tropeçamos, então, na famosa "mensagem", que é, justamente, uma das mais estúpidas, uma das mais obtusas fixações da história teatral. Exigimos que a tragédia, o drama, a comédia e a farsa "pensem". Não nos bastam a excitação específica, o tipo de emoção, de plenitude, do espasmo criador, que o teatro desencadeia em nós. E conferimos a tudo que acontece em palco, desde a cadeira derrubada à morte do herói, um sentido, uma intenção, um desígnio sinistro. Está aí, a meu ver, um equívoco medonho.

A rigor, quem "pensa", quem põe a "mensagem" na peça, é mesmo a platéia. O gângster há de acomodar a "mensagem" à ética do gangsterismo. Se é ladrão de galinhas, ou caixa de banco, ou pai de família, a mesma coisa. Em suma: a peça transforma-se numa simples e vil projeção do espectador. O bandido que ouve uma sinfonia de Beethoven há de sentir-se confortado e absolvido pela música. Eu falei em equívoco e já retifico: a arte deve permitir, a todos nós, essa participação pessoal e criadora. E se, todavia, quereis saber, ainda, o que quer dizer *Viúva, porém honesta*, eu vos direi: sua mensagem é demoníaca. Por "demoníaco" entendo eu esse impulso que vem de dentro, das profundezas, esse grito irredutível contra tudo e contra todos que falsificam os valores da vida. É essa negação da ordem social, política, familiar ou religiosa que já apodreceu ou que representa verdades esgotadas.

Texto publicado no programa de estréia da peça, em 1957.

A NOVA PEÇA DO CHATO GENIAL

Nelson Rodrigues,
Paulo Cesar Pereio e Salim Simão

O GLOBO: Por que a peça chama-se *Anti-Nelson Rodrigues*?

NELSON: Para contrariar a imagem a meu respeito. É um charme irônico.

PEREIO: Eu acho uma gozação. As pessoas que se dizem inteligentes só vêem no Nelson o lado reacionário e gagá e deixam de curtir o mais importante autor vivo do teatro brasileiro. Pode ser que, com o título da peça, essas pessoas se animem a assistir ao espetáculo.

O GLOBO: Uma peça romântica?

NELSON: Uma concessão ao romantismo de pierrô.

PEREIO: Uma peça escandalosamente romântica. O Nelson que resolve assumir o despudor da pieguice, que sempre fora reprimido.

O GLOBO: E o Salim Simão, que é que tem a ver com isso?

NELSON: Salim Simão, como eu, é um homem qualquer, no caso um velho jornalista que preza a verdade a seu jeito, não a verdade de cada um, ou a verdade como instituição, mas a verdade nascida de episódios reais, do dia-a-dia da existência.

SALIM: Nelson gosta de ouvir meus episódios, histórias de um jornalista que trabalhou em seu ofício durante quarenta anos.

O GLOBO: E o enredo?

PEREIO: A história tem muito a ver com a gata borralheira e é também uma história clássica de amor, que independe de tempo e de espaço. Mas vai se passar no subúrbio carioca, entre a gente de classe média, que sempre foi o material de trabalho de Nelson Rodrigues.

NELSON: Ô Pereio, vê lá se tu me contas o fim da peça.

PEREIO: Claro que não vou contar. O que posso dizer é que os personagens são, naturalmente, um rapaz e uma moça que querem se casar, cercados de pais burgueses por todos os lados.

O GLOBO: Mas e o Salim Simão?

PEREIO: Vai ser um jornalista aposentado, que mora em Quintino e tem a nostalgia do tango. Ele adora "*A media luz*" e é o pai da donzela. Além de Salim e de sua filha (que é testemunha de Jeová e muito íntegra), há o rapaz, que é fantasticamente rico e nunca fez nada que prestasse, um estróina, como gosta o Nelson de definir. E seus pais, que vivem em eterno conflito, a mãe a lhe permitir que o filho transe com mulheres, mas exigindo fidelidade absoluta no amor, enfim, personagens rodriguianos, desta vez açucarados, em ponto de bala.

O GLOBO: O elenco e a direção?

PEREIO: Cláudio Marzo, Neila Tavares (minha mulher), Sonia Oiticica, Lícia Magna e Carlos Gregorio são os atores. Eu também trabalho e faço a direção da peça, mas sem complicá-la e sem inovar. Minha preocupação é trabalhar e, ao mesmo tempo, me distrair.

O GLOBO: E o Cláudio Marzo?

NELSON: Ele é um amor...

PEREIO: Pois é, o Cláudio Marzo. Ele andava louco para fazer um negócio sério no teatro. Aí, apareceu essa oportunidade, minha mulher e eu demos a maior força, ele se encontrou com o Nelson, os dois se amarraram um no outro e o Cláudio está louco para começar a ensaiar.

O GLOBO: Você também andava louco para fazer alguma coisa séria?

PEREIO: Eu sempre tive loucura para trabalhar numa peça do Nelson. Sabe como é, tem uma fase na vida da gente em que a gente pensa que é inteligente e resolve discriminar as pessoas, por causa de sua ideologia, de sua falta de ideologia e de coisas assim. Ficava de olho no Nelson, mas não queria papo. Aí a minha mulher começou um trabalho de pesquisa sobre teatro, falou com o Nelson e viu o que eu não queria ver: que ele tem suas gagazices e chaturas, mas ainda é o maior autor teatral do Brasil. Puxou por ele, a peça saiu e estamos aí.

O GLOBO: O que é que o autor espera da peça?

NELSON: Espero tudo. Fazer uma peça e lançá-la ao público é uma emoção que só os autores podem sentir. Uma satisfação misturada com um medo terrível, tem sido assim comigo desde o *Vestido de noiva*, que está fazendo trinta anos de uma estréia incrível. Você talvez não saiba, porque tem pouca idade, mas fui eu quem começou com essa história de pornografia, violência, homossexualismo, tudo isso que era tabu e agora está nos palcos.

O GLOBO: Mas a peça é pornográfica?

NELSON: A peça é altamente familiar. Educa e distrai. Veja você, por exemplo, o que diz Salim Simão para sua filha, em determinado pedaço: "Nenhuma mulher é obrigada a se casar. Sexo é para operário."

SALIM: O Salim Simão que o Nelson botou no palco não é exatamente o que eu sou e o que eu penso. Há muito de suas projeções no papel. Eu sou apenas um botafoguense que, na mocidade, gostava de ir às escolas de dança. E foi numa dessas que conheci a Janete, uma antiga companheira. Depois, casei, fiquei um homem sério, larguei essas coisas, me dediquei ao jornal e agora estou no palco. Mas agora as coisas são mais fáceis, no meu tempo não havia a pílula, era tudo muito complicado, muito complicado, o Nelson sabe disso.

NELSON: Eu não sei, não.

PEREIO: Não tem essa de a peça ser isso ou aquilo. O que interessa é que é uma peça de Nelson Rodrigues. E eu li exaustivamente autores novos, porque queria encenar uma peça brasileira e atual. E, à parte a chatice e a gagazice do Nelson, não há autor mais atual do que ele no nosso teatro.

Entrevista concedida ao jornal O Globo *em 21/12/1973.*

O ANTI-NELSON RODRIGUES

José Lino Grünewald

Depois de vários anos sem apresentar uma peça nova ao público, Nelson Rodrigues reapareceu com *Anti-Nelson Rodrigues*, que permanece em cartaz há mais de três meses, no Rio de Janeiro. Durante o hiato, ele esmerou-se na crônica, no relato do dia-a-dia. Além de *À sombra das chuteiras imortais*, onde procura emocionalizar o futebol como tricolor fanático, começou a fazer suas "Memórias" no *Correio da Manhã*, algo modificadas e transformadas, depois, nas "Confissões", em *O Globo*. Como sempre, o humor e a compulsão polêmica de um autor que faz questão de sair da moda político-literária e se classificar como "reacionário".

Nelson Rodrigues é, inobjetavelmente, o maior criador da história teatral brasileira — de longe. Tanto na corrupção de teatro, como nos temas, que, muitas vezes, esbarram na censura — e, isto, em épocas muito menos permissivas. Estampam sua grandeza coisas como *Vestido de noiva*, *Álbum de família*, *Boca de Ouro* ou *Toda nudez será castigada*, esta última, na área do cinema, havendo-se transformado não apenas em sucesso nacional, mas, também agora, sucesso internacional.

Extrapolando, no entanto, a própria glória reprisada no palco, a grande importância de Nelson ainda é mais genérica. Ou seja: inovou, como poucos, ao nível do idioma, atuando sobre o léxico. Algumas das expressões e metáforas do autor, pela política da repetição incessante, sistemática, acabaram por ficar incorporadas à língua. O exemplo mais frisante é o do "óbvio ululante". Mas há "o poente de folhinha", "o débil mental de babar na gravata", "o fauno de tapete", "o idiota da objetividade", "a vizinha gorda e patusca" etc. E é essa lexicalidade inconfundível que se tornou sua marca registrada.

Essa característica não poderia deixar de estar presente nos diálogos de *Anti-Nelson Rodrigues* — que só é "anti" em matéria de concepção de desfecho, pois o núcleo é todo humor, todo tragicômico. Porém, nesta peça, a inventiva do Nelson sai do nível de língua e chega, mais amplamente, ao de linguagem. Quem tem a oportunidade de ler o texto percebe melhor isto, porque, infelizmente, a direção do espetáculo não soube potencializar o que se poderia prever de acordo com as propostas do autor.

Vamos explicar a proposta de linguagem. Inúmeras falas terminam, subitamente, em conjunções, preposições, advérbios; quer dizer, com o pontinho depois. Trata-se de uma espécie de elisão do que é redundante no bate-papo, no coloquial. Em suma: aquilo que já se sabe que vai ser enunciado fica simplesmente eliminado. Método dinâmico de economia, que exigiria um mínimo de ritmo adequado na hora de ser aplicado no palco, induzindo a apreensão do público.

Como tal não ocorre, como inexiste a manifestação trágica, inerente às peças antológicas, Nelson Rodrigues é vitimado pela direção e cenografia (um *décor*, cuja pobreza de elementos não é funcional), e ficamos com o *tour de force* individual, histriônico, de dois atores: Nelson Dantas e o próprio diretor, Paulo Cesar Pereio. Sem falar no texto, como de hábito, rico de humor e sátira a fatos da realidade.

Artigo publicado em O Estado de S. Paulo *em 16/6/1974.*

EDIÇÃO
Izabel Aleixo
Diogo Henriques

REVISÃO
Bruno Dorigatti
Gustavo Penha
Izabela Leal

PESQUISA NOS ACERVOS DA FUNARTE
Jancy Medeiros
Pedro Sangirardi
Rodrigo Peixoto

DIAGRAMAÇÃO
RR Donnelley

PRODUÇÃO GRÁFICA
Ligia Barreto Gonçalves

PROJETO GRÁFICO DE CAPA E MIOLO
Paula Astiz

Agradecemos a todos os funcionários do Centro de Documentação / Biblioteca da Fundação Nacional de Artes no Rio de Janeiro, especialmente a Márcia Cláudia Figueiredo, Antonio Carlos Mosquito e Janaína Veiner, pela colaboração à edição deste livro.

Este livro foi impresso em São Paulo, em agosto de 2004, pela Lis Gráfica e Editora, para a Editora Nova Fronteira. A fonte usada no miolo é Whitman, corpo 11/12,5. O papel do miolo é offset 75g/m², e o da capa é cartão 250g/m², produzidos pela Ripasa S.A. Celulose e Papel, em harmonia com o meio ambiente.

Apoio:
RR Donnelley

Visite nosso *site*: www.novafronteira.com.br